복 있는 사람

오직 여호와의 율법을 즐거워하여 그 율법을 주야로 묵상하는 자로다.
저는 시냇가에 심은 나무가 시절을 좇아 과실을 맺으며 그 잎사귀가 마르지 아니함 같으니
그 행사가 다 형통하리로다. (시편 1:2-3)

오순절적 환경에서 자란 나는 중년기에 관상적 전통으로 나아가면서, 두 전통을 아우르는 영성을 추구해 왔다. 두 전통 모두에서 성령 하나님에 대한 이해와 실천은 결정적이다. 그러한 배경 때문에 나는 이 책을 읽으면서 반가움을 느꼈다. 저자 역시 오순절적인 영성과 관상적 전통을 두루 경험하면서 자신이 체험적으로 발견한 통합적 영성으로 독자를 인도한다. 오순절 전통의 열광주의에 문제의식을 가진 사람도, 관상적 전통의 정적주의에 부족함을 느낀 사람도 이 책을 통해 해결책을 발견할 수 있을 것이다. 이 책은 성령을 머리로 아는 데 그치지 않고 삶으로 체험하도록 이끄는 매우 귀한 안내서다.

김영봉, 와싱톤사귐의교회 담임목사

앞서 출간된 저자의 기도에 관한 책이 워낙 좋았기 때문에 이번 책도 큰 기대를 품고 읽었다. 감사하게도 기대 이상이었고, 주제 역시 내가 잘 모르는 영역이기에 더욱 반가웠다. 경배와 찬양을 받아 마땅하신 하나님, 곧 성령 하나님에 관한 주제이니 말이다. 장로교 목사는 왜 그런지 오순절 목사보다 성령님에 대해 덜 이야기하곤 한다. 그분에 대해 나는 신학책에서 많이 배웠지만, 왠지 자주 말하면 안 될 것 같은 압박감에 시달리곤 했다. 저자는 성령 하나님에 대한 교리를 충실히 지키면서도 신선하게 재해석하고, 무엇보다 그것을 우리의 삶 속에 깊이 적용하도록 이끈다. 성령에 관한 한, 성경해석과 교리와 경험과 간증이 이처럼 균형 있게 어우러진 책이 있었던가. 특히 11장에서 고난 가운데 역사하시는 성령님에 대한 감동적인 묘사는 깊은 울림을 주었다. 이 책을 읽는 동안 낯설지만 친숙한 바로 그분을 기뻐하게 될 것이다.

이정규, 시광교회 담임목사

이 책은 희미하게 지워져 왔던 성령 하나님의 능력과 성품, 그리스도인들에게 예비하신 모든 풍성하고 생동감 넘치는 가능성에 관해 이야기한다. 성경 곳곳에 서려 있는 성령의 역사가 오늘을 사는 현대인에게 어떻게 적용되고 실재할 수 있는지 균형 있고 사려 깊게 설명한다. 인격적인 성령님이라는 말은, 성령을 가까이한다면 인격적이신 하나님을 경험할 뿐 아니라 닮아갈 수 있다는 것을 의미한다. 이 땅의 그리스도인들이 성령의 능력뿐 아니라 그분의 풍성하고 성숙한 인격을 담아내고 닮아간다면 새로운 세상이 열리지 않을까. C. S. 루이스의 표현을 빌리자면, 영적 세계가 없다고 생각하거나 무시무시하게 무서워 모르는 척하고 살아왔을지도 모르는 그리스도인들에게 전해 주고 싶은 책이다.

김명선, 예배인도자, 『사랑이 남긴 하루』 저자

아름다운 영혼에게서 나온 아름다운 책이다. 저자의 삶과 사역은 성령의 인격과 사역을 발견하면서 완전히 변했다. 나 역시 그랬고 당신도 그럴 수 있다. 타일러가 성령을 '친숙한 타자'라고 부르는 것은 우리 안에 있는 하나님을 더 깊이 경험하고자 하는 갈망을 정확히 짚어낸 표현이다. 이 거룩한 여정을 위한 지도는 없지만, 더 깊은 것을 원한다면 타일러는 믿을 만한 안내자다. 이 책이 당신의 다음 걸음이 될지도 모른다.

존 마크 코머, 프랙티싱더웨이 설립자

믿음의 여정에는 계속해서 생각하고 새롭게 써 내려가야 할 주제들이 있다. 성령론은 그중 하나다. 예수님께 충실하고자 하는 모든 세대에게는 성령의 인격과 사역을 더 깊이 이해하는 일이 필요하다. 다행히 타일러 스테이턴은 이 책에서 큰 선물을 주었다. 그는 절실함을 품고 글을 쓴다. 그리고 성령의 임재가 얼마나 가까이 있는지를 누구나 이해할 수 있는 언어로 풀어낸다. 이 책의 가장 큰 미덕은 추상적인 신학을 넘어선다는 점이다. 성령과 깊이 씨름해 온 사람이 쓴 글이라서 그 여정에 함께한 이들을 이끌어 온 경험이 느껴진다. 이 책을 읽어 보라. 당신의 삶에도, 세상에도 좋은 일이 일어날 것이다.

리치 빌로다스, 뉴라이프펠로우십교회 담임목사

오늘날 서구 교회의 가장 큰 필요는 성령에 대한 새로운 계시와 그분의 능력이다. 우리는 인간의 힘으로 세울 수 있는 최선의 교회를 이미 보았고, 그것으로는 이 세대의 필요를 채우기에 부족하다는 것을 안다. 그런 의미에서 타일러가 성령의 인격과 사역, 그리고 교회가 다시 그분의 임재와 능력에 의존해야 함을 아름답고도 설득력 있게 보여준 것이 참으로 고맙다. 이 책은 교회와 개인 모두에게, 성령 하나님과의 더 깊은 친밀함과 충만함을 향한 갈망과 겸손을 불러일으킬 것이다.

존 타이슨, 뉴욕시티교회 담임목사

타일러는 하나님을 너무나 사랑스럽게 그려내서, 독자가 그분과 더 가까이 걷고 싶게 만든다. 이 책 또한 마찬가지다. 이 페이지들을 통해 성령 하나님을 더 깊이 알아가는 즐거움을 누려 보기를 바란다.

제니 앨런, 이프 개더링 설립자

이 책은 당신의 삶을 바꿔놓을 수 있다. 과장된 말처럼 들릴지 모르지만, 정말 그렇게 믿는다. 이 책에서 타일러는 깊이 있는 신학과 일상의 예시를 결합해, 성령의 목적과 능력을 우리의 현실 속에 생생히 드러낸다. 탁월한 문장력과 솔직한 고백으로 우리의 오해를 짚어내는 동시에, 성령 하나님과의 더 깊은 관계로 초대한다. 성령의 은사를 사모하는 마음을 불러일으키면서도, 많은 사람들을 성령으로부터 멀어지게 했던 과도한 모습들을 분별 있게 지적한다. 혼란스럽고 불안정한 이 시대에 우리가 인내하고 번성하기 위해서는 성령을 단지 교리로만 둘 수 없다. 우리는 그분의 충만한 존재를 실제로 경험하고, 그 능력 안에서 이 땅을 걸어가야 한다.

크리스틴 케인, A21과 프로펠 위민 설립자

성령에 관한 책을 많이 읽어 봤지만, 대부분은 마치 조종사가 "창밖을 보세요"라고 말하며 비행기 안에서 그랜드캐니언을 내려다보는 것과 비슷했다. 장엄하고 아름답지만, 수천 미터 상공에서 바라보는 것과 그 한가운데 서 있는 것은 전혀 다르다. 타일러가 우리에게 주는 것은 성령 교리에 대한 공중 관광이 아니다. 이 책을 읽는 동안 나는 마치 성령의 그랜드캐니언 한가운데 서 있는 듯한 느낌이 들었다. 경이로움에 압도되었고, 내 삶 속에서 성령의 임재를 더 깊이 경험하고 싶은 마음이 일어났다.

브라이언 로리츠, 서밋교회 설교목사

다시 만나는 성령 하나님

The Familiar Stranger
: (Re)Introducing the Holy Spirit to Those in Search of an Experiential Spirituality

Tyler Staton

다시 만나는 성령 하나님

타일러 스테이턴 지음 | 홍종락 옮김

복 있는 사람

다시 만나는 성령 하나님

2025년 11월 20일 초판 1쇄 인쇄
2025년 11월 27일 초판 1쇄 발행

지은이 타일러 스테이턴
옮긴이 홍종락
펴낸이 박종현

(주) 복 있는 사람
주소 서울특별시 마포구 연남동 246-21(성미산로23길 26-6)
전화 02-723-7183(편집), 7734(영업·마케팅)
팩스 02-723-7184
이메일 hismessage@naver.com
등록 1998년 1월 19일 제1-2280호

ISBN 979-11-7083-288-1 03230

The Familiar Stranger
by Tyler Staton

Originally published in the U.S.A. under the title *The Familiar Stranger*
Copyright ⓒ 2025 by Tyler Staton

This Korean Translation Copyright ⓒ 2025 by The Blessed People Publishing Inc., Seoul, Korea.
Published by arrangement with HarperCollins Christian Publishing, Inc. through rMaeng2, Seoul,
Republic of Korea.
All rights reserved.

이 한국어판의 저작권은 알맹2를 통하여 HarperCollins Christian Publishing, Inc.과 독점 계약한
㈜복 있는 사람에 있습니다. 신저작권법에 의하여 한국 내에서 보호받는 저작물이므로 무단 전재와 무단
복제를 금합니다.

차례

- 11 저자 노트
- 12 서문

1부.
보혜사가 오실 때 — 성령은 어떤 분이신가

- 28 1. 낯익은 타자
- 43 2. 숨결
- 56 3. 물
- 71 4. 비둘기

2부.
영적 경험은 신앙의 전부이거나 아무것도 아닌가?

- 93   5. 마술사 시몬의 기묘한 사건
- 103 6. 니고데모의 미묘한 비극

3부.
위로부터 오는 능력을 입음 — 성령의 능력을 힘입은 삶

- 123 7. 분별
- 144 8. 예언
- 166 9. 치유
- 189 10. 증인
- 208 11. 구속적 고난
- 232 12. 사랑의 길

- 252 에필로그
- 260 감사의 글
- 262 주
- 272 옮긴이의 글

일러두기
이 책에 인용된 성경구절은 『개역개정』을 사용했으며, 다른 번역본일 경우 별도로 표기했다.

저자 노트

이 책의 모든 이야기는 오롯이 직접 경험한 실화를 바탕으로 기억에 의지하여 집필했습니다. 하지만 사생활 보호를 위해 적절한 대목에서 인물들의 이름을 바꾸고 누군지 알아볼 수 있을 만한 세부내용도 바꾸었습니다.

목회자로서 다른 이의 삶을 섬긴다는 것은 놀라운 특권입니다. 저는 집으로 돌아가는 길고 구불구불한 여정에 동행하는 특권을 제게 안겨 준 분들을 진심으로 존중하고 싶은 마음이 있고 존중하고자 노력했습니다. 그분들의 사연은 이 책에 담긴 진정한 선물입니다. 하나님의 우주적 메시지가 인간의 몸과 타락한 세상 속에서 구현된 그 사연들 덕분에 소망에 대한 소문이 공감할 수 있는 초대로 다가옵니다.

제가 그랬던 것처럼 경이로움에 눈이 커지고 눈에서 눈물이 샘솟았던 분들, 저와 함께 감격하고 슬퍼하고 기뻐하고 아파했던 분들에게 감사드립니다. 여러분의 사연이 없었다면 이 책은 고상하고 먼 이론에 그쳤을 것입니다. 여러분이 자신의 삶을 열어 보임으로써 그 이야기에서 다른 사람들이 자신의 이야기를 볼 수 있습니다. 여러분의 삶은 그들에게 전해지는 살아 있는 초대장이 됩니다.

서문

사람들이 웃으며 이야기를 나누면서 식당과 술집에서 쏟아져 나왔다. 한 젊은 부부가 무거운 세탁물 가방을 어깨에 메고 아파트로 힘겹게 나르고 있었다. 차들은 길가의 주차 공간을 찾아 초조하게 도로를 빙빙 돌았고, 자전거를 탄 사람들이 열심히 벨을 울리며 빠르게 지나갔다. 밤 10시가 다 된 시간이었다. 2월의 평범한 월요일 밤이 이렇게 시끌벅적한 곳은 뉴욕뿐이다. 눈송이가 막 떨어지기 시작했다. 그 섬세한 마법 같은 것들이 인도에 내려앉는 풍경이 참 좋았다. 산책 중이었던 나는 보도를 거닐며 진실한 갈망의 기도를 나지막이 중얼거렸다. 성경의 지면에서 소문으로 전해지는 '성령과 함께하는 삶'을 계속 구하고 찾고 바랐지만, 적어도 그 시점까지 그 삶은 내게 오래된 소문에 불과했다.

월요일 밤의 이 기도 산책은 나만의 의식으로 자리 잡았다. 동네의 조용한 카페에 들어가 부드러운 허브차를 옆에 두고 단골 좌석에 앉아 읽을거리를 펼쳤다. 늘 그렇듯 신약성경과 고대 문헌의 조합이었다. 나는 먼 옛날 성인들의 이야기에 매료된 상태였다. 자기들을 찾아온 순례자들을 위해 치유의 기적을 일으킨 사막의 교부와 교모들, 하룻밤 사이에 감옥 전체의 회개를 이루어 낸 도시 중심부의 부흥, 그 어떤 유창한 설교에도 꿈쩍도 않던 더없이 완고한 마음까지 부드럽게 만드는 예언의 말씀 등의 이야기를 읽다 보면, 성경의 모든 내용이 삶에서 경험할 수 있는 것이라고 믿고 싶어지곤 했다. 그래서 도시 여기저기를 다니며 기도했다. 바로 그 임재와 능력을 경험하게 해달라고. 하나님의 살아 계시고 활동하시는 성령께서 넘쳐흐르는 그릇이 되게 해달라고, 오래된 소문에 그쳤던 성령의 임재와 능력의 나타남을 일상적으로 기대하는 공동체에 속하게 해달라고 말이다.

하지만 이 기도 의식은 갈망의 산물인 동시에 위기의 산물이기도 했다. 그 위기는 처음에는 은밀하고 포착하기 어려웠으나 결국에는 외부로 분출되고 말았다.

* * *

스물여덟 번째 생일이 막 지났을 때였다. 당시 나는 뉴욕시 브루클린 한 구석에 있는 개척교회의 담임목사로 있었다. 그 지역의 교회 출석률은 0.01퍼센트였다. 가톨릭, 복음주의, 주류 개신교, 혹은 기타 여러 기독교파의 교회를 다 합쳐도 지역주민 전체 인구 대비 주간 교회 출석인원이 천 명당 한 명꼴이라는 뜻이다. 그 정도 인원만이 스테인드글라스를 통과한 빛 아래 앉아 찬송가를 부르며 일요일 아침을 보냈다. 브루클린의 값비싼 브런치 맛집은 대기 시간이 2시간이었고, 커튼을 치고 숙취를 달래는 주민들이 아파트마다 있었다. 하지만 교회는 마치 유령의 집 같았다. 2천 년 전에 사도 바울은 교회가 "하나님의 갖가지 지혜"를 가시적으로 나타낸다고 당당하게 선언했다.[1] 그의 말이 옳았다고 해도, 내 이웃들은 그것을 알아보지 못하는 것 같았다.

요지는 이 지역이 새로운 씨앗을 심기 어렵고 그 씨앗이 자라기도 어려운 굳은 땅이었다는 것이다. 이런 상황에서 브루클린 오크스 교회는 너무나 이례적인 교회로 돋보였다. 개척한 지 2년 만에 우리는 재정적으로 안정되었고 출석 인원이 꾸준히 늘었다. 세례를 주고 제자 훈련을 하고 봉사를 하는 등 건강한 교회가 되었다. 서류상으로는 모든 것이 순조로웠다.

하지만 성가신 문제가 하나 있었다. 나는 신약성경을 계속 읽고 있었는데, 사도행전 지면에 소문으로 떠도는 일들이 나의 경험과 너무 다르다는 정직한 깨달음을 떨칠 수가 없었던 것이다. 사도들은 많은 핍박과 시련, 갈등에 직면하고도 초대 교회를 이끄는 부담을 가볍게 짊어진 것처럼 보였다. 하지만 나는 세상 짐을 혼자 다 진 것 같았다. 그들은 일생일대의 모험을 하고 있었는데, 나는 스트레스 때문에 녹초가 되어 있었다. 그들은 풍성한 삶을 돌보는 청지기였지만, 나는 재정과 출석 인원을 관리하는 사람이었다.

서류상으로는 모든 것이 순조로웠으나, 나는 서류에 적힌 것 이상의 이야기를 갈망했다. 삶으로 경험할 수 있는 이야기를 원했다. 어떻게 하면 성경에 나오는 그런 삶을 지금 여기, 이 장소, 이 사람들 사이에서 발견할 수 있을까? 목사 일을 시작한 지 채 2년도 되지 않은 시점에 나는 조용한 위기를 맞고 있었다. 겉으로는 모든 것이 반짝거렸지만, 내면에는 거룩한 불만이 퍼지고 있었다.

월요일 밤의 기도 산책을 시작하고 얼마 지나지 않았을 때였다. 어느 화요일 아침, 커스틴이 거실에서 혼자 우는 나를 발견했다.

"타일러, 괜찮아?" 아내가 물었다.

"잘 모르겠어." 겨우 말을 꺼낼 수 있게 되자 내 입에서 나온 대답이었다. '운다'는 말은 내가 하고 있던 행동을 가리키기에는 너무 점잖은 표현 같다. '통곡'이라는 표현이 더 어울리리라. 어렸을 때 뒷마당 그네에 올라타 운동신경에 비해 과한 곡예를 하다가 다친 이후로 그렇게 울어 본 적이 없었다.

불과 몇 분 전까지만 해도 교역자 회의를 인도하러 교회로 향할 준비를 하고 있었다. 그러다 순식간에, 완전히 무너져 내렸다. 너무 오랫동안 막혀 있던 댐이 터진 것처럼 눈물이 쏟아져 나왔다.

무엇이 나를 이 지경에 이르게 했을까? 당시에 목회자로서 여러 차례 실망을 경험한 것은 사실이었다. 그중에도 마지막 일은 믿었던 사람에게 버림받은 느낌을 안겼다. 그것은 예상치 못한 뜻밖의 기습이었다.

그러나 내가 무너진 것은 그 일 때문이 아니었다. 그 일은 가까스로 버티던 내게 마지막 결정타로 작용했을 뿐이다. 그날 아침의 눈물 배후에는 더 깊은 무언가가 있었다. 나는 예수님과 함께 목회의 여정을 시작할 때 느꼈던 경이와 자유에서 점점 더 멀어지고 있었고, 내가 짊어진 짐이 점점 무겁게 느껴지고 있었다. 그런데 그 짐은 원래 혼자서 감당할 몫이 절대 아니었다.

소문에서 현실로

스위스의 저명한 심리학자 칼 융은 심리적 건강을 정의하면서 획기적인 통찰을 제시했다. 풀어서 설명하자면, 한 사람도 빠짐없이 누구나 인식된 자아와 실제 자아 사이에 괴리가 있다는 것이었다. 사람의 자기 인식(내가 누구라고 생각하는가, 내가 남에게 어떤 인상을 준다고 생각하는가, 다른 사람들이 나를 어떻게 본다고 생각하는가)과 현실(나는 실제로 어떤 사람인가, 실제로 어떤 인상을 주는가, 다른 사람들은 실제로 나를 어떻게 보는가) 사이에는 괴리가 있다. 융에 따르면, 심리적 건강은 내가 인식하는 나와 실제 나 사이의 괴리를 최대한 좁히는 데 달려 있다.²

이것은 나에게도 해당하고, 당신의 경우도 마찬가지다. 좀 무섭다. 그렇지 않은가? 물론 인식된 자아와 실제 자아 사이의 괴리는 타인의 모습에서 훨씬 눈에 잘 들어온다. 우리는 동료, 친구, 가족 구성원 각각의 서로 다른 자기기만을 아프게 인식하고 있다. 그런데 그와 똑같은 기만이 우리 안에 있어도 정작 우리는 그것을 잘 보지 못한다.

영적 건강도 이와 비슷하다고 말하고 싶다. 영적 건강은 성경에서 듣는 소문과 실제 삶의 괴리를 최대한 좁히는 일에 달려 있다. 영적 성숙은 하나님 나라의 약속과 일상의 삶 사이, 머리로 믿는 것과 가슴 및 감정으로 뼛속 깊이 아는 것 사이, 사도신경으로 암송하고 예배 때 찬송으로 부르는 핵심 신앙과 내가 매일 삶으로 고백하는 핵심 신앙 사이의 괴리를 좁히는 일에 달려 있다. 영적 건강은 성경의 이야기와 내 삶의 이야기 사이의 불가피한 괴리가 좁아지고 좁아지다가 결국 틈이 하나도 남지 않게 되는 것을 말한다. 어두운 방의 문이 삐걱 소리를 내며 닫히고 나면 한 줄기 빛도 남지 않는 것처럼 말이다.

성령은 삼위일체 하나님의 경험적 행위 주체로서 성경의 약속과 일상의 경험 사이의 괴리를 좁히고 우리를 영적 건강과 성숙으로 이끌어 가신다.

성령의 내주하시는 인격, 임재, 능력에 대한 깊고 풍부한 이해 없이, 그와 무관한 방식으로 예수님을 따르려고 하다가는 언젠가 성경의 소문과 실제 삶 사이의 괴리, 어쩌면 우려할 만큼 심각한 괴리에 직면하게 될 것이다. 조용한 위기나 요란한 위기, 또는 둘 다가 닥칠 것이다.

런던의 일요일 아침

나는 1980년대와 90년대 초 영국을 휩쓸었던 성공회 부흥운동에 매료되었다. 존 윔버(남부캘리포니아에서 생겨난 은사주의 교회인 미국 빈야드 운동의 실질적 창시자)는 아이러니하게도 자국 교회보다 영국 교회에 훨씬 더 깊이 영향을 미쳤다. 이 운동은 영국 시골의 많은 전통적인 성공회 교구들을 방문하는 순회 설교로 시작되었다. 그때 성령이 아주 강하게 역사하셔서 표적과 기사가 일어났고, 성직 칼라를 착용하고 의식을 중시하는 사제들이 기적을 정기적으로 체험했다. 독특한 은사주의 운동이 나타나 전통과 새로운 삶이 긴장을 이루며 함께 어우러졌다. 관상의 삶과 은사주의적 삶이 한 지붕 아래에서 공존한 것이다. 이 교회들은 여러 면에서 어설프고 엉망이었을지 모르지만, 사도행전 교회가 살아 있었던 것처럼 살아 있었다. 어쨌든 소문은 그랬다.

2016년 초, 상황을 직접 확인해 보기 위해 비행기를 타고 여행길에 올랐다. 런던에 착륙했을 때, 그동안 월요일 밤 기도 산책 때마다 간구했던 일을 일부나마 엿볼 수 있을 거라는 희망에 가슴이 부풀었다.

하나님이 정말 인격적이고 심오하게 하시는 말씀을 들으려면 영적으로 준비되어 있어야 할 것 같았다. 일출을 보고 몇 시간 기도하여 내면이 모종의 철저한 초월상태에 도달해야 할 것 같았다. 도착한 다음 날 아침 심각한 시차증으로 피곤한 몸을 끌고 침대에서 나왔을 때, 이런 것들을 염두에 두고 있었다.

하지만 그날 아침에는 모든 것이 끔찍하게 잘못되었다. 하이드 파크에서 조깅을 하다가 길을 잃었고, 낯선 땅에서 화장실을 찾지 못하는 비상상황이 발생하면서 그나마 유지하던 침착함마저 잃고 말았다. 우여곡절 끝에 길을 찾아서 에어비앤비 숙소로 돌아왔지만, 샤워를 마치고 다시 문밖을 나서 보니 현지 커피숍은 일요일 아침 늦게 문을 연다는 것이 아닌가. 계획했던 초월적 평정 상태에 도달하기에는 시간이 부족했다. 그날 방문하기로 계획한 세 교회 중 첫 번째 교회로 그냥 발걸음을 옮기는 수밖에 없었다. 답답하고 카페인마저 부족한 상태로 바삐 길을 가면서 낭패감에 젖어 중얼중얼 짧은 기도를 드렸다. "주님, 성령의 능력을 알고 싶은 갈망에 이끌려서 이 먼 길을 왔습니다. 성령의 능력으로 사는 법을 오늘 보여주세요."

예배 모임은 정말이지 그저 그랬다. 참석 인원은 적었다(알고 보니 주말이 낀 연휴였다). 나는 그곳을 처음 방문한 낯선 사람이었고, 교인들은 나를 모든 그룹에 등록시키려고 온갖 시도를 했는데, 그런 모습이 좀 과하게 느껴졌다. 목사가 설교를 위해 자리에서 일어나 설교 제목을 알렸다. '성령께서는 무엇을 하시는가?'

나는 그 가르침에 아무런 감동을 받지 못했다. 그는 설교를 토씨 하나까지 원고로 작성하여 놀랄 만큼 카리스마 없이 전해놓고는 마지막에 강단초청을 했다. 성령을 더 원하는 사람은 앞으로 나오라고 초대한 것이다. 그때 내 안에 이런 생각이 떠올랐다. '그래, 이미 바다를 건너왔잖아. 몇 걸음 더 걸어 보자.'

눈을 감고 두 손을 펴고 서서 누군가 나를 위해 기도해 주기를 기다렸다. 그리고 어떤 이가 내 어깨에 손을 얹었다. 그러나 그것은 기도해 주려는 손이 아니라 나를 깨우는 손이었다. 평범하고 심심한 설교를 하는 목사가 나를 흔들고 있었다. "저기요. 눈을 떠요. 함께 갑시다."

그는 나를 데리고 강단 주변을 돌아다니면서 사람들을 보살피고 내가 해야 할 일을 알려 주었다. "이분 어깨에 손을 얹으세요. 이제 축복의 기도를 하세요. 잠깐만요. 들어 보세요. 하나님이 주시는 무언가가 느껴지나요? 생각이 떠오르나요? 좋아요. 그 생각을 가지고 이분을 위해 기도하세요."

한참이 지나 강단 주변에 아무도 남지 않게 되었을 때. 나는 그 목사에게 물었다.

"왜 그러셨어요?"

"제가 뭘 했는데요?" 그는 당황하는 것 같았다.

내가 대답했다. "저를 데리고 다니셨잖아요? 제게 사람들을 위해 기도하라고 하시고, 어떻게 해야 하는지 알려 주셨잖아요. 왜 그러셨나요? 목사님은 저를 만난 적도 없잖아요. 제가 이상한 사람일 수도 있고요."

"그렇군요. 좋은 지적입니다." 그 말을 듣고야 그런 가능성을 떠올린 사람의 반응이었다. "강단 초청에 응한 사람들 사이를 다니다가 당신을 봤어요. 그때 주님이 이렇게 속삭이셨어요. '성령으로 충만하지만, 성령의 능력으로 사는 법을 모르는 사람이 여기 있다. 그에게 보여줘라.' 그래서 그렇게 했습니다."

그것은 그날 아침 길에서 답답한 심정으로 중얼중얼 드렸던 기도에 대한 직접적인 응답이었다.

내게는 그것으로 충분했다. 그때부터 지면에 머물던 이야기가 내 삶 속에서 살아 움직이기 시작했다.

* * *

오랜 기간에 걸쳐 점진적으로 이어진 조용한 위기와 런던에서 성령의 능력을 맛본 후 깨어난 갈망이 결합되면서 나는 월요일 밤마다 뉴욕시를 돌아다니며 중얼중얼 기도했고, 하나님께 단 하나만 구하게 되었다. 성령의 사역을 보여주시고 가르쳐 달라는 것이었다.

"저는 그것을 원합니다. 하나님, 성경에 나오는 모든 방식으로 주님을 알고 싶고, 사도행전에 나오는 사람들처럼 이끌고, 기적적인 하나님의 역사(役事)를 사모하는 청지기로 살고 싶습니다. 주님의 성령의 임재와 능력을 알고 싶습니다. 하지만 어디서부터 시작해야 할지 모르겠습니다."

한계에 이르러 거실에서 울던 시점에서 얼마 지나지 않아 하나님은 내 기도에 응답하셨고, 그 후 몇 년간 내 인생 최고의 여정이 펼쳐졌다. 나는 성경 이야기를 읽을 뿐 아니라 삶으로 경험하기 시작했다. 짐은 가벼워졌고, 모험은 예측할 수 없이 흥미로워졌으며, 하나님의 임재와 능력이 현실로 다가왔다. 나는 최고의 시간을 보내고 있다. 위기와 갈망의 결합은 지금까지의 내 영적 삶에서 가장 강력한 촉진제가 되었다.

입술에 묻은 소금

성 아우구스티누스는 이렇게 기도한 것으로 알려져 있다. "주님, 주님은 우리가 주님을 갈망하게 하시려고 우리 입술에 소금을 묻히셨습니다." 이 책이 바로 그 소금과 같다. 생수에 목마르게 하려고 독자의 입술에 묻히는 소금.

목회 경험을 통해 나는 성령에 관한 세 유형의 사람들을 만났다. 목마른 사람, 의심하는 사람, 무지한 사람이다.

독자들 중에서 어떤 이들은 하나님을 더 많이 알고자 목말라하고, 하나님의 임재와 능력을 경험할 수 있는 방법이라면 무엇이든 갈망할 것이다. 하지만 올바른 열망을 갖고 있어도 그 열망을 뒷받침할 성경적 근거가 없을 수 있고 안타깝게도 그런 일은 흔하다. 목마른 사람들에게 그 갈증을 해소할 수 있는 성경적 우물을 파주고 싶다. 이 책을 통해 여러분이 맛보아 알았으면 좋겠다.

독자들 중 어떤 이들은 '성령'이라는 이름을 들으면 설렘보다 의심이 앞설 것이다. 경계심이 높아지는 것이다. 그런 반응은 익숙하지 않은 탓일 수 있다. 성령이나 성령의 은사 같은 주제를 잘 다루지 않는 교회 전통에서 자랐다면 그럴 수 있다. 신약성경 지면에 두루 흩뿌려져 있는 초자연적 사건들을 읽은 적은 있지만, 그것을 기대한 적도 없고 적극적으로 추구한 적은 더더구나 없을 수 있다. 여러분의 경험이 이러하다면, 익숙한 영성에 대한 새로운 표현방식을 처음 접할 때 위험하다고 느낄 수 있다. 그런가 하면, 익숙함에서 비롯되는 의심도 그 못지않게 많다. '성령'의 기치 아래 영적으로 힘든 일을 겪었거나 누군가에게 조종을 당했다가 회복중이라면 그런 경우에 해당할 것이다. 유해한 은사주의적 환경에서 피해를 당한 적이 있다면, 그런 과거를 연상시키는 일체의 일과 거리를 두는 것이 가장 안전하게 느껴질 것이다. 나는 의심하는 사람들에게 성령을 (다시) 소개하고 싶다. 그분은 사람들을 상대로 휘두르는 힘이나 억지로 강요해야 하는 체험이 아니라, 우리에게 자신을 드러내시고 우리가 힘써 알아가야 하는 인격적 존재이시다.

마지막으로, 독자들 중에는 그저 성령에 무지한 경우도 있을 것이다. 바울이 에베소에서 만났던 진실한 제자들이 바로 그런 사례다. 바울이 "'여러분은 믿을 때에, 성령을 받았습니까?' 하고 물었다. 그들은 '우리는 성령이 있다는 말을 들어 보지도 못하였습니다' 하고 대답하였다."[3] 이런 반응은 지적인 무지를 말하기보다는 그리스도 안에서 그들을 위해 확보된 온전한 유업을 친숙하게 경험하지 못했음을 드러낸 것이다. 그리고 그것은 이상적인 출발점일 수도 있다.

빈 캔버스와 같은 상태에서 체험적 영성에 대한 기대를 그려 나갈 수 있을 테니 말이다. 앞으로 펼쳐질 이 책의 내용은 성령에 무지한 이들을 위한 초대다. 성경 이야기가 지면에 머물지 않고 평범한 삶의 일상 속으로 들어올 때까지 성경 이야기에 푹 잠기라는 초청이다.

이 책의 목적은 위의 세 출발선상에 있는 독자들에게 성령이 어떤 분인지 (다시) 소개하고, 일상의 삶의 의무와 기회 속에서 성령의 능력으로 옷을 입고 살아가게 하는 것이다.

이 책 '1부. 보혜사가 오실 때'는 요한복음 14-17장에서 예수님과 제자들이 나눈 대화를 바탕으로, 그날 저녁에 예수님이 하신 말씀을 총체적인 성경의 은유들을 살피며 따라간다. 이 은유들은 성령이 누구시고 우리가 영이신 하나님과 어떻게 관계하는지를 그림으로 보여준다.

'2부. 영적 경험은 신앙의 전부이거나 아무것도 아닌가?'에서는 오늘날 교회가 성령과 관계를 맺는 두 가지 방식을 설명한다. 한계가 뚜렷하지만, 안타깝게도 자주 볼 수 있는 이 두 방식을 설명할 때 우리는 잘 알려지지 않은 신약성경의 두 인물을 사례로 제시할 것이다. 2부의 목적은 우리가 성령과의 관계를 통해 어떻게 형성되고 왜곡되어 왔는지를 파악하고, 경험적 영성이 건강하게 성장할 때 우리가 어떤 모습이 될지 양극단의 사례를 보며 탐색하도록 돕는 것이다.

'3부. 위로부터 오는 능력을 입음'에서는 신약성경에 자주 등장하지만 오늘날 많은 교회가 이해하지 못하거나 오남용하거나 교회에서 찾아볼 수 없는 성령의 여러 은사, 성령의 임재와 능력의 표현방식 중 일부를 깊이 있게 실제적으로 고찰한다. 3부의 목적은 경험적 영성을 추구하는 평범한 사람들이 성령의 사역에 다가가게 하는 것이다.

결국, 나의 바람은 이 책이 성경의 이야기를 지면 밖으로 불러내어 사람들의 갈망에 언어를 부여하고, 그 갈망을 기도로, 기도를 삶으로 전환시키는 것이다. 타락한 세상 속 지금 이곳에서 성령의 능력에 힘입어 살아가게 하는 것이다.

1부.
보혜사가 오실 때
— 성령은 어떤 분이신가

그러나 내가 너희에게 실상을 말하노니 내가 떠나가는 것이 너희에게 유익이라. 내가 떠나가지 아니하면 보혜사가 너희에게로 오시지 아니할 것이요 가면 내가 그를 너희에게로 보내리니.

요 16:7

여러분과 나는 역사적으로 중요한 문화적 변화를 겪고 있다. 인터넷이 출현하고 그것을 모두가 주머니에 넣고 다니는 세상이 한 세대 만에 이루어졌다. 친목 모임에서 소셜미디어로 교류의 장이 바뀌었다. 다들 서로의 이름을 아는 고향에서 살던 사람들이 이 도시 저 도시로 잠깐씩 옮겨 다니며 자유롭게 자신을 재창조하는 세상으로 넘어갔다. 경제를 움직이는 동력이 기본적인 상품들에서 아이디어와 스타트업으로 바뀌었다. 공통의 문화적 영성을 누리던 사람들이 영성의 보편적 요소들을 모두 의심하게 되었다. 그리고 문화가 변화할 때마다 문화와 상황 속에 존재하는 교회도 함께 변한다.

장로교 목사이자 작가인 마조리 톰슨은 필리스 티클의 저서 『위대한 출현』의 메시지를 요약하면서 이렇게 말했다. "우리는 500년마다 찾아오는 '대격변'의 최신판을 경험하고 있다. 문화와 세계관의 이 격변은 11세기에 일어난 교회의 대분열과 16세기의 종교개혁만큼이나 확실하게 우리의 신앙 해석과 제도를 재편하게 될 것이다."[1]

톰슨은 이어서 교회를 강타하는 쓰나미 같은 변화의 여러 특징을 거론한다. 이 변화는 더없이 성령 중심적이고, 깊이 있는 경청에서 우러난 분별을 추구한다. 올바른 믿음보다 올바른 실천을 더 중요하게 여긴다. 질문을 편안하게 받아들이지만 대답은 경계한다. 옳고 그름의 이분법적 절대가치보다 긴장과 역설을 포용한다. 위계적 구조를 거부하고 공유 리더십과 민주적 의사결정을 반긴다.

오늘날의 청년들과 그다음 세대는 설명보다는 경험에 훨씬 더 열려 있다. 설교를 듣기보다는 요가 수업을 받고 마음챙김 명상 앱을 켜거나, 차라리 교회 기도실에서 한 시간을 보낼 확률이 더 높다. 이것은 새로운 현상이다.

2차 세계대전 이후 세대는 어려운 질문에 대한 정보와 답변을 원했다. 『예수는 역사다』, 『평결을 요구하는 증거』 같은 책들이 큰 성공을 거둔 이유도 여기에 있다. 이때는 변증가들의 전성기였다. 사람들의 생각을 얻으면 마음도 얻을 수 있었다.

그러나 밀레니얼 세대를 시작으로 시간이 갈수록 점점 더 새로운 시대가 열렸다. 오늘날의 젊은이들은 전문가를 의심하고, 어떤 주제든 또 다른 관점이 있기 마련임을 항상 인식하고 있다. 그러나 자신이 듣는 메시지가 자신의 경험과 맞거나 공감이 될 때는 그 메시지를 신뢰한다. 이제는 마음을 얻으면 생각도 함께 얻는 시대다.

이것은 미국 및 기타 서구화된 국가들에서 나타나는 정치적 독성(毒性)을 이해하는 데 도움을 준다. 한 가지 예를 들면, 이민 정책에 대해서는 누구의 견해가 중요할까? 하버드 출신 정치인의 견해일까? 아니면 수많은 어려움을 이겨내고 국경을 넘은 이민 1세대의 견해일까? 누구에게 묻느냐에 따라 답이 달라진다.

교회 안에서도 마찬가지다. 고통에 대해서는 누구의 의견이 중요할까? 아늑한 사무실에서 커피를 홀짝이며 주석서를 뒤지고 이 주제를 연구하는 목사일까? 아니면 상상도 못할 만큼 힘든 상실의 폭풍을 겪고도 믿음을 지키며 여전히 예수님을 붙드는 어떤 사람일까? 요즘은 대부분 전문지식보다는 경험에 귀를 기울인다. 그래서 기독교 신앙으로 초대받는 사람의 반응도 한때는 "나를 설득해 봐"였지만 이제는 "나에게 보여줘"가 되었다.

교회와 더 넓은 문화 사이에는 성령이라는 인격에 기초한, 사려 깊은 경험적 영성의 문이 열려 있다. 하지만 예수님이 우리에게 보내 주기를 간절히 원하셨던 바로 그 성령은 교회 안에서 이해하기 힘들고 분열을 초래하는 존재가 되었다. 우리는 성령을 (다시) 소개받는 일이 절실히 필요하다. 그분은 두려움과 강요의 대상이 되었고, 우리 대다수에게는 그저 낯익은 타자가 되어 버렸다.

이 책의 1부는 성령을 (다시) 소개하는 내용이다. 성령을 통한 하나님의 내주하시는 임재가 예수님이 몸으로 함께하시는 임재보다 훨씬 낫다(지금도 그렇다)는 예수님의 당황스러운 주장 배후에 담긴 모든 진리를 재발견하는 것이 1부의 목표다. 안타깝게도 근년에 많은 교회에서 하나님의 말씀과 하나님의 영이 서로 대립한다는 식으로 가르쳤고, 한쪽은 확대하고 다른 쪽은 소홀히 해왔다. 하지만 기독교 전통에 따르면, 말씀과 성령은 서로 연결되어 있고 상호 보완적인 매체로서 우리에게 인격적인 하나님의 내밀한 신비를 소개하는 역할을 함께 수행한다. 1부에서는 최근에 비극적으로 분리되었던 둘을 재결합하는 작업을 하고자 한다.

각 장마다 성령의 정체에 대한 성경의 다른 은유를 다음과 같은 순서로 추적한다.

- 창조. 창세기에서 성령의 임재와 역할을 탐구하여 성경 이야기의 가장 앞부분에 등장하는 성령을 발견한다.
- 뿌리. 구약성경의 여러 장면을 살피며 성령의 임재를 추적한다.
- 예수. 그리스도의 성육신, 삶, 죽음, 부활에서 성령의 적극적인 역할을 드러낸다.
- 그때. 신약 교회가 성령과 어떤 관계에 있었는지 살펴본다.
- 지금. 독자가 지금 여기에서 성령의 관계적 임재를 알고 실천하도록 초대한다.

1. 낯익은 타자

> 내가 아버지께로부터 너희에게 보낼 보혜사 곧 아버지께로부터 나오시는 진리의 성령이 오실 때에 그가 나를 증언하실 것이요 너희도 처음부터 나와 함께 있었으므로 증언하느니라.
> 요 15:26-27

"너희들, 크로켓을 정말 좋아하게 될 거야! 미니 골프와 비슷한데 나무망치로 공을 더 세게 칠 수 있어."

나는 누가 봐도 실망스러운 상황을 수습하려고 애쓰고 있었다. 어린 아들 둘을 기르는 아빠인 나는 두 가지 중요한 기술을 숙지하고 있었다. 다가올 즐거운 경험을 과대 포장하는 기술과 실망스러운 상황에서 다른 것으로 관심을 돌리게 하는 기술이다. 이날처럼 어떤 경우에는 두 기술을 연달아 시도하기도 한다.

우리가 찾아간 곳은 잉글랜드 본토 바로 남쪽에 있는 매력적인 영국 섬인 와이트 섬이었다. 때는 5월의 어느 완벽한 날이었고, 그날 아침에 미니 골프장을 발견한 터였다. 아들 행크와 사이먼(당시 6살과 4살)은 골프를 치기로 마음을 먹었다. 골프공의 색깔까지 정해 두었고 승자를 가리기 위한 점수체계도 미리 짰다.

아이들은 들떠 있었다. 우리는 구불구불 이어진 고즈넉한 좁은 도로를 달려 낡고 오래된 놀이공원으로 향했다. 멀리 떨어진 주차장에 차를 세워놓고, 가파른 둔덕을 한참 걸어 올라가 마침내 언덕에 도착했다. 아이들이 바라던 곳이 눈에 들어왔다. 그런데 문이 닫혀 있었다.

믿을 수가 없었다. 오후 5시 7분이었으니 5시에 막 문을 닫은 모양이었다. 직원들이 쏟아져 나오고 있었다. 문들이 하나씩 잠겼다. 해가 지려면 아직 몇 시간이나 남았고 대형 관람차와 퍼넬케이크가 어울릴 법한 여름날이었건만, 그곳은 유령도시처럼 비어갔다.

바로 그때, 나는 두 번째 기술을 발휘했다. 전날 숙소 주인의 정원 옆 창고에서 봤던 크로켓 세트가 떠오른 것이다. 아이들은 크로켓에 대해 들어 본 적이 없었다. 크로켓은 소란스러운 어린아이들보다는 주름진 바지와 노인 생활 시설에 더 어울리는 경기였으니 말이다.

그 가파른 언덕을 내려와 차를 세워 둔 곳으로 돌아가면서 나는 아이들의 손을 하나씩 잡고 마당에서 하는 크로켓 경기가 아이들이 기대하던 일, 즉 바닐라 소프트콘을 먹으면서 미니 골프채를 휘두르는 것보다 훨씬 더 좋을 거라고 말하기 시작했다. 나는 최선을 다했지만 아이들은 믿지 않았다.

예수님의 마지막 밤에 대한 요한의 기록이 내게는 딱 그렇게 보인다. 예수님은 아무리 경험이 많은 제자라 해도 이해하기 어려울 법한 말씀을 하셨다. "나는 떠날 것이다. 하지만 그렇게 되면 상황이 훨씬 더 좋아질 것이다!"

요한복음 14-17장에는 예수님과 열두 제자가 나눈 한 편의 긴 대화가 기록되어 있다. 최후의 만찬과 겟세마네에서 체포되는 장면 사이에 낀 이 대목에서 예수님은 짓궂게 웃으며 말씀하신다. "봐라, 너희와 함께할 날이 얼마 남지 않았다. 그러나 내가 내 영을 너희에게 보낼 것인데, 그것이 더 좋은 일이다!" 그분 말씀의 취지가 그랬다는 말이다. 예수님의 실제 말씀은 이러했다. "그러나 내가 너희에게 실상을 말하노니 내가 떠나가는 것이 너희에게 유익이라. 내가 떠나가지 아니하면 보혜사가 너희에게로 오시지 아니할 것이요 가면 내가 그를 너희에게로 보내리〔라〕."[1] 예수님의 너무나 분명한 말씀에 따르면, 성령은 육신으로 오신 하나님과 얼굴을 마주보며 대화하는 일보다 놀라울 정도로 나은 상황을 만드신다는 것이다. 성령을 통한 하나님의 내주하시는 임재는 그분이 예수님을 통해 몸을 입고 인간으로 오신 일을 능가한다는 것이다.

여기서 적어도 내게 가장 흥미로운 부분은 우리가 예수님의 이 말씀을 믿지 않는다는 것이다.

우리만 그런 것이 아니라 열두 제자도 그분의 말씀을 믿지 않았다. 그들은 아들 행크와 사이먼이 와이트 섬에서 내리막길을 걸어 차로 돌아가면서 나를 쳐다보던 눈빛으로 예수님을 보고 있었다. 그들은 예수님의 나라에서 경험할 일들을 상상하고, 자신들이 앉을 보좌의 크기와 위치를 계획하고, 각자가 남길 유산을 그려 보았다. 그런데 공정하게 말하면, 그 모든 것의 뿌리에는 자기애적 자아가 아니라 성경 선지서들에 대한 일반적인 해석이 있었다. 한마디로 제자들은 이미 아이스크림을 먹으며 미니 골프를 치는 비전을 염두에 두고 있었기 때문에, 예수님이 떠나시고 성령이 오신다는 이 모든 이야기가 뒷마당에서 크로켓을 치자는 말처럼 시답잖게 들렸다는 것이다.

제자들은 예수님의 말씀을 믿지 않았고 우리도 마찬가지다. 솔직히, 지금 우리의 성령 체험을 예수님과 얼굴을 맞대고 나누는 대화와 바꿀 수 있다면 어떨까? 정말이지 모든 신자가 나서서 바꾸려 하지 않을까? 일요일에 전 세계 곳곳의 예배당 여기저기에 앉은 대부분의 사람들은 성숙과 헌신도, 은사, 교육, 전통에 관계없이, 예수님이 그토록 흥분하며 약속하신 성령의 경험에 약간 실망하고 있다. 그것이 십자가 처형을 향해 나아가시던 예수님을 잠시나마 들뜨게 했던 '더 나은 계획'이라고? 할 수만 있다면 우리는 그 계획을 물리려 들 것이다.

성경의 이야기는 삼위일체 하나님, 삼위로 계신 한 하나님, 성부, 성자, 성령이 서로 교통하시는 한 하나님을 제시한다.

우리는 대체로 성부는 이해한다. 그분은 하늘에서 자녀인 우리 모두를 양육하시는 하나님이시다.

우리는 성자도 안다. 예수님은 우리에게 오셔서 우리 가운데 거하시고 인간의 경험을 공유하셨다.

하지만 성령은 도시의 전설 같은 존재가 되어 버렸다. 다들 설인(雪人)의 소문은 들어 봤을 텐데 실제로 설인을 목격한 사람이 있나? 성령은 친구 무리 안에 있어서 몇 시간씩 같은 공간에서 시간을 보내지만 개인적으로는 말 한 마디 나눈 적 없는 멤버와 같다. 당신은 그 사람과 간접적으로만 연결되어 있고 대부분은 둘 다를 아는 누군가를 통해 관계를 맺어 왔다. 그러다 어느 순간 그와 대면하게 되는 때가 찾아온다. 둘을 모두 아는 친구들이 저녁 식사 자리에서 동시에 자리를 뜨거나, 두 사람이 먼저 도착하거나, 어쩌다 보니 그와 카풀을 함께하게 되는 등의 경우다. 그럴 때는 몇 분 동안 단 둘뿐이라 어떻게든 대화를 시도할 수밖에 없다. 어색해서 죽을 지경이 된다. 오늘날 교회의 수많은 사람들에게 성령은 바로 이런 존재다.

리고니어 미니스트리는 현대 교회에서 흔히 믿는 이단적 입장을 밝히기 위해 2014년에 '신학의 현주소'라는 설문조사를 실시했고, 사람들에게 다음 진술이 참인지 거짓인지를 물었다. "성령은 인격(person)이 아니라 힘이다." 응답자의 51퍼센트는 '참'이라고 대답했고, 42퍼센트는 '거짓'이라고, 7퍼센트는 '모르겠다'고 대답했다.[2] 반면, 2022년의 '신학의 현주소' 설문조사에서는 헌신적인 기독교인의 60퍼센트가 그 진술에 '참'이라고 답했다.[3] 이것은 미국 기독교인의 3분의 2에 달하는 인원이 삼위일체의 세 번째 위격(person)이신 성령을 서로 알아가야 할 인격이 아니라 행사해야 하는 힘이라고 믿고 있다는 뜻이다. 성령은 낯익은 타자인 것이다.

하나. 창조

태초에 하나님이 천지를 창조하시니라. 땅이 형체가 없고 공허하며 흑암이 깊음 위에 있고 하나님의 영은 수면 위에 운행하시니라.[4]

성령은 예수님 이후에 도입된 뉴에이지나 신비주의의 가르침이 아니다. 성령은 창조 시에 계셨고, 성경의 첫 구절에 언급되어 있다. 창세기의 원어인 히브리어로 "하나님의 루아흐가 수면 위에 운행하시니라"라고 기록되어 있다. 히브리어 '루아흐'는 그리스어 '프뉴마'와 마찬가지로 '영' 또는 '숨결'로 번역할 수 있다.[5]

창세기의 조금만 뒤로 가면 이런 대목이 나온다. "여호와 하나님이 땅 부스러기 곧 흙으로 사람을 빚으셨다. 그러고는 그의 코에 생명의 숨결을 불어넣으셨다. 그러자 사람이 생명체가 되었다."[6] 창세기는 종종 "생명의 숨결"이라는 문구를 써서 생명체를 묘사한다.[7] 우리에게 생명이 있는 것은 전적으로 하나님이 우리 안에 생명을 불어넣으시기 때문이다. '생명의 숨결'이라는 표현에는 루아흐(창세기 1:2에서 하나님의 영에 대해 말할 때 쓰인 바로 그 히브리어 단어)가 쓰이기도 하고, 비슷한 의미의 다른 단어가 쓰이기도 한다. 그러나 개념은 분명하다. 창세기 1장에서 모든 창조세계에 질서를 부여하고 그 세계를 채우신 하나님의 영(또는 숨결)이 그 신적 생명으로 사람들을 채우신다는 것이다. 이것을 꼭 기억하라.

둘. 뿌리

창세기 바로 뒤에 나오는 출애굽 이야기에서 하나님의 임재는 줄곧 짙은 구름으로 묘사된다. 구름은 이스라엘 백성이 광야를 지나 약속의 땅으로 가도록 이끈다. 하나님이 모세와 대면하여 만나실 때는 구름이 시내산으로 내려와 모두가 그것을 본다. 결과적으로 하나님은 모세에게 성막을 지으라고 지시하시는데, 성막은 '텐트'를 의미하는 히브리어 단어를 번역한 것이다.

조금 우스꽝스럽다. 그렇지 않은가? 하나님이 우리와 함께 캠핑을 떠나실 수 있도록 그분을 위해 텐트를 치라고?

21세기의 서양 독자들에게는 우스꽝스럽게 들릴지 모르지만, 모세가 살았던 고대 근동 세계에서 이것은 혁명적인 생각이었다. 고대인들은 신들이 특정 장소의 제약을 받는다고 생각했다. 태양신과 달신, 별의 신이나 바다의 신처럼 말이다. 그런데 성막은 야훼께서 놀라울 정도로 인격적인 분임을 의미했다. 그분은 백성과 함께 걷고, 함께 머물고, 그들이 잘 때나 깰 때나 갈 때나 올 때나 슬퍼할 때나 기뻐할 때나 함께 거하시는 하나님이셨다. 이러한 인격적인 신 개념은 놀랍도록 독특한 것이어서, 이사야 선지자는 하늘과 땅의 재통합을 논의할 때 모세의 성막 이미지를 빌려와서 활용할 정도였다.[8]

출애굽 이야기의 막바지 구절에는 이런 묘사가 들어 있다. "그때에 구름이 회막을 덮고, 주님의 영광이 성막에 가득 찼다."[9] 구름, 즉 백성을 인도하시는 하나님의 가시적 임재가 백성 가운데 거처를 정하고, 그들과 함께 있기 위해 입주한 것이다. 이 장면은 이후 솔로몬의 성전 봉헌 때도 반복되는데, 주님의 영광이 임하여서 구름의 형태로 하나님의 백성 가운데 거처를 정했다.[10]

하나님이 이렇듯 가까이 다가와 그분의 백성과 함께 지내신다는 것은 상상도 못할 만큼 아름다운 일이지만, 각 기록에는 실망스러운 흔적 또한 존재한다. 하나님의 임재는 그분의 백성 사이에 분명히 자리하고 있고 그것은 대단한 친밀함을 뜻하기에 좋은 일이다. 하지만 여기에는 불완전한 면도 있다. 이런 하나님과 나누는 친밀함에도 여전히 상당한 한계가 있기 때문이다.

모세는 자신이 지은 성막에 처음 구름이 가득 찼을 때 그 안에 들어갈 수 없었다. 하나님의 영광이 감히 범접할 수 없을 만큼 강력했기 때문이다. 그렇다면 나머지 백성들은 어땠을까? 하나님이 시내산에서 모세와 만나신 어느 때에는, 누구든 산기슭에 발을 들여놓기만 해도 죽임을 당해야 했다.[11]

솔로몬의 성전에서도 같은 일이 있었다. 하나님이 나타나실 때 제사장들은 예배조차 드릴 수 없었다. 하나님의 영광이 너무나 강력해서 누구도 그분의 존재를 의심하지 않았지만, 그들은 그분 앞에 설

수 없었다. 누구도 성전에 계시는 강력한 하나님과 진정한 친밀감을 나눌 수 없었다. 실제로 대제사장 단 한 사람만이 하나님이 임재하신, 지성소로 알려진 성전 구역에 들어갈 수 있었고, 그것도 일 년에 단 한 번, 오늘날 '욤 키푸르'라고 부르는 속죄일에만 들어갈 수 있었다. 그날조차도 다른 제사장들이 대제사장의 발목에 밧줄을 묶어 그가 하나님의 영광 앞에서 쓰러져 죽을 경우 시신을 끌어낼 수 있게 대비했다.

하나님이 임재하셔서 그분의 백성과 함께하시는 일은 백성을 향한 그분의 맹렬한 헌신과 관심을 부각하여 드러내는 동시에, '에덴의 동쪽'에 있는 백성과 거룩하신 하나님 사이의 여전한 거리를 선명하게 드러냈다. 성막과 성전은 친밀함이 없는 임재의 시대를 상징한다. 하나님의 임재는 좋은 일이었지만 불완전했다. 야훼와 친밀감을 경험한 사람이 없었다는 말은 아니지만, 아브라함, 모세 등의 경우처럼 대면하여 하나님을 알고 그분과 대화하는 일은 예외적인 경우이고 일반적이지 않았다.

셋. 예수

복음서 기자 요한은 요한복음을 시작하면서 예수의 인격과 야훼에 대한 옛 계시를 연결시킨다. "말씀이 육신이 되어 우리 가운데 거하시매 우리가 그의 영광을 보니 아버지의 독생자의 영광이요 은혜와 진리가 충만하더라."[12] "거하셨다"는 표현은 그리스어 '스케누'에서 유래한 것으로, 문자 그대로 번역하면 "장막을 세우다"가 된다. 최대한 직역하면 "말씀이 육신이 되어 우리 가운데 장막을 치셨다"는 의미다.

하나님이 구약성경에서 보여주시는 전형적인 임재 방식은 성막을 짓게 하고 그곳을 그분의 영광(임재)으로 채우시는 것이었다. 요한은 복음서를 시작하면서 예수님을 하나님의 영광(임재)으로 가득 찬 장막으로 묘사했다. 성막을 가득 채웠던 하나님의 영광이 이제 예수님의 몸을 가득 채웠다. 그분은 살아 숨 쉬고 걷고 말하는 성막이시다.

이어지는 요한복음의 내용은 이것이 단순한 말장난이 아님을 알려 준다. 이것은 예수님의 생애를 이해하기 위한 기초다. 예수님은 곳곳에서 자신이 성막인 것처럼 행동하고 다니셨다. 예수님은 당시의 제사장들과 크게 갈등을 빚으셨는데, 성전 밖에서 해서는 안 되는 여러 가지 일들을 하신 것이 갈등의 한 가지 원인이었다.

예를 들어, 예수님은 회개하는 사람들에게 "네 죄가 용서받았다"고 말씀하고 다니셨다. 제사장들은 그런 예수님의 생각을 받아들일 수가 없었다. [사죄의] 은총이 필요한 사람은 정결의식을 치르고 죄를 사하는 데 필요한 희생제물을 바친 후에 성전에서 자격을 갖춘 제사장으로부터 용서를 받아야 했다. 이것은 단순한 율법적 의식이 아니라, 성막을 세운 모세로부터 전수받은 일이고 토라에 나와 있는 의식이었다. 그렇다면 이 변절자 랍비는 어떤 존재로 자처하는 것일까?

예수님은 정결의식도, 성전도, 희생제사도, 제사장도 없이 거듭거듭 이렇게 말씀하신다. "회개하고 싶으냐? 좋다. 너는 용서받았다. 자유다." 그리고 제자 요한에 따르면 예수님은 훨씬 더 도발적인 주장도 하셨다. "이 성전을 허물어라. 그러면 내가 사흘 만에 다시 세우겠다."[13]

예수님은 고대 세계의 경이로운 건축물 중 하나였던, 헤롯이 지은 성전에서 이 말씀을 하셨다. 유대인들은 예수님이 성전 건물 자체를 두고 이 말씀을 하신 것으로 오해하여 불쾌감을 드러내며 그분을 멸시했다. 그러나 요한은 이 말씀의 의미를 이렇게 밝힌다. "예수께서 성전이라고 하신 것은 자기 몸을 두고 하신 말씀이었다."[14]

예수께서는 자신의 몸에 대해 말씀하고 계셨고, 물론 그 몸에는 멀리 창세기를 떠올리게 하는 하나님의 생명의 숨결이라는 선물이 가득 차 있었다. 그러나 예수님의 이 말씀은 자신이 하나님의 신적 생명을 물리적으로 구현한 성막이며, 숨 쉬고 걷고 말하는 성전이라는 주장이기도 하다.

1. 낯익은 타자

정리하자면, 예수님이 하나님의 임재와 영광을 언급하신 것은 성령을 두고 말씀하신 것이었다. 이 말씀의 취지는 이런 것이었다. "너희는 하나님의 임재를 담을 그릇을 만들고 있고, 나 역시 그 일을 하고 있다. 나는 창조 때 의도했던 대로 너희를 하나님의 임재를 담을 그릇으로 만들고 있다. 내가 사흘 만에 (나의 죽음과 부활을 통해) 세울 것은 성전이 늘 가리키고자 했던 것의 실체다."

넷. 그때

부활하신 저녁에 예수님은 제자들에게 숨을 불어넣으시며 이렇게 말씀하셨다. "성령을 받아라. 너희가 누구의 죄든지 용서해 주면, 그 죄가 용서될 것이요, 용서해 주지 않으면, 그대로 남아 있을 것이다."[15]

이 말씀이 도대체 무슨 뜻일까?

자, 예수님이 전통적으로 성전 안에서만 할 수 있다고 여겨지던 일을 성전 밖에서 하시다가 곤경에 처하셨던 것을 기억하는가? 예수님은 제자들에게 성령을 약속하시며 이런 임무를 맡기셨다. "내가 하던 온갖 성전 고유의 일들을 이제 너희가 하여라."

이 말씀은 여러분과 내가 죄를 용서하고 다녀야 한다는 뜻일까? 그렇기도 하고 아니기도 하다. 이 말씀은 사람들이 하나님의 임재를 전하는 하나님의 사람들을 통해 하나님의 용서를 경험해야 한다는 뜻이다. 예수님은 제자들이 그분에게서 보았던 하나님의 임재와 능력을 그들에게 위임하셨다. 이것은 위로가 되는 이론이나 시적 은유가 아니다. 그분은 실제로 이렇게 하셨다.

예수님은 성령으로 충만하여 이 땅에서 살아 있는 성전으로 활동하셨고, 이제 제자들에게도 그분과 같은 임무를 맡기셨다. 성령으로 충만하여 하나님이 내주하시는 살아 있는 성전으로 이 세상에서 활동하는 임무다.

성경의 나머지 부분은 본질적으로 일군의 평범한 사람들이 '장막을 치는' 이야기다. 평범한 사람들이 성령으로 충만하여 예수님의 사역을 이어가는 이야기다.

다섯. 지금

사도 바울은 고린도 교회에 이렇게 써 보냈다. "너희는 너희(you yourselves)가 하나님의 성전인 것과 하나님의 성령이 너희 안에 계시는 것을 알지 못하느냐."[16]

고대 그리스어에는 영어의 'you'에 해당하는 여러 단어가 있었고, 말하는 이가 가리키는 대상이 개인인 단수 you(너, 당신)인지, 아니면 복수 you(너희, 여러분)인지 분명하게 밝힐 수 있었다. 영어에서는 이 모두를 you라는 하나의 단어로 표현하기 때문에 미국 남부에서 2인칭 복수로 y'all이라는 단어를 만들어 쓰게 된 것 같다. 위의 구절에서 'you yourselves'라는 어색한 번역어를 쓴 이유도 개인이 아닌 집단적, 공동체적 you(너희, 여러분)를 말하고 있기 때문이다.

바울의 말을 풀어 쓰면 이런 의미가 된다. "아직도 성막이 존재합니다. 여전히 세상에는 하나님의 영광이 거하시는 장소가 있습니다. 바로 여러분입니다." 그것이 교회다. 교회는 건물이나 구조나 행정 체계가 아니라, 예수님을 따르는 사람들의 집단적 삶이다. 공동체로 모여 예수님을 '주님'이라고 부르는 모든 사람은 성령으로 한데 묶여 있다.

하지만 이것이 전부는 아니다. 바울은 이러한 생각의 흐름을 계속 더 발전시킨다. "너희 몸은 너희가 하나님께로부터 받은 바 너희 가운데 계신 성령의 전인 줄을 알지 못하느냐. 너희는 너희 자신의 것이 아니라 값으로 산 것이 되었으니 그런즉 너희 몸으로 하나님께 영광을 돌리라."[17]

이번에는 너희 각 사람, 즉 단수를 거론한다. 각 사람, 신자의 개별적인 육체는 이제 성령을 통해 하나님의 거처가 되었고, 이는 하나님이 창세기에서 최초의 인간들에게 루아흐를 불어넣으시며 의도하신 바다. 예수님을 따르는 모든 사람은 그분을 가득 채웠던 바로 그 성령으로 충만해진다.

성령은 성경의 모든 전환점 배후에 있는 낯익은 타자로, 이야기가 진행될수록 우리에게 점점 더 가까이 다가오신다. 성경의 전체 주제를 한 문장으로 요약하면, '하나님의 영이 우리에게, 그리고 당신에게 주어졌다'는 것이다.

누구든지

예수님은 잡히시던 날 밤에 이렇게 말씀하셨다. "내가 진실로 진실로 너희에게 이르노니 나를 믿는 자는 내가 하는 일을 그도 할 것이요 또한 그보다 큰 일도 하리니 이는 내가 아버지께로 감이라."[18]

예수님은 우리 모두를 하나님의 임재와 능력이 가득한 장막으로 만드셨고, 예수님이 하신 바로 그 일을 본대로 행하게 하신다. 이것은 어떤 사람에게 해당할까? 모든 사람이다. 누구든지 하나님의 능력을 받아들이는 사람이 이 능력을 받는다. 유진 피터슨은 이렇게 썼다. "성경에 나오는 모든 일, 정말로 모든 일이 경험 가능하다는, 삶에서 우러난 확신. 성경은 진리일 뿐 아니라 경험 가능하다는 확신.……이것이 바로 그리스도인의 삶에 나타나는 초자연성의 핵심이고, 곧 부활과 성령의 경험이다."[19]

성령은 실행 불가능한 것을 실천할 수 있게 만드신다. 절대 실행 불가능한 일(초자연적인 일, 기적적인 일, 예수님의 복음 사역)을 (극한 상황에서 특별히 영적인 사람들에게) 가능하게 할 뿐만 아니라, (비범한 하나님이 장막을 치고 거하시는 평범한 사람들이) 실천할 수 있게 하는 것이 바로 성령의 은사다.

예수님은 우리에게 그토록 주고 싶어 하셨던 그 성령이 알려지지 않고, 두려움의 대상이 되며, 분열을 초래한 상황에 마음 아파하실 것이다.

알려지지 않은

많은 신자들이 자신의 삶을 돌아보며 솔직하고 냉철하게 인정한다. "지금 내가 경험하고 있는 이 삶이 부활로 가능해진 전부라면 실망입니다." 성경의 약속과 현대 제자들의 실제 삶 사이에는 심란한 괴리가 존재한다.

사람들은 떼 지어 교회를 드나들고, 예수님의 가르침을 삶의 중심으로 삼고 아버지의 사랑을 토대로 삶을 구축하지만, 이 삼위일체 하나님이 얼마나 가까이 오셨는지, 자신을 얼마나 온전히 우리에게 주셨는지는 전혀 알지 못한다.

널리 존경받는 전도자 빌리 그레이엄은 이렇게 말한 적이 있다. "어디를 가든지 하나님의 백성에게 무언가 결핍되어 있음을 보게 됩니다. 그들은 무언가에 굶주려 있습니다. 그들이 그리스도인으로서 경험하는 바는 그들이 기대했던 것과 다르고, 종종 삶에서 반복적으로 패배를 경험합니다. 오늘날의 그리스도인들은 영적 충만을 갈망합니다. 지금 이 나라에 절실히 필요한 것은 예수를 주님으로 고백하는 남녀가 성령으로 충만해지는 일입니다."[20] 전 세계를 여행하며 여러 다양한 모습과 형태의 교회를 본 빌리 그래이엄은 교회가 성령을 놓치고 있고 성령을 갈망하며 성령이 필요하다는 결론을 내렸다.

두려움의 대상이 된

복음서 기자 누가는 그리스도의 생애에 대한 그의 속편을 "예수께서 행하시고 가르치신 모든 일"이라는 요약 구절로 시작한다.[21] 행하시고 그다음에 가르치셨다는 이 진술의 순서는 매우 중요하다. 예수님은 종종 사람들이 먼저 하나님을 경험하게 해주시고, 그런 다음에 그 경험을 설명하셨다.

어떤 사람들은 체험을 의심하고 설명에 매료되는 경향을 보인다. "먼저 모든 것을 가르쳐 주세요. 그러면 체험에 내 마음이 열릴지도 모르지요."

성경 이야기는 평범한 사람들이 성령으로 충만해지는 역사적 기록으로 이루어져 있음을 기억할 필요가 있다. 성경은 이 평범한 사람들이 다양한 방식으로 하나님을 경험한 기록이자, 그 경험의 근원을 야훼께서 그분의 백성에게 보이시고 그들을 통해 펼쳐나가신 계시에서 찾는 기록이다.

옥스퍼드의 학자 사이먼 폰슨비는 그의 저서 『더』에서 진정한 변화가 일어나려면 경험이 필수적이라고 강조한다. "나는 '경험'이라는 단어를 의도적으로 강조하고, 성경을 통해 경험의 중요성을 보여주려고 한다. 경험이 빠진 종교는 미심쩍다. 우리 존재의 총체성을 다루지 못하기 때문이다."[22]

많은 사람들이 허기와 호기심에 이끌려 경험에 이르지만, 적어도 그만큼 많은, 어쩌면 더 많은 사람들은 정직하고 거룩한 불만에 이끌려 경험에 이른다. 임상 정신과 의사 커트 톰슨은 이렇게 말했다. "서구, 특히 북미의 많은 지역에서 영성에 대한 관심이 일어나고 있지만, 하나님의 능력이나 생명을 주는 활력에 대한 경험은 대체로 제한적이다. 우리는 종종 예수님 안에서의 삶을 생존의 문제로 여길 뿐 은혜와 모험, 진실하고 구체적이며 생명을 주는 진정한 변화의 문제로 보지 못한다."[23]

성경에 깊이 뿌리내린 삶은 우리가 하나님과 우리 자신, 타인, 세상 전체와 건강한 관계를 맺는 데 절대적으로 필요하다. 하지만 성령에 깊이 뿌리내린 삶 또한 그 못지않게 필수적이다. 성령은 경험을 통해 인도하시고, 성경의 설명과 경쟁하는 것이 아니라 <u>협력</u>하여 일하신다.

분열을 초래하는
여러 세대에 걸쳐 서구 교회의 풍경에는 '성경 교회'와 '성령 교회'

사이의 확연한 분열이 존재했다. 어떤 교회들은 사려 깊고 지적인 방식으로 주해에 의거하여 성경을 가르치는 데 주력하지만 성령의 체험은 대체로 부재하다. 다른 교회들은 성령으로 인한 황홀한 체험을 강조하면서 성경은 영적 격려를 위한 얄팍한 대본으로 축소하는 경향이 있다.

예수님은 교회를 하나로 묶는 결속의 매개체로 성령을 묘사하는데, 어떻게 된 일인지 성령은 교회를 분열시키는 요소가 되었다. 하나님의 여러 이름 중에는 '질투'가 있다. 그분은 자신의 신부인 교회의 하나됨을 위해 질투하실 수밖에 없다.[24]

하나님의 나라는 양자택일의 나라가 아니라 둘 모두를 아우르는 나라다. 성경과 성령, 사고와 감정, 가르침과 체험, 묵상과 은사, 성경 주해와 예언의 말씀, 복음 선포와 표적과 기사.

예수 그리스도의 교회는 "성경을 향해 '예!'"라고 단호하게 함께 선언하고, 같은 호흡으로 "성령을 향해 '예!'"라고 함께 외치는 사람들의 공동체다. 예수 그리스도의 교회는 우리와 함께하시고, 심지어 우리 안에 있기를 원하시는 하나님의 친밀한 임재와 초자연적인 능력에 '예!'라고 외친다.

시간을 낼 수 있는가?

내가 속한 세대의 대표적인 밴드를 꼽으라면 단연 콜드플레이라고 말할 것이다. 솔직히 나는 그들의 열렬한 팬은 아니었지만, 그들은 내 인생의 많은 시간을 함께하면서 플래티넘 앨범을 발표하고, 전 세계의 대형 경기장을 누비고, 나를 비롯한 또래들과 더불어 성장했다.

얼마 전 토요일 밤, 나는 눈물을 찔끔거리며 침대에 누웠다. 음악 다큐 '콜드플레이: 헤드 풀 오브 드림스'를 막 보고 난 탓이었다. 눈물이 난 것은 추억이 밀려와서나 밴드 전체의 이야기 때문이 아니라 밴드의 드러머인 윌 챔피언의 개인적인 이야기 때문이었다.

알고 보니 밴드 결성 당시 윌은 드럼을 칠 줄 몰랐다. 그는 뮤지션이었지만 타악기 연주자는 아니었다. 그의 대학 룸메이트가 드러머였고 다른 세 명의 밴드 멤버 앞에서 오디션을 보기로 되어 있었다. 기존 멤버들이 첫 공연을 예약해 둔 상태였지만 리듬을 잡아 줄 사람이 따로 필요했던 상황이었다.

멤버들이 모두 기다렸지만 윌의 룸메이트는 나타나지 않았다. 그렇다. 그 불쌍한 친구는 한 세대를 대표하게 될 밴드의 오디션에 나오지 않았던 것이다.

다가오는 공연 일정이 급박했던 터라 세 밴드 멤버는 기숙사 방에서 친구가 자리에 없다고 설명하는 윌에게 물었다. "이봐요. 한번 해보지 않을래요? 이 노래들을 리허설해야 하는데, 그쪽이 음악적 감각이 있으니 간단한 리듬 정도는 잡아 줄 수 있지 않겠어요?"

그들은 리허설을 했다. 윌의 연주는 드럼을 칠 줄 모르는 사람의 소리에 가까웠지만, 어쨌든 그는 자기 몫을 충분히 감당하여 작은 영국 클럽에서의 첫 공연에 함께할 수 있었다. 그리고 나머지 이야기는 흔히 말하는 대로, 역사로 남았다.

윌 챔피언은 자격이 없었다. 숙련된 기술도 없었고, 연습도 부족했고, 훈련받지도 않았다. 하지만 그는 시간을 냈다.

하나님은 자격을 갖춘 사람에게 큰 관심을 두지 않으셨다. 그분은 시간을 낸 사람을 통해 역사를 만들어 오셨다. 중요한 것은 자격을 갖추는 일이 아니다. 숙련된 기술이나 충분한 연습이나 충실한 훈련도 아니다. 관건은 바로 이것이다. 시간을 낼 수 있는가?

2. 숨결

> 내가 아직 너희와 함께 있어서 이 말을 너희에게 하였거니와 보혜사 곧 아버지께서 내 이름으로 보내실 성령 그가 너희에게 모든 것을 가르치고 내가 너희에게 말한 모든 것을 생각나게 하리라. 평안을 너희에게 끼치노니 곧 나의 평안을 너희에게 주노라. 내가 너희에게 주는 것은 세상이 주는 것과 같지 아니하니라. 너희는 마음에 근심하지도 말고 두려워하지도 말라.
>
> 요 14:25-27

나는 한 공간에 모인 두 무리의 지인들 사이에서 중간 다리 역할을 하며 그런 자리의 어쩔 수 없는 어색함을 떨쳐내려고 애쓰고 있었다. 한 무리는 내가 속한 지역 교회의 가까운 이들이었고, 다른 무리는 외지에서 온 몇 명의 방문객이었다. 두 무리의 유일한 공통분모는 나였다.

우리는 토요일 아침, 교회의 빈 예배당에 기도하러 모였다. 그렇게 함께 기도하는 중에, 전날 저녁 존을 처음 만난 개빈이 하나님이 주신 것 같다며 한 가지 '심상'을 나누었다. 존이 해변에 있고 문어에게 칭칭 감싸여 있는 상태라고 했다. 존은 문어의 촉수에서 벗어나려고 몸부림쳤지만 빠져나올 수 없었다. 그는 해변에서 뒹굴며 도와달라고 비명을 질렀다.

영화 「조스」와 공상과학 영화가 만난 것 같은 내용이었다. 개빈은 그 심상에서 의미를 끌어내려고 애쓰면서 그것이 불면증과 관련이 있을 것 같다고 했다. 그러고 나서 존이 불안이나 악몽에 시달리며 잠 못 이루는 것 같다고 소리 내어 말했다.

그 말을 듣자마자 존의 뺨에서 눈물이 흘러내렸다. 존은 고개를 숙인 채 손으로 얼굴을 감싸고 흐느껴 울기 시작했다. 존의 아내 젬마가 다 안다는 듯 두 팔로 존을 감싸 안았다. 개빈이 기도 중에 받은 환상은 존의 실제 기억, 그것도 겹겹이 싸인 트라우마 깊숙이 잠겨 있던 고통스러운 기억에 가닿은 것이었다.

성경의 저자들은 숨결의 은유를 통해 성령이 어떤 분인지 소개하고 하나님의 사랑이 얼마나 끈질기게 우리를 찾아오는지 드러낸다. 그리고 하나님의 그 사랑을 어떻게 머리로 받아들여 배우고 이해할 수 있는지, 더 나아가 그 사랑이 어떻게 우리 가슴에 직접 부어지고 우리의 가장 깊은 고통을 치유하는지를 드러낸다.

하나. 창조

앞서 언급했듯이, 성령은 창조의 자리에 함께하셨다. "하나님의 영이 물 위에 움직이고 계셨다"는 구절은 "하나님의 숨결이 물 위에 움직이고 계셨다"고 번역할 수도 있다. 약간의 상상력을 발휘하면 이렇게 옮길 수도 있다. "하나님은 형체가 없는 혼돈에 숨을 불어넣고 계셨다."

하나님의 숨결이 형체 없는 물질과 만나면 무슨 일이 일어날까? 창조다. 하나님은 말씀으로 창조세계를 지으신다. 해와 달, 땅과 바다, 식물과 동물이 그렇게 만들어졌다. 하나님이 말씀하실 때, 그분의 영인 숨결이 발산될 때 창조가 일어난다. 하나님이 사람을 창조하셨을 때는 다른 어떤 피조물의 창조와도 비길 수 없는 특별한 일이 있었다. 하나님이 그들에게 숨을 불어넣으신 것이다.

하나님은 왜 인간에게 자신의 숨(영)을 주셨을까? 성경의 첫 페이지에서 우리가 하나님에 대해 가장 먼저 배우는 것은 그분이 창조하신다는 사실이다. 하나님은 우리에게 그분의 영을 주시면서 그분의 창조적 능력도 함께 주신다. 성경의 첫 번째 명령은 "생육하고 번성하라"이다.[1] 창조하라! 창조세계를 다스리라. 이 원재료들을 가지고 생태계를 만들어가라.

금단의 열매로 인한 인간의 실패에도 불구하고, 하나님의 창조라는 주제는 계속 이어진다. 타락하고 부패한 세상 속에서 하나님의 재창조는 그분이 세상을 무에서 창조하신 것과 같은 방식으로, 즉 그분의 숨결인 영으로 이루어진다.

둘. 뿌리

하나님의 창조 사역은 창세기에만 국한되지 않는다. 오히려 타락 이후 창조주 하나님이라는 주제가 더욱 두드러진다고 할 수 있다. 성경의 이야기가 타락의 폐허에서 구원의 소망으로 초점을 옮기면서 하나님은 선지자들을 통해 계속 말씀하시고, 그 말씀에서 두 히브리어 단어가 자주 등장한다. '창조하다'로 흔히 번역되는 '바라'와 우리가 앞에서 봤다시피 '숨결'로 자주 번역되는 '루아흐'다.

'창조하다'라는 동사가 가장 많이 등장하는 책은 창세기가 아닌 이사야서다. 이사야서는 이스라엘의 몰락과 유배로 이어진 참혹한 시기에 나온 여러 예언을 모은 책이다.

유대 민족은 바벨론에 정복되었고, 이후 많은 이들이 전쟁 포로로 잡혀 1,000킬로미터 가까운 사막을 이동한 끝에 이국 땅 낯선 사회에서 최하층으로 살아가야 했다. 바로 이 대목, 강제 이주로 인한 헤아릴 수 없는 슬픔을 다룬 대목에서 '창조하다'라는 동사가 구약성경 전체에서 가장 많이 등장하고, 하나님이 그들에게 이런 희망찬 약속을 주시는 부분에서 절정에 이른다. "보아라, 내가 새 하늘과 새 땅을 창조할 것이니, 이전 것들은 기억되거나 마음에 떠오르거나 하지 않을 것이다. 그러니 너희는 내가 창조하는 것을 길이길이 기뻐하고 즐거워하여라. 보아라, 내가 예루살렘을 기쁨이 가득 찬 도성으로 창조하고, 그 주민을 행복을 누리는 백성으로 창조하겠다."[2] 창조세계 위에 운행하며 혼돈을 거두고 생명과 질서를 가져오신 하나님의 영이, 이 새롭고 형체 없는 공허 위에 다시금 운행하며 유배의 잔해와 상실의 고통을 거두고 생명을 가져다주신다.

유진 피터슨은 이렇게 말했다. "'창조'는 성령이 하신 일일 뿐 아니라 지금도 하시는 일이다."³ 끔찍한 폐허에서 희망에 찬 약속이 나온다. 창조주께서 재창조하신다는 약속이다.

이야기가 전개되면서 루아흐도 계속 등장한다. 하나님이 처음 세상을 창조하셨을 때처럼, 그분의 숨결로 세상을 다시 창조하실 것이라는 약속이 반복해서 나온다. 이 약속은 욥기, 시편, 이사야, 스가랴서 등에 등장하는데, 가장 선명하게 드러나는 지점은 선지자 에스겔의 환상일 것이다.

에스겔은 인간 뼈로 가득한 골짜기를 본다. 생명이 없어 바싹 마른, 오래된 뼈들이었다. 그는 그 사이를 걸어 다니고 있다. 바로 거기서 하나님이 그에게 물으신다.

> 인자야, 이 뼈들이 능히 살 수 있겠느냐.……또 내게 이르시되 인자야, 너는 생기를 향하여 대언하라. 생기에게 대언하여 이르기를 주 여호와께서 이같이 말씀하시기를 생기야, 사방에서부터 와서 이 죽음을 당한 자에게 불어서 살아나게 하라 하셨다 하라. 이에 내가 그 명령대로 대언하였더니 생기가 그들에게 들어가매 그들이 곧 살아나서 일어나 서는데 극히 큰 군대더라.⁴

여기 거듭거듭 나온다. 루아흐. 생기(숨결). 영.
"에스겔, 이 오래된 마른 뼈들에 숨을 불어넣어라. 그러면 그것들이 다시 살아날 것이다." 이것은 약속이다! 하나님께서 아담의 폐에 숨을 불어넣으셨던 창세기의 장면을 재현하는 일이다. 하나님은 이 환상을 통해 말씀하신다. "내 영을 다시 내 백성에게 주겠다. 죄가 들어오기 전, 태초에 내가 그랬던 것처럼 말이다."

흙에 생명을 불어넣어 하나님의 영으로 충만한 사람들을 창조하신 창조주께서는 생명이 없는 사람들 안에 생명을 불어넣고 그분의 영으로 다시 채우시는 재창조자이기도 하시다.

셋. 예수

예수님의 사역은 그분의 목소리가 아니라 창조주의 숨결로 시작되었다. 예수님이 요단강에서 사촌 요한에게 세례를 받으실 때, 하나님의 음성이 들려왔다.

"하늘로부터 소리가 있어 말씀하시되 이는 내 사랑하는 아들이요 내 기뻐하는 자라 하시니라."[5] 예수님이 세례 받으실 때 들려온 하나님의 숨결의 창조력은 예수님이 사역하시는 내내 그분을 통해 분명하게 작용한다.

세례를 받으신 후 예수님은 가르치기 시작하셨고, 그에 대한 반응은 강력했다. "사람들은 그의 가르침에 놀랐다. 예수께서 율법학자들과는 달리 권위 있게 가르치셨기 때문이다."[6] '권위'로 번역된 그리스어 '엑수시아'는 '행동하는 힘 또는 능력'을 의미한다. 따라서 예수님의 말씀에 권위가 있다고 유대인 청중이 평가했다는 것은, 그분의 말씀과 하나님의 역사(役事)가 연결되어 있다고 받아들였다는 뜻이다.

하나님의 말씀과 하나님의 역사는 분리될 수 없다. 하나님이 "빛이 있으라"[7]고 말씀하시자 즉시 빛이 생겼던 것을 보면 알 수 있다. 예수님의 말씀에도 이와 같은 권위가 있었다. 예수님의 사역이 전개되면서 하나님의 역사와 예수님의 음성은 떼려야 뗄 수 없이 밀접하게 연결된다. 예수님이 용서하시면 사람들이 용서를 받는다. 예수님이 일어나 걸으라고 말씀하시자 태어날 때부터 다리를 절던 사람이 정말로 일어나 걷는다. 예수님이 말 못하는 사람의 입, 듣지 못하는 사람의 귀, 보지 못하는 사람의 눈을 향해 "열려라" 하고 말씀하시자 입과 귀와 눈이 열렸다. 예수님이 "악한 영아, 그 사람에게서 나가라"고 말씀하시니 초자연적인 어둠의 세력이 그분께 복종한다. 그리고 예수님이 무덤 입구에서 죽은 친구 나사로의 뼈를 향해 말씀하시자, 나사로의 빈 폐에 다시 숨이 들어차고 그가 살아나 걸어 나온다. 에스겔의 환상이 예수님 안에서 현실이 된다.

그러나 예수님 안에서 시작된 일은 예수님으로 끝나지 않는다.

넷. 그때

요한복음 20장에서 예수님은 부활의 저녁에 제자들에게 나타나셨다. 예수님은 "그들에게 숨을 불어넣으시고 말씀하셨다. '성령을 받아라.'"[8] 예수님은 그들의 폐에 자신의 숨을, 그들의 마른 뼈에 자신의 영을 불어넣겠다고 하신 것이다.

이 구절에서 "숨을 불어넣었다"로 번역된 단어는 그리스어 '엠피사오'로, 흥미롭게도 성경 전체에서 이 대목에만 등장하는 극히 드문 단어다. 하지만 『70인역』으로 알려진 구약성경의 그리스어 번역본에는 이 단어가 에스겔 37장과 창세기 2장을 포함해 몇 차례 등장한다. 하나님의 형상을 지닌 자들을 채우시는 하나님의 숨결을 생명, 에스겔의 재창조 환상, 에스겔이 받은 약속을 성취하신 예수님과 연결하는 해석학적 연결고리는 고대부터 있었다.

예수님이 요한복음 20장에서 약속하신 바는 사도행전 2장에서 이루어졌다. 예수님은 제자들에게 예루살렘으로 가서 기다리라고 하셨고, 그들은 정확한 때에 성령의 선물을 받게 된다.

> 오순절 날이 이미 이르매 그들이 다같이 한 곳에 모였더니 홀연히 하늘로부터 급하고 강한 바람 같은 소리가 있어 그들이 앉은 온 집에 가득하며 마치 불의 혀처럼 갈라지는 것들이 그들에게 보여 각 사람 위에 하나씩 임하여 있더니 그들이 다 성령의 충만함을 받고 성령이 말하게 하심을 따라 다른 언어들로 말하기를 시작하니라.[9]

공중에 떠다니는 불타는 혀와 초자연적으로 이루어지는 외국어 번역이라니. 이것을 그냥 개별적인 사건으로 바라보면 너무나 이상한 일이다. 그렇지 않은가? 하지만 더 큰 전체 이야기의 맥락에서 보면 우리는 이 사건을 완벽하게 이해할 수 있다. 야훼께서 "태초에" 행하셨던 것처럼, 에스겔이 환상 속에서 보았던 것처럼, 예수께서 권위 있게 가르치셨던 것처럼, 이제 우리 같은 평범한 사람들이 창조하는 말을 하기 시작한 것이다.

다락방에 모인 사람들이 입을 열자 거기서 나오는 말이 각국에서 온 군중의 귀에 각자의 모국어로 전달되고, 그 결과 일찍이 세상에 없던 전혀 새로운 종류의 공동체가 만들어진다. 다양한 민족 집단, 문화, 언어의 소유자들이 한 가족이 된 것이다. 이것은 하나님이 창조하신 세상, 하나님이 너무나 사랑하셔서 결코 포기할 수 없었던 세상의 재탄생이었다.

이 대목에서 전체 이야기가 하나로 모인다는 점을 놓쳐서는 안 된다. 창세기에서 창조주 하나님의 숨결이 사람들의 빈 허파를 가득 채웠을 때 세상이 태어났고, 그러자 그들은 살아나 창조를 이어갔다. 사도행전에서는 창조주 하나님의 숨결(영)이 사람들의 빈 허파를 다시 채워 세상이 다시 태어났고, 그러자 그들은 살아나 창조를 이어갔다.

에스겔의 환상은 특별한 시기의 특별한 선지자에게만 해당하는 고립된 사건이 아니었던 것이다. 이 환상은 모든 사람을 위한 것이다. "그들이 다 성령의 충만함을 받[았다]."[10] 성령의 은사는 영적 엘리트들만을 위한 것이 아니다. 모두를 위한 것이다!

오순절을 시작으로 하나님은 점점 커져가는 공동체에 성령을 불어넣으셨고 부활의 생명으로 그들을 살리셨으며, 그들이 하나님과 협력하여 공동으로 창조할 수 있게 하셨다. 성령 충만한 이 사람들이 모여 복음 이야기를 전하자 사람들의 삶이 변화했고, 그들 사이의 벽이 무너졌으며, 모든 사회 구조를 뛰어넘는 새로운 공동체가 로마 제국 안에서 태어났다. 이 평범한 사람들이 예수님의 권위를 가지고 기도하자 감옥 문이 열리고, 사람들이 구원을 받고, 질병이 치유된다. 그들은 꿈을 꾸고, 환상을 보고, 지식의 말씀을 전하여 에티오피아 관리와 이방인 지주들을 복음 이야기 속으로 끌어들인다. 그들이 격려의 말을 건네자, 한때 불안해하던 사람들이 놀라운 용기를 내어 굳세게 선다.

물론 그들도 잘못을 저지른다. 계속해서 죄와 씨름한다. 기복을 겪고, 초자연적인 기적과 평범한 갈등을 다 경험한다. 어떤 기도는 기적적으로 응답받지만, 어떤 기도는 가슴 아프게도 응답받지 못한다. 살아 계신 하나님의 영이 평범하고 불완전한 사람들에게 내주하시는 상황이기에, 개인의 삶과 공동체 전체에서 두 현실이 함께 어우러져 나타난다. 초자연적 능력이 평범한 그릇에 담겼고, 가장 값진 보배가 질그릇에 들어 있다.[11]

다섯. 지금

나는 빈 예배당에 모인 두 지인 그룹 사이에서 중간 다리 역할을 하고 있다. 개빈은 기도하던 중에 떠오른 존의 모습을 묘사하고 있다. 존이 해변에서 문어를 떨쳐내기 위해 애쓰는 모습이다. 개빈은 이 심상이 존이 밤에 시달리는 불안과 뭔가 관련이 있다고 생각한다.

이 지점에서 독자가 알아야 할 내용이 있는데, 나도 (그 기도 모임이 끝나고) 나중에야 이것을 알게 되었다. 존이 몇 달째 불면증과 싸우고 있었다는 사실이다. 장시간 과중한 업무 압박으로 몸이 녹초가 되었는데도 그의 정신은 불안하게 팽팽 돌아가고 있었다. 그는 고객 경험 디자인 스타트업에서 디자이너로 일하고 있었는데, 재능도 뛰어나고 성공 가도를 달리고 있었기 때문에 구글에서 꾸준히 그를 영입하려고 했다. 하지만 직장의 빠른 업무 속도와 문화로 인해 그는 과로했고, 만성 불안에 시달렸으며 잠을 잘 수 없었다.

잠든 지 두어 시간 만에 불안한 마음에 깨는 것이 불면의 시작이었다. 꼬리에 꼬리를 물고 이어지는 생각을 멈출 수가 없어서, 거실로 나와 답답한 마음으로 해가 뜨기를 기다리면서 소설을 읽으며 서너 시간씩 보내는 일이 잦았다.

그런데 최근에 존은 하나의 꿈을 반복적으로 꾸고 있었다. 꿈속에서 그는 어둠의 세력에 짓눌린 것처럼 옴짝달싹할 수가 없었다. 말을 하려고 했지만 할 수 없었고, 비명을 지르려고 했지만 아무 소리도 나오지 않았다. 결국 그는 예수님의 이름으로 소리쳐 기도하며 어둠을 향해 사라지라고 명령했다. 잠결에 기도소리가 실제로 크게 입밖으로 나와서 그 소리에 본인뿐 아니라 젬마까지 깨기도 했다.

불면증은 딸 엠버가 태어난 첫해에 찾아왔다. 10년 동안 불임과 힘든 싸움을 치른 존과 젬마는 엠버의 출생이 가족이 누릴 기쁨과 자유의 새 계절을 알리는 확실한 신호라고 믿었다. 하지만 그 후 2년 동안 정반대의 상황이 펼쳐졌다. 가족 중 한 사람이 느닷없이 비극적으로 사망했고, 장시간의 집중 치료가 필요할 정도로 젬마의 건강이 심각하게 악화되었으며, 존은 직장 일로 불안과 싸워야 했다. 존은 이 모든 일이 자신을 차례로 옥죄는 것 같은 느낌을 받았다. 문어의 촉수처럼 그를 에워싸고 압박하여 질식할 것만 같았다.

하나님이 존에게는 낯선 사람에 가까웠던 개빈에게 그 기묘한 심상을 허락하신 것은 재창조의 목적을 위해서였다. 하나님은 아직 그분의 사랑으로 치유되지 않은 존의 충격적인 경험을 드러내기 위해 그의 과거를 다루신 것이다.

그 토요일 아침 존이 몸을 떨며 흐느끼면서 느낀 혼란은 성령의 능력이 그를 내면에서부터 재창조하시는 과정이었다. 하나님의 영은 존의 삶을 틀어쥐고 있던 불안의 힘을 부드러우면서도 확실하게 제압하셨다.

하나님이 우리를 사랑하신다는 말을 듣고, 위로를 선사하는 성경 구절을 외우며, 구속의 약속이 담긴 찬양을 부르는 것은 귀한 일이다. 하지만 그 사랑이 우리의 지극히 개인적인 상처를 표적 삼아 흘러가서 치유의 연고처럼 상처를 덮어 주는 것은 그야말로 차원이 다른 일이다. 같은 메시지라도 전달 방식이 다르면 그에 대한 반응도 달라진다.

예수님은 제자들에게 마지막으로 말씀하시면서 성령에 대해 이렇게 가르치셨다. "내가 아직 너희와 함께 있어서 이 말을 너희에게 하였거니와 보혜사 곧 아버지께서 내 이름으로 보내실 성령 그가 너희에게 모든 것을 가르치고 내가 너희에게 말한 모든 것을 생각나게 하리라."[12] 그리고 같은 대화의 뒷부분에서 이렇게 덧붙이셨다. "그는 자기 마음대로 말씀하지 않으시고……그가 내 것을 가지고 너희에게 알리시리라.……성령이 나의 것을 취하여 너희에게 알려 주실 것이다."[13]

예수님의 말씀에 따르면, 성령은 특별한 스승으로서 우리가 기억하도록 도우신다. 간단히 말해서, 성령은 독창적인 내용을 가르치시는 게 아니다. 성령의 사역은 전적으로 예수님의 가르침과 약속을 번역하는 것이다. 그 가르침과 약속이 가장 깊은 수준에서 우리를 형성하도록, 즉 우리의 신경 경로를 다시 만들어 우리의 구원을 체화할 수 있도록 하는 것이다. 성령은 예수님의 가르침이 머리로 이해 가능한 차원에서 머물지 않고 신자의 마음 깊숙이 들어가 감정을 치유하고 삶의 새로운 토대가 될 수 있게 하신다.

예수님은 하나님이 탕자의 아버지처럼 달려 나와 나를 맞아 주시고, 내게 귀한 옷을 입히시고, 집을 떠나온 줄도 모르고 방황하던 나를 반겨 주신다고 가르친다. 그리고 성령께서는 이 가르침이 현실이 되게 하신다. 하나님을 경외하는 사람에게는 하늘과 땅의 거리만큼이나 큰 하나님의 사랑이 임한다.[14] 성령께서는 우리가 그 사랑을 경험하도록 도우신다. 동이 서에서 먼 것처럼, 하나님은 우리의 죄를 우리에게서 멀리 옮기셨다.[15] 성령께서는 우리가 그 용서의 실체를 경험할 수 있게 하신다.

사도 바울은 "성령으로 말미암아 하나님의 사랑이 우리 마음에 부은 바 됨이니"라고 덧붙인다.[16] 아우구스티누스부터 안셀무스, 중세 신비주의자들에 이르기까지 교회 역사상 영향력 있는 인물들은 성령을 성부와 성자 사이의 인격화된 사랑으로 이해했다. 예수님의 말씀에 따르면, 성령은 예수님이 육체로 떠나신 이후 주어진 위안 정도가 아니다. 오히려 정반대로, 성령은 예수님의 임재가 더 강렬해지게 하고 그분의 사랑을 더 깊이 경험하게 한다. 이것은 예수님과 가장 가까운 제자들이 그분을 직접 대면하여 경험한 것보다 더 강렬한 임재요, 더 깊은 사랑이다.

A. W. 토저는 『거룩한 하나님에 대한 지식』에서 우리 모두가 하나님을 '명시적으로' 알고 '암묵적으로'도 안다고 주장한다. 우리 모두는 하나님에 대한 명시적 믿음을 가지고 있고, 논리적으로 도출된 이 믿음을 다른 사람들에게 설명할 수 있다. 그러나 우리에게는 암묵적 믿음도 있다. 이 믿음은 일종의 관계적 패턴이고, 우리의 직관 속 논리의 근저에 존재하면서 하나님과의 관계방식을 규정한다. 하나님을 지적인 방식으로 아는 것이 명시적 지식이고, 그분을 관계적이고 경험적인 방식으로 아는 것은 묵시적 지식이다.

이와 마찬가지로, 히브리어 단어 '야다'는 '알다' 또는 '지식'으로 자주 번역되지만 지적인 이해만을 가리키진 않는다. 지적 이해가 앎이라는 생각은 최근에 나온 서구적 지식관이다. 히브리인의 상상력 안에서는 어떤 것을 관계적, 경험적으로 이해해야 비로소 안다고 할 수 있다. '야다'는 관계적이고 경험적인 지식이다. 그래서 구약성경의 일부 번역본에서는 '알다'라는 단어가 성관계의 완곡한 표현으로 쓰인다. "아담이 아내 하와를 알았더니 그녀가 임신하였다."[17] 이 말은 아담이 하와에 대해 지적으로 뭔가 새로운 것을 배웠다는 뜻이 아니라, 가장 친밀한 종류의 관계적이고 경험적인 앎을 의미한다. 하나님이 성령을 보내신 것은 예수님이 가르치신 모든 것의 참된 생명력을 우리가 경험적, 관계적으로 알 수 있게 하려는 것이다.

가장 심오한 변화는 삶을 재정의하는 경험으로 시작된다. 생각을 하거나 의지를 발휘하는 일로는 이러한 변화에 이를 수 없다. 심오한 깨달음의 순간, 분기점이 되는 순간 같은 외부적 개입이 필요하고, 추가적 변화의 새로운 토대가 될, 삶을 재정의하는 경험이 필요하다.

12단계 회복 모임은 자유를 경험하기 위해서는 더 높은 힘에 의지해야 한다고 강조함으로써 이 원칙을 인정한다. 성경적 원리에 기초한 12단계에 따르면, 이를 악물고 노력하는 것만으로는 부족하다. 깊은 차원의 변화를 위해서는 명확한 계획과 서로를 책임지는 공동체가 필요하다. 그런데 그것들 외에도 영적 경험이 반드시 있어야 한다.

　성령은 영적 경험의 통로다. 현대의 영성은 어느 한쪽으로 치우치는 경향이 있다. 일부 집단에서는 전인적인 영성을 형성하는 데 경험만으로 충분할 것처럼 미화하지만, 사실은 그렇지 않다. 다른 집단에서는 회개, 의도, 책임성, 정보 등을 변화의 수단으로 옹호하고, 삶을 재정의하는 영적 경험이라는 필수적 토대 없이 재건을 시도한다. 예수님은 성령이 둘 모두의 통로라고 말씀하시는 듯하다. 즉 성령은 하나님의 사랑이 경험적으로 부어지는 통로이자, 우리가 그 경험적 토대 위에서 현명하게 삶을 세울 수 있도록 예수님의 가르침을 상기시키는 위대한 상담자라고 말이다.

　하지만 이보다 더 많은 것들이 성령과 관련되어 있다. 성령은 우리가 하나님의 사랑을 강하게 경험하는 동시에 다른 사람들을 위해 동일한 사랑의 통로로 살아갈 힘을 주신다. 브레넌 매닝은 다음과 같은 아름다운 문장을 썼다. "내가 사랑받고 있음을 인식하지 못하면, 다른 사람의 신성함에 다가갈 수 없다."[18] 성령은 우리가 사랑받고 있다는 확신을 주시고, 그 확신이 우리를 자유롭게 하여 다른 사람 안에 있는 신성함을 발견하게 한다. 성령은 우리의 평범한 폐를 루아흐로 채우셔서, 하나님이 그분의 백성과 세상에서 행하시는 재창조 사역에 동참할 수 있게 하신다.

　존이 몸을 떨며 흘린 치유의 눈물은 성령의 역사를 보여주는 사례다. 치유의 능력이 이렇듯 요란하게 드러나는 계기가 된 것은, 다른 면에서는 평범했던 기도의 순간에 개빈의 마음속에 떠오른 하나의 생각이었다. 이 일이 얼마나 아슬아슬하게 이루어졌는지 생각해 보라. 개빈은 그 생각을 초대로 받아들여 면밀히 살피는 대신, 분위기를 산만하게 만드는 엉뚱한 심상이라고 쉽게 무시할 수도 있었을 것이다.

하나님은 당신과 나 같은 평범한 질그릇에 그분의 임재와 능력이라는 보배를 담으셨다. 존에게 일어난 깊은 치유가 개빈의 상상과 입술 사이에 위태롭게 놓여 있었다는 말이다. 존이 하나님의 사랑이 그의 마음에 부어지는 일을 경험하려면 개빈이 (알고 보니 예언적인 것이었던) 한 가지 생각을 말로 바꾸어 입 밖으로 꺼내는 모험을 감수해야 했다.

개빈이 예배당에서 입을 열었을 때, 그는 선의에서 꺼내는 말 때문에 분위기가 어색해지거나 창피해지는 상황이 일어날 수도 있다는 것을 알았다. 그러나 그의 말로 인해 살아 계신 하나님의 공동 창조적이고 구속적인 능력이 펼쳐질 가능성도 있었다. 솔직히 말하면, 그는 어느 쪽인지 몰랐다. 그가 아는 것은, 어느 쪽인지 확인하려면 사랑으로 부드럽고 친절하게 모험을 감수해야 한다는 것뿐이었다.

여러분이나 나 체면을 지킨답시고 구원의 힘을 사용하지 않고 하나님의 형상을 지닌 자로서 공동 창조에 임하는 복된 역할을 포기할 때가 얼마나 많은가? 하나님을 진지하게 받아들이고 모험을 감수하고자 하는 나의 의향에 얼마나 많은 구원의 역사가 달려 있는가?

사도행전에서 시작된 이야기는 거기서 끝나지 않는다. 이 이야기의 줄거리를 하나로 연결하시는 성령은 어디 다른 곳으로 가신 게 아니다. 하나님이 초대 교회의 폐에 불어넣으신 그분의 숨결은 우리 안에 살아 있다. 예수님을 따르는 사람이라면 성령의 충만함을 받은 것이며, 성령은 예수님의 가르침을 우리 마음에 직접 부어 주시고 세상을 위한 공동 창조의 능력으로 우리 안에 활기를 불어넣으신다.

3. 물

> 내가 아직도 너희에게 이를 것이 많으나 지금은 너희가 감당하지 못하리라. 그러나 진리의 성령이 오시면 그가 너희를 모든 진리 가운데로 인도하시리니 그가 스스로 말하지 않고 오직 들은 것을 말하며 장래 일을 너희에게 알리시리라. 그가 내 영광을 나타내리니 내 것을 가지고 너희에게 알리시겠음이라. 무릇 아버지께 있는 것은 다 내 것이라. 그러므로 내가 말하기를 그가 내 것을 가지고 너희에게 알리시리라 하였노라.
>
> 요 16:12-15

1월의 습하고 우중충한 토요일, 포틀랜드에선 익숙한 겨울날이었다. 후드산으로 차를 몰고 있었다. 그곳에서는 한 시간 만에 보슬비가 눈썰매를 타기에 딱 좋은 마법의 눈송이로 변할 터였다. 당시 다섯 살과 세 살이었던 행크와 사이먼은 뒷좌석에서 잠들어 있었고, 내 옆자리에는 펠릭스가 앉아 있었다.

노숙자와 배고픈 사람들에게 저녁식사를 제공하는 단체에서 자원봉사를 하다가 펠릭스를 만났다. 그는 재활 프로그램에 참여 중이었는데, 단주한 지 1년이 거의 다 되었다. 이런저런 일이 꼬리를 물고 이어지는 사이 나란히 함께 봉사하다 보니 펠릭스와 나는 친구가 되었다.

후드산으로 가는 길에 나는 그를 태우러 단주생활 지원시설에 들렀고, 도시를 빠져나오는 길목에서 차가 막히자 펠릭스와 나는 자동차 여행 중에 으레 하는 식으로 온갖 화제를 넘나들며 이런저런 이야기를 나누었다.

"자녀분들 이야기 좀 해주세요. 자녀분 이야기를 들어 본 적이 없네요." 가벼운 대화가 잠시 끊어지자 내가 말했다. 펠릭스는 20대 초반의 아들과 딸을 둔 아버지다. 그는 10년 이상 그들을 보지 못했지만 두 자녀가 행크와 사이먼의 나이였을 때의 이야기를 가끔 내게 들려주었다. 20년 넘게 몇 차례 징역을 살았고, 약물 사용으로 어려움을 겪고, 오랜 부재로 인해 자녀들과의 관계가 완전히 틀어지기 전의 일이었다.

그래서 나는 그들에 대해 물었다. 이름은 뭔지, 어디 사는지, 무슨 일을 하는지. 그런데 아무 대답이 없었다. 기다리다 고개를 돌려 보니, 펠릭스가 소리 없이 울고 있었다. 그 거구의 남자가 풍파로 상한 뺨 위로 흐르는 눈물을 닦고 있었다. 대답하려고 계속 입을 열었지만 감정이 북받치는지 아무 말도 하지 못했다.

펠릭스는 세 차례 징역살이를 했다. 마약을 사용하고 판매했었다. 기억나지 않는 밤을 숱하게 보냈다. 그러다 예수님을 만났고, 우리는 하나님의 용서를 함께 축하했다! 하지만 이 부분, 제대로 아빠 역할을 하지 못했고, 그런 자신을 여전히 용서할 수 없다는 현실은 그의 내면에서 건드릴 수 없는 곳이었다. 그동안 죽 감추었던 수치였으며, 하나님의 은혜가 닿을 수 없다고 스스로 믿어 버린 단 하나의 상처였다.

신약성경은 하나님의 능력과 이 세상의 고통에 대해 가차 없이 정직하다. 사도행전에는 하나님의 내주하시는 임재가 평범한 사람들에게 기적적인 방식으로 역사하는 초자연적인 능력의 이야기가 많이 나온다. 하지만 거기에는 고통과 혼란, 아픔도 가득하다. 성령의 이야기를 고통의 세계와 분리하여 논하는 것은 그 이야기를 전체 맥락에서 떼어내어 실질적이고 강력한 소망을 동화로 만드는 일이다. 평화로울 때는 재미있지만 혼란 앞에서는 무력하고 공허한 우화로 바꾸는 일인 것이다. 이렇게 되면 하나님의 마음과 그분의 능력에 관한 엉터리 구분이 만들어진다. 하나님은 영감 받은 사람들로 가득 찬 어두운 조명의 강당에 강하게 임재하시지, 자동차 여행 중 교통 체증에

갇힌 차 안에는 잘 임재하지 않으신다는 오해가 생겨난다.

성령을 이렇게 이해해선 안 된다. 우리 모두는 조수석에 앉은 펠릭스이고, 축하할 만한 구원을 맛본 자이자 여러 패턴의 혼란을 되풀이해서 경험하는 생명체이기 때문이다. 우리 모두는 완전한 사랑의 하나님께 구원을 받았고, 우리 구원의 이야기의 줄거리는 숨 막히게 아름답다. 그러나 우리 모두의 이야기에는 회복과 구출보다는 고통과 고난이 더 깊이 새겨진 미완의 대목들이 있다.

성경 저자들은 물의 은유를 사용하여 성령이 어떤 분인지 소개하면서, 우리가 자꾸 분리하려 하는 두 가지 태도를 한 번에 보여준다. 이 세상의 고통에 대한 더없이 정직한 인정과 가장 어두운 곳에서 자신의 일을 이루시는 구속자에 대한 확고한 소망이다.

하나. 창조

성령은 성경의 유명한 첫 구절에서 소개된다. "태초에 하나님이 천지를 창조하셨다. 땅이 혼돈하고 공허하며, 어둠이 깊음 위에 있고, 하나님의 영은 물 위에 움직이고 계셨다."[1]

창세기가 나온 고대 근동 사람들이 '물'을 생각할 때 떠올린 이미지는 여름날 아침의 평화로운 시내가 아니었다. 그들에게 '물'은 혼돈을 상징하는 두려움의 대상이었다.[2] 구약성경이 펼쳐지는 동안 바다는 계속 혼돈과 무질서를 가리키는 이미지로 쓰인다.[3]

이러한 맥락을 염두에 두면 성경의 첫 대목을 이렇게 읽을 수 있을 것 같다. "태초에 성령이 맴돌며 기다리시다가 성부께서 말씀하시자 성령이 혼돈을 만지시니……갑자기 질서가 생겨났다." 빛이 어둠에서 분리되었다. 육지가 바다에서 분리되었다. 그러나 이 일은 단순한 정리 작업이 아니다. 이 일로 생명이 나타났다! 한때 혼란과 기능 장애, 무질서뿐이던 곳에 이제 기쁨과 경이, 환희와 소망이 생겨났다.

에덴에 대한 묘사에는 "강이……동산을 적시"[4]는 모습이 포함되어 있다. 하나님은 혼돈의 물을 향해 모여서 샘으로 흘러가라 명하시고 그 샘은 강이 되어 에덴동산과 그 너머에 생명을 준다. 성경의 첫 장면을 보면 성령이 무질서를 없애는 일만 하시는 게 아님을 알 수 있다. 성령은 어둠과 두려움의 장소를 자유로운 생명이 풍성히 넘치는 오아시스로 만드신다.

둘. 뿌리

물론 낙원으로 한 페이지만 더 들어서면 그 모든 질서와 생명이 부패한다. 아담과 하와가 하나님께 반역하고 하나님은 그들을 에덴에서 내쫓으신다. 우리가 사는 세상이 평화보다 혼돈에 더 가까운 것은 바로 이 사건 때문이다. 기쁨과 경이, 환희의 순간들도 있지만 혼란과 기능 장애, 무질서가 우리를 계속 괴롭히는 것도 이 때문이다.

이야기가 펼쳐지면서 한때 두려운 미지의 세계를 상징하던 물은 하나님이 약속하신 성령을 상징하게 된다. 하나님의 영은 시편과 잠언의 시, 이사야, 예레미야, 요엘의 예언, 그리고 요한복음에서 물의 이미지로 묘사된다.

그러나 하나님이 약속하신 성령은 에스겔 선지자의 환상에서 가장 선명하게 드러난다. 에스겔은 성전에서 흘러내리는 가는 물줄기에서 발원한 강을 보았다. 계단 위를 흐르던 작은 물줄기는 점점 커져 강이 되는데, 에스겔이 따라가 보니 강물이 동쪽으로 흘렀다. 동쪽은 아담과 하와가 타락 후 에덴을 나와서 걸어간 방향이다. 이 방향이 상징하는 인간의 상태와 파괴적인 통제욕은 질서가 아닌 혼돈, 삶이 아닌 죽음을 초래했다. 동쪽으로 흐르는 강은 이 환상이 당신과 나, 그리고 혼돈 속에서 살아온 모든 사람을 위한 것임을 의미한다.

> 그런 다음에, 그가 나를 강가로 다시 올라오게 하였다. 내가 돌아올 때에는, 보니, 이미 강의 양쪽 언덕에 많은 나무가 있었다. 그가 나에게 일러 주었다. "이

물은 동쪽 지역으로 흘러 나가서, 아라바로 내려갔다가, 바다로 들어갈 것이다. 이 물이 바다로 흘러 들어가면, 죽은 물이 살아날 것이다. 이 강물이 흘러가는 모든 곳에서는, 온갖 생물이 번성하며 살게 될 것이다. 이 물이 사해로 흘러 들어가면, 그 물도 깨끗하게 고쳐질 것이므로, 그곳에도 아주 많은 물고기가 살게 될 것이다. 강물이 흘러가는 곳이면 어디에서나, 모든 것이 살 것이다. 그때에는 어부들이 고기를 잡느라고 강가에 늘 늘어설 것이다. 어부들이 엔게디에서부터 에네글라임에 이르기까지, 어디에서나 그물을 칠 것이다. 물고기의 종류도 지중해에 사는 물고기의 종류와 똑같이 아주 많아질 것이다. 그러나 사해의 진펄과 개펄은 깨끗하게 고쳐지지 않고, 계속 소금에 절어 있을 것이다. 그 강가에는 이쪽이나 저쪽 언덕에 똑같이 온갖 종류의 먹을 과일 나무가 자라고, 그 모든 잎도 시들지 않고, 그 열매도 끊이지 않을 것이다. 나무들은 달마다 새로운 열매를 맺을 것인데, 그것은 그 강물이 성소에서부터 흘러나오기 때문이다. 그 과일은 사람들이 먹고, 그 잎은 약재로 쓸 것이다."[5]

강은 동쪽으로 흐르면서 가는 곳마다 넘치게 생명을 불어넣는다. 강가에 어부들이 모여 있다. 온갖 종류의 물고기가 물살을 따라 헤엄치고 있기 때문이다. 이것은 모든 나라와 족속들, 다양한 방언과 사회 경제적 지위의 사람들, 모든 배경의 사람들, 다 갖춘 사람부터 아무 것도 없는 사람까지 두루 하나님의 가족 안에 있는 모습과 같다. 강가에는 많은 열매를 맺는 나무들이 늘어서서 뭇 민족을 먹일 열매를 맺고 질병을 치료하는 잎을 낸다.

이 강은 생명이 없는 것으로 알려진 사해로 흘러든다. 사해 물은 약 25퍼센트가 미네랄이기 때문에 물고기를 비롯한 그 어떤 생물도 살 수 없다. 그러나 에스겔의 환상에서는 성전에서 흘러나온 강물이 사해로 흘러들자 물이 정화되어 모든 종류의 물고기가 거기서 헤엄친다. 한때 생명이 없던 곳이 이제는 하나님 나라의 생명으로 가득 차 있다.

두려움, 혼란, 어둠, 무질서가 있는 곳에 하나님의 약속이 주어진다. "내가 내 영을 부어 줄 것이다. 그러면 그곳에는 생명과 평화가 멈추지 않고 흘러갈 것이다."

에스겔의 환상 안에는 하나님의 두 가지 초대가 들어 있다.

<u>오라는 초대</u>. 에스겔이 강물이 어디로 흘러가는지 보기도 전에 그는 물속으로 들어오라는 초대를 받는다. 물속으로 점점 더 깊숙이 발을 들이고 그 안에서 헤엄치라는 초대다. 초기 그리스도인들은 이 초대를 성령을 경험하라는 중요한 내용으로 이해했다. 고대의 테르툴리아누스는 예수님을 '천상의 물고기'로, 그리스도인을 '작은 물고기'로 지칭했다.[6] 기독교의 이 흔한 물고기 상징은 현대에 와서 참기 힘들 만큼 진부한 용도로만 쓰이지만, 원래는 그리스도인의 삶을 성령의 물에서 헤엄치는 것으로 이해한 아름다운 역사에서 유래했다.

<u>되라는 초대</u>. 세상을 치유하는 흐름의 일부가 되라는 초대다. 예수님을 따르는 사람들의 성령에 힘입은 삶은, 세상의 절망적이고 상처입고 무력한 지점들로 흘러들어가 죽은 자를 살리고 삶을 새롭게 한다.

셋. 예수님

요한복음에서 예수님은 에스겔이 보았던 미래의 환상을 현재의 초대로 바꾸신다. 그런데 그 일을 하시는 예수님의 방식은 솔직히 말해서 기막힐 정도로 반항적이고 살짝 불안하기까지 하다.

그 이야기는 이렇게 시작된다. "명절의 가장 중요한 날인 마지막 날에."[7] 이 사건이 벌어지는 명절은 초막절(히브리어로 '숙곳')이다. 이스라엘 민족은 일주일 동안 이어지는 이 절기에 모두 예루살렘에 모여 초막(천막)에서 야영을 했다.

내가 12년 동안 살면서 사역한 브루클린의 동네에는 예루살렘을 제외하면 전 세계에서 가장 많은 하시딕 유대인(초정통파 유대인—옮긴이)들이 살았다. 가을의 해당 주간에 동네를 걷다 보면 아파트의 발코니, 테라스 또는 파티오마다 손수 만든 초막들이 보였다. 사람들은 파티오에 설치된 수제 초막에서 자면서 숙곳을 지켰다.

초막절 기간 동안 유대인들은 예루살렘 시내 곳곳의 초막에서 잠을 자고 매일 성전에 모여 즐거운 예배를 드렸다. 숙곳의 일곱째 날이자 마지막 날, "명절의 가장 중요한 날인 마지막 날"에는 절정에 해당하는 의식에 참가하려고 많은 사람들이 성전 계단에 모였다. 제사장들은 근처 샘에서 큰 물통 여러 개에 물을 실어 성전으로 나르고, 군중이 시편으로 찬양하는 동안 제단에서 성전 계단 아래로 물을 부어 성전에서 동쪽으로 흘러가는 시내를 만들었다. 이는 에스겔의 환상을 생생하게 재현한 것으로, 온 민족이 함께 기도하며 하나님이 약속하신 생수의 강이 임하게 해달라고 간구하는 모습을 구체화한 의식이었다.

거룩한 순간이었다. 초막절의 모든 요소가 차곡차곡 쌓여서 이룬, 종교적 대명절의 정점이었다. 군중이 목이 아프도록 시편을 불러 대고, 제사장들이 예언적 환상을 모두가 볼 수 있는 생생한 그림으로 바꾸고, 나이가 많든 적든 모든 사람의 눈가에 갈망의 눈물이 비친 그 순간에 "예수께서 서서 외쳐 이르시되 누구든지 목마르거든 내게로 와서 마시라. 나를 믿는 자는 성경에 이름과 같이 그 배에서 생수의 강이 흘러나오리라 하"셨다.[8]

예수님은 시간을 딱 맞춰서 극적으로 그 자리에 개입하여, 에스겔의 예언에 익숙한 이들이라면 금세 알아차릴 수 있었을 이중의 신성한 초대를 하신다.

오라는 초대. "목이 마른가? 내게로 와서 마시라. 나는 생수다. 너희가 성전에서 기다리는 것은 내 안에서 찾을 수 있다."

되라는 초대. 세상을 치유하는 흐름의 일부가 되라. "근원인 나에게 오는 모든 사람은 근원이 될 것이다. 세상을 치유하는 생수의 강이 너희 내면에서 흘러나올 것이다."

예수님은 에스겔의 환상에서 강이 예시하는 모든 것을 세상에서

몸소 이루셨다. 그분은 동쪽에서 방황하던 우리를 찾아 낙원을 떠나오셨다. 제자들을 에스겔의 환상 속 강가의 어부처럼 "사람을 낚는 어부"라고 부르셨다.⁹ 예수님은 〔환상 속〕 강가에 늘어선 나무들처럼 굶주린 사람들을 먹이시고 병든 사람들을 고치셨다. 예수님은 죽음과 부활을 통해 죽음의 공간에 생명을 불어넣으셨다.

그리고 그분의 초대에 응하여 그분께 나아간 사람들에게는 그 약속이 그들 안에서 이루어졌다. 하지만 당장에 그렇게 된 것은 아니었다. 요한은 이 장면에 중요한 내레이션을 덧붙인다. "이것은, 예수를 믿은 사람이 받게 될 성령을 가리켜서 하신 말씀이다."¹⁰ 요한은 예수님이 완벽한 시점에 불쑥 끼어들어 하신 말씀이 성령을 언급한 것임을 밝히면서도, 약속된 성령이 그 순간에 주어진 것은 아니라고 덧붙인다.

넷. 그때

예수님이 요한복음 7장에서 약속하신 성령은 사도행전 2장에서 강림하신다. 그때 제자들은 또 다른 종교적 절기인 오순절을 위해 예루살렘에 모여 있었다. 앞서 초막절과 마찬가지로, 오순절도 성전 의식이 있는 날이 아니라 하나님의 개입을 알리는 날로 기억된다. 베드로가 이전의 예수님처럼 일어나서 설명한다. "하나님께서는 이 예수를 높이 올리셔서, 자기의 오른쪽에 앉히셨습니다. 그는 아버지로부터 약속하신 성령을 받아서 우리에게 부어 주셨습니다. 여러분은 지금 이 일을 보기도 하고 듣기도 하고 있는 것입니다."¹¹

생수의 강이 부어졌다. 에스겔의 환상이 우리 가운데서 실현되었다. 그 강은 성전에서는 찾을 수 없다. 예수님의 약속대로, 이제 생수의 강은 그것을 마시러 오는 모든 이들의 삶에서 흘러나오고 있다.

그리고 성경의 이후 지면에서는 환상 속의 강이 상징했던 모든 것을 교회가 세상 속에서 이루는 이야기가 펼쳐진다. 교회는 배고픈 사람들을 먹였고, 병든 사람들을 치유했으며, 좋은 소식을 선포했다. 교회는 성스러운 건물에 머무는 거룩한 무리가 아니었다. 그들은 동쪽으로 흐르는 강이었고, 제지할 수 없는 생명력으로 죽은 곳들을 회생시켰다.

물의 은유를 통해 이루어진 성령에 대한 소개는 성경의 첫 쪽에서 시작되어 마지막 쪽에서 절정에 이른다. "또 내가 새 하늘과 새 땅을 보니 처음 하늘과 처음 땅이 없어지고 바다가 다시 있지 않더라."[12]

사도 요한이 본 천국은 하늘 어딘가에 있는 먼 유토피아가 아니라 하나로 재결합된 하늘과 땅이다. 그런데 "바다가 다시 있지 않더라"는 부분은 무엇을 의미할까? 해변에서 수평선 너머로 지는 해를 보는 것은 지상에 임한 천국에 가장 가까이 다가간 경험일 수 있다. 그런데 왜 하나님은 그분의 나라가 온전히 임할 때 태평양을 말려 버리시겠다는 것일까? 물론 이것이 바다를 마르게 한다는 약속이 아니라 혼돈을 마르게 함, 즉 고난과 고통과 무질서의 종말을 약속하는 것임을 충분히 이해할 수 있다.

요한의 천국 환상은 이렇게 이어진다. "천사는 또, 수정과 같이 빛나는 생명수의 강을 내게 보여주었습니다. 그 강은 하나님의 보좌와 어린 양의 보좌로부터 흘러 나와서, 도시의 넓은 거리 한가운데를 흘렀습니다. 강 양쪽에는 열두 종류의 열매를 맺는 생명나무가 있어서, 달마다 열매를 내고, 그 나뭇잎은 민족들을 치료하는 데 쓰입니다."[13]

이것은 에스겔의 강이자 그 이전 에덴의 강이요, 성전에서 사해로 흘러드는 강이다. 우리 내면에서 주변 세상으로 흐르는 예수님의 강, 곧 성령이시다. 하늘과 땅이 마침내 하나가 될 때 도래할 하나님 나라에서 끝없이 흐르는 영원한 물줄기다.

다섯. 지금

성령은 우리가 에스겔의 예언과 명절에 예수님이 하신 말씀을 통해 우리가 접했던 것과 동일한 두 부분으로 구성된 관계적 초대장을 내미신다.

<u>오라는 초대</u>. 하나님은 에스겔을 강을 관찰하라고 초대하신 것이 아니라 강물에서 헤엄치고 그 일부가 되라고 초대하셨다. 거룩한 침입의 순간에 예수님도 이와 똑같이 강물의 근원이 될 수 있도록 와서 마시라고 우리를 초대하셨다. 성령의 생명력을 대하는 올바른 반응은 관찰이 아니라 참여다.

그렇기는 하지만, 오늘날의 교회를 겸손하고 정직한 눈으로 바라본다면, 우리가 역사를 공부하지만 경험을 기대하지는 않는다는 결론을 피할 수 없다. 우리는 너무나 오랫동안 사해(死海)에서 헤엄치며 살았기 때문에 에스겔이 꿈꾸고 예수님이 약속하셨으며 교회가 처음 30년 동안 누렸다고 전해지는 그 삶에 대한 소망이, 오랜 세월 동안 축적된 거대 이론과 실망스러운 경험의 거름망에 죄다 걸러지고 희미해진다.

우리가 하나님께서 그런 일을 하실 수 없다고 믿는다는 말은 아니다. 하나님이 그 일을 원하시지 않는다고 믿는다는 말도 아니다. 혼돈 속에서만 헤엄쳤던 사람들 안에 잠들어 버린 소망을 일깨우려면 경험이 필요하다는 의미다.

우리는 본격적 더위가 시작된 첫날의 아이들처럼 이 강에 뛰어드는 대신에, 혼자 힘으로 삶의 혼돈을 관리하려고 최선을 다한다. 끊임없이 상황을 재구성하여 계획을 세우고 묘수를 짜내면 평화로 가는 길을 찾을 수 있다는 확신을 붙들고서 말이다. 우리는 강물에 발을 담그지 않고 강가에서 상황을 관리한다. 그러나 우리는 강을 관찰하라고 초대받은 것이 아니라, 그 안에서 헤엄치라는 초대를 받았다.

예수님은 당신의 생애 마지막 밤에 이렇게 말씀하셨다. "아버지께서 가지신 것은 다 나의 것이다. 그렇기 때문에 내가, 성령이 나의 것을 받아서 너희에게 알려 주실 것이라고 말한 것이다."[14] 이 말씀은 "너희가 성령을 받으면 지금 내가 너희에게 말하는 모든 것이 관념에서 경험으로 바뀔 것"이라는 의미다.

내가 볼 때, 성령을 경험하지 않고 의지하지 않는 그리스도인의 삶은 한동안 괜찮아 보이지만 어느 순간 갑자기 문제가 생긴다. 참여하지 않은 사람에게 "와서 마시라"는 말은 세계관에 불과하다. 최고의 철학이자 가장 온전한 철학이지만, 그래도 세계관일 뿐이다.

대부분의 상황에서는 그 세계관만으로 살아갈 수 있을 것이다. 평온한 기간에는 그 정도 가지고도 버틸 수 있을 것이다. 하지만 썰매 타러 가는 길에 차가 막히고, 아이들은 뒷좌석에서 자고, 무심코 던진 질문에 펠릭스의 부끄러운 부분이 드러나는 순간이 찾아온다. 말은 안 나오고 눈물만 흐른다. 절망이 희망을 삼키고, 부끄러움이 은혜를 압도하고, 혼돈이 구원보다 더 심오해 보이는 순간들을 우리는 어떻게 다루게 될까?

불임과의 계속되는 싸움은 어떻게 할까? 사랑하는 사람을 질병이나 사고로 잃은 참담한 슬픔은 어떻게 할까? 그럴 때 어디에서 치유를 얻을까?

학위를 받거나 승진하거나 영향력 있는 자리 또는 명예로운 지위를 얻는다 해도, 그 과정에서 자신을 잃는다면 어떻게 할까? 친지와 가족 앞에 서서 혼인서약을 했는데 몇 년이 지난 지금 남편이 변했고 당신도 변한 상황이라면? 두 사람이 서로를 잃었음을 인지하고 비참한 심정이라면? "영원히 함께하겠다"던 약속이 깨어질 때 어디에서 치유를 얻을 수 있을까?

깊이 묻어두었던 학대의 기억이 다시 떠오르고 어린 시절의 사건 때문에 성인이 된 지금도 옴짝달싹 못하는 상태라면 어떻게 해야 할까?

당신의 신앙 형성에 큰 영향을 준 이들이 실망을 안길 때 당신은 어떻게 하는가? 당신을 가족으로 맞이한 공동체가 당신에게 가장 깊은 상처를 주는 무리가 될 때의 아픔은 어떻게 해소하는가?

세계관은 평범한 날들을 버티는 데는 도움이 되지만, 혼돈이 밀려올 때 치유를 안겨 주지는 못한다. 천지창조 당시 말씀으로 원시적 혼돈에 질서를 부여하신 분만이 말씀으로 우리의 혼돈에 질서를 부여하실 수 있다. 혼돈은 실재하지만 성령은 거기서 질서를 만들어 내시고, 심지어 그것을 영원한 생명으로 가득한 지점으로 만드실 수 있다.

되라는 초대. 성령은 평화를 안겨 주시지만, 구경꾼은 그 평화를 누릴 수 없다. 평화는 참여하는 자가 받는 보상이다. 그리고 그것은 시작에 불과하다. 성령은 또한 당신과 나를 혼란스러운 세상을 가로지르는 평화의 흐름의 일부가 되게 하신다.

예수님은 "그 배에서 생수의 강이 흘러나오리라"고 말씀하셨다.[15] 그리고 사도 바울은 이렇게 덧붙였다. "너희 몸은 너희가 하나님께로부터 받은 바 너희 가운데 계신 성령의 전인 줄을 알지 못하느냐."[16] 우리는 성전이다. 우리 안에서 발원한 강물이 생명이 사라진 곳으로 흘러들어가 그곳을 생명으로 압도한다. 성령께서는 우리 내면의 혼돈에 말씀하셔서 평화를 만들어내시고 또한 우리를 화평케 하는 자로서 도시로 보내신다.

헨리 나우웬은 유대 탈무드에 나오는 오래된 우화를 하나 들려준다. 우화에서 한 랍비가 선지자 엘리야에게 다가와 묻는다. "메시아는 언제 오십니까?"

"가서 직접 물어보세요." 엘리야가 대답한다.

"그분은 어디에 계십니까?"

"성문에 앉아 계십니다." 엘리야가 말한다.

"군중 속에서 그분을 어떻게 알아볼 수 있을까요?" 랍비가 묻는다.

"그분은 상처투성이인 가난한 사람들 사이에 앉아 계십니다."

하나님은 바로 이런 분이다. "상처 입은 치유자."[17]

예수님의 충격적인 면모는 그분의 능력이 아니었다. 그분의 상처와 평범해 보이는 모습이었다. 그분은 초자연적이고 사랑 가득한 하나님의 능력과 이 세상의 일상적인 고통을 아우르셨다.

이와 마찬가지로, 초대 교회의 충격적인 면모는 그들의 성공이 아니라 그들의 상처와 평범함이었다. 정부는 이 새 종파를 조사하고 나서 그들이 "본래 배운 것이 없는 보잘것없는 사람인 줄 알았는데 [이렇게 담대하게 말하는 것을 보고] 놀랐다."[18] 초대 교회의 지도자들은 특별히 똑똑하거나 설득력이 있거나 매력적이거나 자격이 있는 사람들이 아니었다. 그러나 그들은 예수님을 충만하게 채웠던 동일한 성령으로 충만했다.

성령의 충격적인 면모는 그분의 능력이 아니다. 우리가 알아야 할 창조주가 있다면 그분에게는 당연히 능력이 있어야 한다. 여기서 충격적인 부분은 하나님의 능력이 상처 입은 평범한 사람들 안에 거하고, 그들을 통해 역사한다는 데 있다. 죽은 곳에 흘러드는 생명의 강이 될 적임자가 있다면, 그것은 그의 은사 때문이 아니라 상처 때문일 것이다. 현대 교회가 사랑으로 역사를 바꾸고 도시의 이야기를 다시 써나갈 적임자라면, 그것은 은사나 자격 때문이 아니라 상처와 평범함 때문이다.

브레넌 매닝은 이렇게 말했다. "하나님이 크게 쓰시는 사람은 예외 없이 깊은 상처를 입은 사람이다. 우리 모두는 하나님이 부르셔서 크게 쓰시는 은혜를 받은 보잘것없는 이들이다. 마지막 날에 예수님은 우리에게서 메달이나 학위나 훈장이 아니라 흉터를 찾으실 것이다."[19]

강력하게 치유받은 사람이 강력한 치유자가 된다

펠릭스는 조수석에 앉아 울먹이며 말을 잇지 못했다. 과거의 잘못이 떠오르면서, 그 그늘 아래 숨겨 왔던 가장 깊은 상처가 드러난 것이다. 심지어 하나님에게도, 자기 자신에게도 숨겨 온 상처였다.

펠릭스는 혼돈에 대해 잘 안다. 중독의 고통, 그날 치의 마약을 구하려는 고단한 노력, 무감각 상태로 도피하고자 진정한 삶을 포기하는 비인간적 행태를 속속들이 안다. 직접 겪어 봤기 때문이다. 그는 그 모든 것을 안다. 그러나 그는 성령에 대해서도 안다. 성령의 물이 죽은 곳에 흘러들어 생명을 가져다준다는 것도 안다.

펠릭스는 내 아이들, 특히 막내에게 아버지 같은 존재가 되었다. 에이머스는 매 주일 아침 교회에 가면 펠릭스에게 달려가 안긴 다음 그의 품을 떠나지 않는다. 나는 한 손을 들고 찬양하면서 다른 손으로는 내 두 살배기 어린 아들을 안고 있는 펠릭스를 볼 때마다 꽉 막힌 도로의 차 안에 있던 그 토요일이 떠올라 눈물이 난다. 나는 성령께서 펠릭스의 깊은 상처를 천천히 그러나 깊이 치유하시고, 그의 개인적인 혼돈 위에 머물며 정죄를 위해서가 아니라 회복시키기 위해 부끄러운 부분을 드러내시는 것을 본다.

펠릭스는 포틀랜드에서 노숙자, 배고픈 사람, 중독자들을 섬기는 가장 큰 사역인 '나이트 스트라이크'의 수석 요리사로도 활동하고 있다. 그는 교도소에서 요리를 배워 주방 업무를 맡았고, 지금은 스스로를 가둬 버린 상처 입은 수백 명의 사람들을 위해 매주 목요일 저녁에 요리를 한다. 펠릭스는 예수께 와서 생수를 마셨고, 이제는 그의 내면에서 생수의 강물이 흘러나오고 있다. 하나님은 그의 상처를 통해 다른 사람들을 치유하고 계신다.

물론 펠릭스는 여전히 기다린다. 회복된 도시에서 살아갈 날을 기다린다. 하나님의 강렬한 임재가 자신의 가장 깊은 갈망을 모두 집어삼키길 기다린다. 혼돈이 단번에 영영 가라앉기를 기다린다. 그는 기다린다. 하지만 그때까지는? 펠릭스는 자신과 비슷한 상처를 입은 사람들에게 소망을 전할 수 있는 곳에 단단히 자리를 잡았다.

하나님은 모든 것을 이해한 소수의 뛰어난 사람을 찾으시는 게 아니다. 통달해야 할 마법의 주문 같은 것은 없다. 성령으로 강력하게 치유받은 사람들이 강력한 치유자가 된다.

우리는 예수님의 상처로 치유를 받는다.[20] 그리고 우리의 상처로 세상을 치유하는 일에 동참한다. 성령의 치유하시는 임재가 있으면 중독된 사람들이 자유를 찾는 다른 이들을 위해 안전한 피난처가 되어 줄 수 있다. 우울한 사람들이 이해할 수 없는 기쁨으로 가득 차서 그 기쁨을 주위에 나눌 수 있다. 불안한 사람들이 용기를 얻어 이전에는 감추려 했던 삶을 사람들에게 공개할 수 있다. 성미 급한 사람들이 자제력 있는 사람으로 변화되어 자신이 상처를 주었던 이에게 치유를 안겨 줄 수 있다. 만성적으로 불안한 사람들이 긴장된 직장에서 평온함을 유지하면서 사해에 생수를 쏟아붓는 것 같은 역할을 할 수 있다. 이러한 변화는 우리가 상상할 수 있는 모든 분야에서 일어난다. 성령께서 우리의 가장 깊은 상처를 치유하고 구속하실 때, 그 상처는 생수의 근원이 되어 세상의 부서진 곳에 생명을 넘치도록 흘려보내게 된다.

4.　　　　　비둘기

> 내가 진실로 진실로 너희에게 이르노니 나를 믿는 자는 내가 하는 일을 그도 할 것이요 또한 그보다 큰 일도 하리니 이는 내가 아버지께로 감이라. 너희가 내 이름으로 무엇을 구하든지 내가 행하리니 이는 아버지로 하여금 아들로 말미암아 영광을 받으시게 하려 함이라. 내 이름으로 무엇이든지 내게 구하면 내가 행하리라.
> 요 14:12-14

현관문을 활짝 열고 인도로 발걸음을 내딛는데 햇살에 눈이 부셨다. 나는 눈을 가늘게 뜨고 호주머니를 더듬어 선글라스를 찾았다. 봄의 첫날이었다. 달력에 나와 있지는 않았지만 대자연이 그렇게 말하고 있었다. 우중충함과 냉기가 끝없이 이어질 것 같더니 4월의 어느 토요일, 태양이 빛나고 있었다. 말 그대로 긴 겨울의 터널이 끝났음을 알리는 빛이었다.

공원에 있는 가족을 만나러 인도를 걸어가는데 주머니 속 휴대폰의 진동이 느껴졌다. 나를 아는 사람은 다 알다시피, 나는 절대 전화를 받지 않는다. 문자에는 아주 가끔 반응하는데, 휴대폰의 '통화' 기능은 삭제한다고 해도 몇 주가 지나서야 알아챌 것이다.

휴대폰 화면을 보니 몇 년 동안 연락이 없었던 성경대학 시절 친구의 이름이 빛나고 있었다. 우리는 함께 공부해서 목사가 되었고 각자의 길을 가면서 연락이 끊어진 터였다. 궁금한 마음에 전화를 받았다. 라울은 호텔 침대의 발치에 앉아 있다고 했다. 방금 성 노동자에게 사례를 지불했고, 이제 수치심의 바다에 잠겨 허덕이고 있었다.

어떻게 해야 수면 위로 올라와 숨을 쉴 수 있는지 알 수 없었다.

그 호텔 침대 발치에서 그는 수십 년 동안 싸워 온 포르노 중독에 대해 털어놓았다. 중독은 파도처럼 밀려왔다가 사라졌고, 중독과 싸우겠다는 결심도 마찬가지였다. 서로를 책임지는 그룹도 인터넷 필터링 프로그램도, 심지어 기도조차 소용이 없었고, 자유는 언제나 아득하게만 느껴졌다. 가끔 잘 이겨낼 때도 있었다. 그러나 그런 기간은 지속되지 않았고, 다음번 실패와 함께 수치심의 쓰나미에 다시 휩쓸려 들어갔다. 이전에 숱하게 익사의 위험을 넘어야 했던 그 자리로 말이다.

수치심을 더는 데는 하나님보다 술이 더 도움이 되는 것 같아서 라울은 아무것도 못 느낄 때까지 마셨다. 매일 밤 마시지는 않았고 알코올 중독자라고 할 정도는 아니었지만, 술독에 빠지면 안식이 찾아왔다. 특유의 음욕이 계속 심해지던 어느 날 밤, 지금 섬기고 있는 선교단체 일로 출장을 간 라울은 처음으로 돈을 주고 낯선 사람과 성관계를 했다.

위스키로 뿌옇던 머리가 맑아질 즈음, 그는 자신이 어떤 사람인지, 얼마나 심각하게 길을 잃었는지 절절히 깨달았다. 그래서 호텔 침대 발치에서 나에게 전화를 걸었다. 라울의 전화를 받았을 당시 나는 브루클린에서 교회 개척을 시작한 지 2년 정도 지난 시점에 있었다. 겨우 20대 후반에 접어든 목사였던 나는, 어른 행세를 하면서 깊은 불안감을 숨기려고 최선을 다했다.

어느 주일, 예배가 끝난 뒤에 한 교인이 앞에 있던 내게 다가와 이렇게 말했다. "목사님, 설교 내용 선별에 얼마나 시간을 들였는지 모르지만, 지금까지 제가 들어 본 설교 중에 손에 꼽을 만한 내용이었어요." 그 말을 듣자 내 몸이 당당하게 펴지는 것이 느껴졌다. 내 초라한 자아상은 다른 사람의 인식에 따라 쉽게 부풀어 올랐다(그리고 쪼그라들었다). 그 주일에 교회를 나서는 내 발걸음은 경쾌했다. 기분이 정말 좋았다. 그런데 모퉁이를 돌았을 때, 바로 그곳 인도에서 하나님이 부드러운 속삭임으로 내 발걸음을 멈춰 세우셨다.

"타일러, 오순절 날에 '베드로가 선별한 내용'에 감명 받은 사람은 없었다. 사실 아무도 베드로를 주목하지 않았다. 다들 내게 반응하느라 바빴으니까."

내 발걸음이 조금 느려졌고 잔뜩 부풀었던 거짓 자아가 뜻밖에도 부드럽게 쪼그라드는 것을 감지했다. 주님의 친절한 속삭임이 계속되었다. "타일러, 설교 내용은 훌륭했다만 능력이 없었다."

자신의 무력함을 마주할 때에야 성령의 능력으로 나아갈 수 있다. 그런 순간은 다양한 형태로 나타난다. 호텔 방 바닥에 홀로 엎드려 죄와 극적인 씨름을 할 수도 있고, 자신의 힘으로 내놓을 수 있는 그 무엇도 지속적인 변화를 일으키기에 부족하다는 정직한 깨달음에 이르기도 한다.

나는 둘 다 경험해 보았다. 원하지 않는 파괴적인 행동방식을 멈출 수 없는 상태도 겪어 봤고, 이를 악물고 이번에는 정말 의미 있게 세상을 새롭게 하겠다는 노력의 허망함도 경험했다.

예수님이 염두에 두신 것은 우리가 이길 수 없는 싸움을 평생 이어가는 것 정도가 아닐 것이다. 그렇지 않은가? 만약 하나님이 정말로 강한 분이라면 왜 수치심이 그보다 훨씬 더 강하게 느껴질까? 분명히 예수님은 "설교 내용 선별에 얼마나 시간을 들였는가"보다 더 중요한 것을 염두에 두셨을 것이다. 하나님 나라가 말이 아니라 능력의 문제라면, 왜 대부분의 경우 우리는 말만 하는 것처럼 보일까?

결국 나는 절박한 상태가 되었고, 그제야 마침내 우리가 성령이라 부르는 '낯익은 타자'를 제대로 알게 되었다. 라울도 마찬가지였다. 그리고 우리 둘 다 세상을 섬기는 소명을 감당할 때 무엇이건 참된 것을 내놓으려면, 먼저 우리의 처절한 약함과 하나님의 다함 없는 친절하심을 제대로 깨달아야 한다는 것을 배웠다.

더 큰 일

예수님이 제자들과 함께하신 마지막 밤에 대한 요한복음 기록의 핵심은 성령이라는 선물이다. 예수님이 열두 제자에게 하신 마지막 말씀 중에는 이런 놀라운 주장이 있다. " 내가 진실로 진실로 너희에게 이르노니 나를 믿는 자는 내가 하는 일을 그도 할 것이요 또한 그보다 큰 일도 하리니 이는 내가 아버지께로 감이라."[1]

예수님은 자신이 떠나는 것이 일종의 능력 공유이고, 성령이 자신을 대신하여 오시면 제자들이 초자연적인 능력으로 살아가고 행동하기 시작할 것이라고 주장하신다. 이것이 바로 비둘기라는 성경적 은유가 말하는 바, 곧 성령을 통한 초자연적 능력에 대한 파악하기 어려운 약속이다.

하나. 창조

성경은 예수님이 세례를 받으실 때 성령이 비둘기의 형상으로 그분에게 내려오셨다고 말한다. 왜 새를 언급할까? 적절한 곳에 직유를 배치하여 글을 좀 더 흥미롭게 만들려는 작가의 시도일까? 그럴 가능성은 희박하다. 네 복음서 모두 "비둘기같이"[2]라는 동일한 문구를 사용하여 예수님이 세례 받으실 때 성령이 나타나신 것을 묘사하기 때문이다. 네 복음서 모두 동일한 이미지를 독립적으로 선택했을 확률은 얼마나 될까?

'비둘기같이'라는 문구에 담긴 주장의 중요성을 이해하려면 고대 유대인들처럼 그 문구를 읽어야 하고, 그렇게 하려면 태초로 거슬러 올라가야 한다. "태초에 하나님이 천지를 창조하시니라. 땅이 혼돈하고 공허하며 흑암이 깊음 위에 있고 하나님의 영은 수면 위에 운행하시니라."[3]

둘. 뿌리

운행하심. 이것이 성경 이야기의 첫 장면에서 성령이 하시는 일이다. 적어도 대부분의 현대 영어 성경은 히브리어 원문을 이렇게 번역하고 있다. 히브리어 단어는 '라카프'로, 성경에 드물게 나오고 번역하기 어려운 단어다.

    이 단어는 성경 전체에서 세 번 나온다. 처음 등장하는 곳은 창세기의 이 대목이다. 그다음으로 신명기 32장에서 모세가 하나님의 출애굽 구원을 송축하는 노래를 부를 때 이 단어가 나온다. 모세는 백성을 돌보시는 하나님의 모습을 "마치 독수리가 그 보금자리를 뒤흔들고 새끼들 위에서 퍼덕이는(hover)"[4] 것 같다고 묘사한다. 고대에는 이 단어를 이런 의미로 흔히 사용했고, 유대 학자들은 창조 시 성령의 "운행하심"이 '퍼덕임', 즉 새의 날갯짓을 뜻한다고 이해했다.[5]

셋. 예수님

이런 배경 정보를 가지고 예수님의 세례 장면으로 돌아와 보자. 복음서 저자들은 지금까지 말한 내용들을 하나로 연결하여 당시의 고대 유대인들에게 핵심 내용을 분명히 알리고자 한다. 태초에 창조세계 위에 운행하셨던 그 영이 세례를 받으신 예수님 위에 영구히 임하셨다. 하나님이 세상을 창조하실 때, 그분의 영이 혼돈의 물 위에 비둘기처럼 날개를 펼치셨다. 하나님이 세상을 재창조하실 때, 그분의 영이 예수님이 세례 받으신 물 위에 비둘기처럼 날개를 펼치셨다.

    예수님은 세례 받으신 직후 안식일에 회당에 들어가 그날 읽을 성경을 자유롭게 선택하여 이사야 두루마리를 펴들고 공개적으로 읽으셨다. "주의 성령이 내게 임하셨으니 이는 가난한 자에게 복음을 전하게 하시려고 내게 기름을 부으시고 나를 보내사 포로 된 자에게 자유를, 눈 먼 자에게 다시 보게 함을 전파하며 눌린 자를 자유롭게 하고 주의 은혜의 해를 전파하게 하려 하심이라."[6]

이것은 듣는 사람에 따라 인상 깊은 선언으로 다가올 수도 있고, 당혹감만 안기는 충격적인 발언에 그칠 수도 있다. '기름 부음 받은 자'라는 문구는 '메시아'라는 용어의 번역어다. 예수님은 하나님의 약속에 따라 이스라엘 백성이 기대했던 '기름 부음 받은 자', 곧 하나님의 약속들을 성취하고 그분의 백성을 구속할 분을 예언한다고 다들 믿었던 이 이사야서 구절을 낭독 본문으로 선택하셨다. 기름 부음 받은 자는 하나님의 영이 임하되 특정한 목적을 위해 특정 시간 동안만이 아니라 영구적으로 임하는 존재다.

예수님은 해당 본문을 읽으신 후 두루마리를 다시 말아서 수행자에게 건네시고, 세례 받으신 후 처음으로 공개 석상에 모습을 드러내신 그 자리에서 "이 성경말씀이 너희가 듣는 가운데서 오늘 이루어졌다"[7]고 선언하시며 첫 공개 가르침을 시작하셨다.

예수님은 자신이 메시아, 곧 하나님의 영으로 영구히 기름 부음을 받은 자라고 주장하셨다.

그날 회당에 모인 사람들에게는 예수님이 메시아로 자처하신 주장이 가장 충격적이었을지 몰라도, 오랜 세월이 지난 현대의 독자들은 예수님이 자신을 하나님의 아들로 주장하셨다는 것을 놀랍게 여기지 않는다. 그 소문은 이제 꽤 널리 퍼져 있다. 정말로 놀라운 부분은 예수님이 그런 주장을 하신 후에 온갖 사역을 행하신 방식, 즉 그분의 메시아 주장을 뒷받침하는 기적적인 삶이다.

누가복음 3장에서 예수님은 세례를 받으셨고 성령이 "비둘기처럼" 그분 위에 내려오셨다. 그리고 이어지는 구절에서 누가는 예수님의 사역에서 성령이 맡으신 본질적인 역할을 끊임없이 강조한다.

— "예수께서 성령의 충만함을 입어 요단강에서 돌아오사 광야에서 사십 일 동안 성령에게 이끌리시며 마귀에게 시험을 받으시더라."

— "예수께서 성령의 능력으로 갈릴리에 돌아가시니."

— "예수께서 그 자라나신 곳 나사렛에 이르사 안식일에 늘 하시던 대로 회당에

들어가사 성경을 읽으려고 서시매 선지자 이사야의 글을 드리거늘 책을 펴서 이렇게 기록된 데를 찾으시니 곧 주의 성령이 내게 임하셨으니."[8]

예수님은 그날 회당에서 이사야 61장을 읽으심으로써 자신이 메시아라고 주장하셨을 뿐만 아니라, 자신의 능력이 성령의 기름 부음에서 나온다고도 주장하신 것이다.

이 부분에서 우리는 찬찬히 생각해 볼 필요가 있다. 이 내용은 성령의 능력에 관한 성경의 핵심 질문을 다루고 있기 때문이다. 예수님은 어떻게 그런 일을 하셨을까? 사람이 어떻게 그렇듯 거듭거듭 기적을 행하며 다닐 수 있었을까? 그분의 능력은 어디에서 왔을까?

예수님이 어떻게 많은 기적을 이루셨는지 이해하는 방식에는 크게 두 가지가 있다.

예수님의 신적 능력으로

예수님이 기적을 행할 수 있었던 것은 그분의 신적인 능력 때문이었다는 생각은 많은 사람이 받아들이는 가정일 것이다. 이는 지난 3백여 년 동안 예수님을 이해하는 일반적인 방식이었다. 그러나 교회 역사 전체를 놓고 보면 3백 년은 비교적 최근에 해당한다. 그렇다면 이런 생각은 어디서 나왔을까?

계몽주의 이전에 보통 사람의 세계관에는 영적인 요소가 들어 있었다. "해가 떴어. 하나님이 또 하루를 만드신 거야!" 과학혁명과 계몽주의는 훨씬 덜 영적인 세계관의 가능성을 열어젖혔다. "음, 사실, 해가 '뜨는' 것은 지구가 시속 1,600킬로미터의 속도로 자전하고, 태양 주위를 시속 10만 킬로미터로 공전하기 때문이지. 이것이 바로 해가 '뜨는' 이유지. 우리는 우주 공간을 날아다니는 둥근 물질 위의 한 점일 뿐이고."

이러한 변화와 함께 '자연'과 '초자연'을 상상하는 새로운 방식이 등장했다. 자연은 이제 '과학법칙이 지배하는' 영역을, 초자연은 '과학법칙을 초월한' 영역을 가리키게 되었다. 신앙과 과학 사이에 균열이 생긴 것이다. 과학의 설명력이 폭발적으로 증가함에 따라 신앙과 초자연적 현상은 점점 더 주변부로 밀려났다. 이러한 변화와 함께 성경의 하나님에 대한 믿음이 쇠퇴하기 시작했고, '신을 시계공처럼 보는 이론'인 이신론이 기독교와 무신론 사이의 인기 있는 절충안으로 등장했다. 어쩌면 이것은 당연한 결과인지도 모른다.

그리고 이신론과 함께 창조주와 창조세계의 관계에 대한 새로운 생각이 등장했다. 그 내용은 이런 식이었다. "설령 세상을 창조한 신이 있다고 해도, 나는 그 신이 인간의 삶에 깊숙이 관여한다고 보지 않는다. 그 신은 다른 사업으로 활동 영역을 옮겼고, 이 세상은 자연과학적 법칙에 의해 운영되도록 내버려두었다."

18세기 계몽주의의 절정기에 글을 쓴 라이마루스는 예수가 전통적 기독교가 선포한 메시아이자 구주가 아니라 정치개혁을 내세운 인간에 불과하다는 가설을 제안했다. 성경에 계시된 예수 이면의 '역사적 예수'에 대한 탐구가 이 가설에서부터 시작되었다. 스코틀랜드의 철학자 데이비드 흄 등은 기적을 완전히 거부했고, 문화적으로 큰 영향을 끼친 홉스, 루소, 볼테르 역시 성경 이야기에 대한 철저히 자연주의적인 해석을 받아들였다.

바로 이 무렵, 거침없는 이신론자였던 토머스 제퍼슨이 성경에서 기적 이야기를 모두 잘라내어 도덕과 지혜에 대한 원칙만 남기고 [하나님의] 인격성과 능력에 대한 대목들도 다 들어내어 축약판 성경을 만들었다. 이 성경은 오늘날 '제퍼슨 성경'으로 알려져 있다. 이러한 사상가들 및 비슷한 생각을 가진 이들의 집단적 영향으로, 신이 우리와 멀리 떨어져 있고 우리에게 무관심하다는 믿음이 널리 퍼지게 되었다. 우리가 그 신에게 기도하고 경의를 표할 수는 있겠지만 그 신은 인간의 일상에 긴밀히 관여하지 않으며, 그 신의 나라는 먼 구름 속 어딘가에 존재할지 몰라도 "하늘에서처럼 땅에서도" 그 나라가 임

할 일은 없을 터였다.⁹

이런 상황에서 기독교회에서는 새로운 반응이 나타나기 시작했다. "잠깐만요. 성경에서 기적을 없앨 수는 없습니다. 기적 이야기는 예수님이 하나님이라는 증거입니다." 18세기 후반에는 이런 새로운 생각이 큰 인기를 끌었다. 예수님이 온갖 기적적인 일을 할 수 있었던 것은 하나님의 아들이었기 때문이라는 것이었다.

여기에는 어느 정도 진실이 담겨 있다. 나는 이런 이해를 통째로 내다 버려야 한다고 생각하지 않는다. 그러나 이런 생각에는 많은 문제가 있다. 가장 주목할 점은 성경에서는 예수님뿐만 아니라 온갖 부류의 사람들이 기적을 행한다는 것이다.

— 구약성경에서 모세는 열 가지 재앙을 내리고 홍해를 갈라놓았으며 반석에서 사람들이 마실 샘물을 내기도 했다. 하지만 그는 결코 자신이 메시아라고 주장하지 않았다.
— 엘리야는 날씨를 제어하고, 하늘에서 불을 내리고, 죽은 아이를 초자연적으로 살리기도 했다. 하지만 자신을 메시아로 주장한 적이 없다.
— 엘리사는 한 부대를 통째로 눈멀게 했다가 나중에 시력을 회복시켰고, 문둥병자의 피부를 깨끗하게 했으며, 죽은 자를 살리기도 했다. 하지만 자신이 메시아라고 주장한 적이 없다.

이런 목록은 계속 이어진다.

— 예수님 이후 신약성경에서 베드로는 절름발이 거지를 고쳤고 죽은 여자를 살렸으며, 다른 사도들과 함께 많은 기사와 표적을 행했다.¹⁰
— 바울은 죽은 사람을 살려냈고, 치유로 너무 유명해진 나머지 직접 찾아갈 수 없는 병자와 고통받는 사람들에게 손수건을 보내기 시작했다.¹¹

더 많은 사례가 있지만 요점은 하나다. 성경에는 고대 유다와 이스라엘과 초대 교회에서 온갖 사람들이 온갖 종류의 초자연적 행위를 하는 일이 기록되어 있다는 것이다. 그러나 그들 중 누구도 자신이 메시아라고 주장하지 않았다.

예수님이 자신의 정체성을 증명하기 위해 기적을 행하셨다는 믿음은 기독교 교회의 역사적 견해가 아니며, 초기 기독교 공동체들의 견해도 아니다. 이 믿음은 이신론에 대한 방어 논리에서 태어난 반동적인 입장으로, 나온 지 3백 년 정도밖에 되지 않았다.

누가복음을 위시한 복음서 저자들의 주장은 예수님의 기적이 하나님 나라가 부수고 들어왔음을 알리는 표적이었다는 것이다. 오랫동안 기다려 온 하나님 나라가 도래했고, 그 나라의 '왕'이자 '기름 부음 받은 분'인 예수님이 그 나라의 도래를 알리고 계셨다.

자, 그렇다면 예수님은 그런 기적들을 어떻게 행하셨을까?

성령의 능력으로

교회가 역사적으로 믿어 온 내용과 성경이 분명히 증언하는 바는, 예수님의 초자연적 능력이 성령을 통해 왔다는 것이다. 세례를 받고 성령이 "비둘기처럼" 임하기 전까지 예수님은 이 땅에서 30년을 사셨지만, 우리가 아는 한 그분은 단 한 마디도 가르치지 않으셨고, 기적을 일으키지 않으셨고, 제자를 모집하지 않으셨다. 세례를 받은 후에는 끊임없이 가르치고, 기적을 일으키고, 제자를 부르셨다. 이 모든 일의 계기가 된 사건은 세례였다.

베드로는 그 일을 이렇게 회상했다. "여러분이 아시는 대로, 이 일은 요한의 세례 사역이 끝난 뒤에, 갈릴리에서 시작하여서, 온 유대 지방에서 이루어졌습니다. 하나님께서 <u>나사렛 예수에게 성령과 능력을 부어 주셨습니다.</u> 이 예수는 두루 다니시면서 선한 일을 행하〔셨습니다〕."[12]

성령을 예수님의 사역에서 나타난 능력의 매개로 보는 이런 이해는 대단히 중요하다. 예수님으로 시작된 일이 예수님에게서 끝나지 않았기 때문이다. 성경은 예수께 기름을 부으셨던 성령께서 예수님을 주와 구주로 영접하는 모든 사람에게도 기름 부으신다고 분명히 밝히고 있다.

넷. 그다음

누가는 이런 구절로 사도행전을 시작한다. "데오빌로여, 내가 먼저 쓴 글에는 무릇 예수께서 행하시며 가르치시기를 시작하심부터…… 의 일을 기록하였노라."[13] 물론 이 말에는 지금 자신이 보내는 글이 예수께서 계속해서 행하고 가르치신 것을 다룬다는 의미가 담겨 있다. 다만 이 글은 예수님의 생애가 아니라, 그분이 시작하신 모든 것을 이어가는 제자들의 삶을 다룬 것이다.

사도행전 2장에서는, 예수님의 지시에 따라 제자들이 모여 기다리던 예루살렘의 한 다락방에 성령이 강림하여 각 제자에게 머무셨다. 다시 말해, 그들은 예수님이 세례를 받을 때 기름 부으셨던 바로 그 성령으로 기름 부음을 받은 것이다.

유진 피터슨은 이 둘을 명확하게 연결한다.

> 하나님은 비둘기의 강림을 통해 예수님이라는 기적을 우리에게 주신 것과 같은 방식으로 회중이라는 기적을 주셨다. 성령은 갈릴리 나사렛 마을에 있던 마리아의 태중에 임하셨다. 그리고 30여 년 후 같은 성령이 마리아를 비롯해 예수를 따르던 남녀 집단의 영적 태에 임하셨다.……첫 번째 임태로 예수님이 우리에게 오셨고, 두 번째 임태로 교회가 탄생했다.[14]

사도행전의 나머지 부분은 평범한 사람들이 예수님의 영으로 충만하여 그분이 하신 것과 똑같은 일을 하는 기록이다. 사도행전은 교회 역사의 첫 30년을 다루고 있는데, 예수님의 사역과 섬뜩할 만큼 비숫해 보인다.

- 베드로와 요한이 인도하는 기도 모임 때문에 성전의 기초가 흔들린다.
- 빌립은 에티오피아 내시를 만나 전도하기 위해 순간이동을 한다.
- 바울은 인신매매를 당하고 착취에 시달리는 어린 소녀에게서 귀신을 쫓아낸다.
- 제자들은 하나님 없이는 알 수 없는 지식의 말씀을 전한다.
- 제자들은 인종적, 사회경제적 장벽을 무너뜨린다.
- 그리고 사회에서 가장 어려운 사람들에게 매일 음식을 제공한다.

요약하자면, 이것은 가난한 사람들에게는 기쁜 소식, 억압받는 사람들에게는 자유, 눈먼 사람들에게는 시력 회복, 병든 사람들에게는 치유, 잃어버린 사람들에게는 구원이다. 성령의 능력으로 예수님이 하시던 사역이 이어지는 것이다.

사실, 예수님의 초자연적인 사역은 초대 교회 공동체들에서 너무나 흔한 일이 되었기 때문에 누가는 구체적인 내용을 기록하는 데 지쳤는지 요약적인 진술로 대신한다.

- "모든 사람에게 두려운 마음이 생겼다. 사도들을 통하여 놀라운 일과 표징이 많이 일어났던 것이다."
- "사도들은 큰 능력으로 주 예수의 부활을 증언하였고, 사람들은 모두 큰 은혜를 받았다. 그들 가운데는 가난한 사람이 한 사람도 없었다."
- "사도들의 손을 통하여 민간에 표적과 기사가 많이 일어나매."[15]

옥스퍼드 학자 마이클 그린은 이렇게 요약한다. "신약 교회의 가장 큰 특징은 자신의 삶에서 성령을 생생하게 경험한 남녀로 구성되었다는 점이다. 성령을 경험했기에 그 초대 제자들은 지도자의 죽음과 부활과 떠나감을 겪고 실망한 사람들의 무리에서 '교회'로 변하게 된

것이다.[16]

예수님을 반대하고 그분의 죽음에 공모했던 제사장들이 오순절 이후에는 예수님을 따르는 사람들에게 이렇게 반응했다. "그들은 베드로와 요한의 거리낌 없는 모습을 눈여겨보았다. 또 그들은 베드로와 요한이 배우지 못하고 평범한 사람들인 것을 이미 알고 있었다. 그래서 놀라워했다. 이들이 예수님과 함께 있었던 것도 알아차리고 있었다."[17] 성전 제사장들은 교회를 보고 '예수 안에 있던 것이 무엇이든 그들 안에도 있다'고 생각하게 되었다. 평범한 사람들이 예수님의 영으로 충만하여 예수님의 일을 하고 있었다.

그런데 하나님이 평범하고 불완전한 사람들에게 비범한 능력을 맡기는 것이 합당하다고 보셨기 때문에, 그분의 내주하시는 능력을 남용하고 오용하는 일도 발생했다. 이런 일은 앞으로도 있을 것이다. 이 책을 읽는 독자가 그런 남용의 무고한 희생자일 수도 있다. 만약 그렇다면 정말 진심으로 안타깝게 생각한다. '능력'을 뜻하는 성경 단어 중 하나는 그리스어 '두나미스'이고, 영어의 '다이너마이트'가 여기서 유래했다. 다이너마이트는 좋게도 나쁘게도, 건물을 세우는 데도 허무는 데도 쓸 수 있다.

평범한 사람들에게 비범한 능력을 맡기는 것은 모험이다. 하나님은 우리에게 능력을 부여하는 모험을 감수하시고, 자기중심적이고 불순한 동기를 가진 데다 서툴고 엉망인 우리에게 당신의 이름을 맡기신다. 때로 우리는 하나님이 그저 안전한 선택을 하셔서 그분의 강력한 영을 혼자 간직하셨더라면 얼마나 좋았을까 싶은 경험들을 한다. 그러나 그분이 우리에게 능력을 부여하신 일 배후에는 사랑이 있음을 기억해야 한다. 그분이 우리를 상대로 모험을 감수하는 것은 우리를 사랑하시기 때문이다. 퀘이커 운동가이자 교육자인 파커 파머는 이렇게 말한다. "상대가 맡겨진 힘으로 심각한 실수를 저지를 수 있음을 잘 알고, 그 실수 때문에 능력을 부여하는 자신도 큰 대가를 치를 수 있음을 알면서도 그에게 힘을 실어 주는 것. 그 위대한 사랑

의 행위가 여기 있다."¹⁸

다섯. 지금

예수님은 성령의 선물을 내다보며 이렇게 주장하셨다. "내가 진정으로 진정으로 너희에게 말한다. 나를 믿는 사람은 내가 하는 일을 그도 할 것이요, 그보다 더 큰 일도 할 것이다. 그것은 내가 아버지께로 가기 때문이다."¹⁹

　예수님이 말씀하신 "더 큰 일"의 정확한 의미를 놓고 학자들 사이에 상당한 논쟁이 있다. 예수님이 말씀하신 것은 양일까, 질일까? 수많은 사람들이 그분의 영으로 충만해질 것이므로 더 많은 하나님 나라 사업이 이루어질 것이라는 의미일까? 아니면 그분의 영으로 충만한 사람들이 그분의 사역을 더욱 발전시키고 심지어 심화시켜서 그것을 딛고 내 삶과 당신의 삶이 한층 높이 올라설 것이라는 의미일까? 확실히 알 도리는 없다. 다만 예수님이 "그보다 작거나 못한 일"을 말씀하신 것이 아님을 알 뿐이다. 그리고 양과 질에 대한 논쟁에 집착하는 것은 그분의 진정한 핵심 메시지를 놓치는 일이다. 예수님은 "누구든지 나를 믿는 사람은 내 영으로 내 일들을 할 것"이라고 분명하게 말씀하신다.

　이후 사도 요한은 "너희는 거룩하신 자에게서 기름 부음을 받"았다고 요약했다.²⁰ 예수님을 따르는 모든 사람은 예수님이 세례를 받으실 때 기름을 부으시고 그분의 사역에 능력을 부여하신 바로 그 성령의 기름 부음을 받았다. 신성한 비둘기는 예수님을 따르는 모든 사람에게 내려왔다.

　옥스퍼드의 신학자 사이먼 폰슨비는 날카로운 질문을 던진다. "최초의 기독교인들이 가졌던 것을 우리도 가지고 있다면, 왜 우리는 그들이 했던 일을 하지 않는가? 하나님이 우리에게 주신 것보다 더 많은 것을 그들에게 주셨든지, 아니면 하나님이 주신 것을 우리가 활

용하지 못했든지, 둘 중 하나일 것이다."²¹

초자연적인 사역이 흔했던 초대 교회 당시의 회중은 하나님의 능력으로 충만한 문맹인들이 주를 이루었다. 그들은 신학 학위가 없었고 참고할 만한 성경 주석도 없었다. 그들은 자신의 에니어그램 번호도, MBTI 유형도 몰랐다. 교회 성장을 위한 명확한 전략도, 저명한 연사를 초빙한 컨퍼런스도, 심지어 완성된 신약성경마저도 없었다. 그러나 그들은 하나님의 능력을 간절히 원했다. 모험을 감수할 만큼 간절했기에 하나님의 능력을 실천하는 사람들이 되었다.

그런데 우리는 그들이 한 일을 공부한다.

초대 교회에는 말뿐만 아니라 능력도 있었다. 현대 교회에는 말이 많고 능력은 별로 없다. 미국의 목사이자 작가인 A. W. 토저는 이런 현실을 이렇게 진단했다. "우리는 매력적인 만남을 신학적 관념으로 대체했다."²² 감리교 목사 사무엘 채드윅도 비슷한 지적을 했다. "대학 교육을 받았지만 성령 충만하지 않은 사역은 기적을 일으키지 못한다."²³

「뉴욕타임스」 칼럼니스트 데이비드 브룩스는 그 약한 부분을 드러내는 솔직하고도 뛰어난 저서 『두 번째 산』에서 자신이 영화를 사랑하면서 성장한 과정을 공개했다. 대학 2학년 시절, 그는 단골 극장을 찾아 거의 매일 저녁 고전 영화를 관람하곤 했다. 그러다 영화 평론가로 글을 쓰면서 저널리즘에 입문하는 행운을 얻었다. 공책을 손에 들고 시사회장에 앉아 있노라면 꿈에 그리던 직업을 가졌다는 생각이 들었다. 그런데 거기서 그에게 변화가 일어났다. 그는 더 이상 영화를 보지 않고 분석하기 시작했다. 공책은 어쩐지 그와 이야기를 가로막는 벽이 되었다. 그의 표현을 빌리자면, 영화를 평가하면서 "진정한 반응을 할 수 있는 능력을 잃었다."²⁴

우리가 지친 사람처럼 관망하게 되는 이유는 느긋하게 앉아서 평가하고 싶어서가 아니다. 그런 자세는 뭔가 실질적인 일, 흔히 고통스럽고 환멸을 안기는 경험에 대한 반응으로 생긴다. 그러나 그런 환멀 끝에 더 순수하고 진실한 경험을 찾겠다고 나서다가 우리는 종종 일체의 경험과 담을 쌓아 버린다. 덜 어수룩해지려고 노력하다 뜻하지 않게 인간미를 잃는다.

무릎에 공책을 펼쳐놓고 극장에 앉아 있는 브룩스와 비슷해지는 것이다. 진정한 반응을 할 수 없게 된 비평가의 모습이다. 착각하지 말자. 냉소적 태도와 비꼼, 연민의 결핍, 두뇌를 자아의 전부로 여기는 생각(모두 해로운 것)을 세련됨(좋은 것)으로 여기지 말자.

반지, 옷, 신

한 아들이 버젓이 살아 있는 아버지에게 유산을 받아 챙겨서 집을 떠났다. 어디에 어떻게 썼는지 기억도 나지 않을 만큼 방탕한 생활을 하다가 일 년 만에 가진 돈을 다 날렸고, 결국 너무 배가 고파 농장에서 가축에게 주는 것을 나눠 먹어야 하는 비참한 신세가 되었다. 더 이상 버틸 수 없게 된 아들은 집으로 돌아가기로 결심하고 가는 내내 아버지에게 사과할 말을 연습한다. 그러나 아버지는 달려 나와 아들을 맞이했고, 아들이 사과의 말을 한마디 꺼내기도 전에 그를 용서했다. 아버지는 축하 잔치까지 열었고, 모두가 잔치에 참여했다(이미 사랑을 받고 있었지만 자기 노력으로 아버지의 사랑을 얻어내려 애썼던 큰아들만 예외였다).

하나님은 그 아버지와 같으시다. 그만큼 선하시고 그만큼 용서하신다. 하나님과 함께하는 삶이 그런 것이다. 자격 없는 자를 위해 끝없이 베푸는 귀향 환영잔치다.

찰스 디킨스는 흔히 '탕자의 비유'로 알려진 예수님의 이 이야기를 이제껏 나온 것들 중 가장 위대한 이야기라고 말했다. 나도 그랬지만, 이 유명한 이야기를 재구성할 때마다 우리는 예수님이 힘주어 포함시킨 한 부분을 빼먹기 일쑤다. 바로 반지, 옷, 신 한 켤레라는 아버지의 선물이다. 아버지는 집 나갔던 아들에게 전 재산의 상속인으로서 그가 가진 권위를 상징하는 선물을 건넸다.

우리 중 아주 많은 이들이 선물 없는 탕자와 같다. 집을 떠났다 돌아온 우리는 아버지께서 달려 나와 우리를 맞아 주시는 것을 경험했다. 너무나 아름다운 일이다! 그러나 우리는 아버지의 선물을 장롱 속에 처박아 두었다. 반지도 없고 옷도 없고 신도 없다.

우리는 용서받은 아들이고 딸이다! 그러나 우리가 상속자라는 사실을 잊고 있다. 우리에게 맡겨진 하나님 나라를 다스릴 권위를 가진 자로서 어떻게 살아야 하는지 모른다. 오늘날 교회에 존재하는 가장 교묘한 위협은 아버지의 땅에서 과분한 용서를 누리면서도 정작 장롱을 열어 그분의 능력을 덧입진 않는다는 것이다. 권위는 모른 채 용서만 누린다.

당신은 집에 왔다. 용서받았다. 깨끗해졌다. 새로워졌다. 자유를 얻었다. 정말 좋은 일이다.

그러나 그것이 전부는 아니다. 능력과 권위와 기적이 있다. 하나님이 당신에게 주시는 은혜뿐 아니라 당신을 통해 전해져야 할 은혜가 있다. 믿음, 구원, 정의, 소망, 치유가 있고, 전혀 예상치 못한 때와 장소에서 이 세상으로 부수고 들어오는 하나님의 나라가 있다.

장롱을 열어 보라! 하나님 아버지께서 오직 당신만을 위해 손수 고르신 선물들이 있다. 반지, 옷, 당신의 발에 딱 맞는 신이다.

2부.
영적 경험은 신앙의 전부이거나 아무것도 아닌가?

"교회는……하나님의 길을 가로막기도 하겠지만, 언제까지나 하나님께로 나아가는 길로 존재할 것이다.
헨리 나우웬

'예수님이 정말 이런 모습을 염두에 두고 "성령을 받으라"고 말씀하신 것일까?' 이 생각을 입 밖으로 내지는 않았지만, 불편할 정도로 습한 고등학교 체육관 뒤편에서 나는 의문이 들었다. 체육관 안에서는 평범해 보이는 중년의 어른들이 비명을 지르고 통곡하고 춤을 추고 엎어졌다. 나는 땀을 흘리고 있었다. 실내가 더운 탓이었을 수도 있다. 파트너 없이 고등학교 댄스에 있는 것 같은 어색함 탓이었을 수도 있다. 나는 친구의 초대를 받아 오순절파 개척교회 예배에 참석했다. 예배를 여는 찬양이 막 시작되었는데 벌써부터 빠져나갈 궁리를 하고 있었다.

나는 은사주의 전통에서 자라지 않았다. 세상에는 초자연적 체험에 대한 놀라운 이야기가 있지만 그에 대응하는, 정신이 번쩍 들 만큼 고통스러운 이야기도 있고, 보다 체험적인 영성을 찾아 이 책을 펼쳐든 호기심 많은 독자가 있는 반면에, 조작적 은사주의의 환경에서 치유를 모색하는 조심스러운 독자도 있다.

성령을 인격으로 알고 성령의 임재와 능력 안에서 살아가기 위한 건강하고 유용한 모델을 탐구하려면 어디서부터 시작해야 할까? 역사적으로도 현재에도 교회가 두 가지 무용한 모델로 쏠리는 경향이 있음을 겸손하게 인정하는 것이 좋은 출발점이 될 것이다. 하나는 성령의 은사가 <u>전부라고</u> 여기는 모델이고, 또 하나는 성령의 은사가 <u>아무것도 아니라고</u> 여기는 모델이다.

한쪽에서는 황홀한 체험을 주요 사건으로 여기고 교회 모임에서도 이 경험을 가장 많이 추구한다. 아이러니하게도, 이러한 환경에서 삼위일체의 제3위는 자주 활용해야 할 능력의 근원 또는 도달해야 할 황홀 상태로 최소화된다.

다른 쪽에는 성령의 은사와 나타남에 관해서 전적으로 수동적인 사람들이 있다. 이들은 영적 경험에 열려 있다고 공언하지만, 그런 경험을 의심스럽거나 심지어 위험한 것으로 여기곤 한다.

이 두 가지 무용한 모델은 역사가 오래되었다. 사실 성경은 이 두 모델을 인식하고 거기에 저항하는 법을 알려 주는 두 이야기를 제시한다. 두 이야기에 내가 붙인 이름은 '마술사 시몬의 기묘한 사건'과 '니고데모의 미묘한 비극'이다. 우리의 영성이 건강하지 못한 방식으로 드러날 때 우리의 모습이 얼마나 흉해지고 어떻게 변형되었는지 알게 되면, 성령과의 관계를 건강하게 표현함으로써 제대로 형성되는 상태로 중요한 첫걸음을 비로소 내디딜 수 있다.

5. 마술사 시몬의 기묘한 사건

> 시몬은 사도들이 손을 얹어서 성령을 받게 하는 것을 보고, 그들에게 돈을 내고서, 말하기를 "내가 손을 얹는 사람마다, 성령을 받도록 내게도 그런 권능을 주십시오" 하니.
>
> 행 8:18-19(새번역)

승강기 안에는 벤과 나 둘뿐이었다. 하지만 둘 다 아무 말도 하지 않았다. 목요일 저녁 이른 시간에 우리를 태운 승강기가 맨해튼 고층 빌딩을 찰칵대며 올라가고 있었다. 그 와중에 나는 무엇이 벤을 기다리고 있을지 확신할 수 없었고 벤 역시 모를 터였다.

두어 달 전, 벤의 아내가 내게 자신은 남편이 우는 모습을 본 적이 없다고 말했다. 그녀가 기억하는 한, 친구로 지낼 때도 사귈 때도, 결혼한 지 몇 년이 지난 지금까지도 남편이 눈물을 흘리는 모습은 한 번도 본 적이 없다.

나중에 벤은 이렇게 말했다. "생각해 보니 마지막으로 운 것이 20년도 더 된 것 같아요."

벤은 가끔 화를 냈다. 본인이 인정하는 것보다 횟수가 잦았다. 하지만 슬픔이나 실망, 슬픔을 표현하는 데 있어서는 감정이 막혀 있는 것 같았다. 그 막힌 정도가 상당하다는 생각이 든 그는 한번 상담을 받아 볼 필요가 있다고 판단했다.

그는 목사이자 친구인 나에게 치료사를 소개해 달라고 청했고,

첫 상담시간에 함께해 주길 부탁했다. 그래서 우리는 함께 승강기에서 내려 대기실로 들어갔다.

나는 옆에 앉아 조용히 기도하며 치료사가 벤에게 하는 질문을 들었다. 치료사의 질문은 한 시간 이상 이어졌고, 마침내 그중 하나에 대답하다가 벤이 특정한 기억을 떠올리게 되었다.

벤은 열한두 살쯤 되었을 때 거실에 있는 가족용 컴퓨터를 통해 우연히 음란물을 처음 접했다. 화면에 푹 빠진 정도는 아니었지만 그 앞에서 어느 정도 머물렀다. 그런데 어느 순간 평소 엄격하게 훈육하고 감정표현에 인색하던 아버지가 거실로 나와 그를 보고 버럭 소리를 질렀다. "벤! 뭐 하는 거야?" 뒤에 누군가가 있는지 몰랐던 벤은 소스라치게 놀랐다.

이 대목에 이르자 내 친구는 통곡하기 시작했다. 눈물 몇 방울 흘리는 정도가 아니라 흐느낌이었다. 그는 의자에서 내려와 바닥에 무릎을 꿇었다. 말을 하려고 애쓰는데 울음이 자꾸만 터져 나왔다. 수십 년 동안 이 감정을 꽉 막아 두었던 한 남자의 울음이었다.

이후 며칠이 지나고 몇 주가 흐르는 동안, 벤은 자신의 삶 전체가 어릴 적 그 순간 그의 내면에 파고들어 단단히 자리를 잡은 수치심에 대한 반응이었음을 깨달았다. 정서적 개방성, 인생의 주요한 방향 결정, 타인과의 관계 방식, 심지어 자기 인식조차도 예외가 아니었다. 그로 인한 상처는 결코 아물지 않았고, 그 상처가 만든 이야기가 그를 정의하기에 이르렀다.

고통이 만든 이야기

벤은 자신의 트라우마에 이름을 붙이고 대처하기 시작했다. 17세기에 만들어진 단어인 '트라우마'는 문자 그대로 '상처'를 의미하는 그리스어 단어에서 유래했다. 메리엄웹스터 사전은 트라우마를 "심각한 정신적 정서적 스트레스 또는 신체적 상해로 인해 심리나 행동에

장애가 있는 상태"로 정의한다.[1] 작가이자 심리치료사인 레즈마 메나켐이 내린 정의는 "무엇이 안전하고 무엇이 위협적인지 우리 몸이 스스로에게 들려주는 말 없는 이야기"다.[2] 작가이자 목사인 리치 빌로다스는 이 세 개념을 종합하여 트라우마를 "상처 입은 상태 및 그 상태에서 살아가면서 생겨나는 이야기"[3]로 정의하고 있다. 트라우마는 그냥 상처 입은 상태가 아니다. 상처 입고 살아가면서 만들어진 이야기다.

안타깝게도, 이것은 지역 교회의 성령 사역에서 심란할 정도로 흔히 볼 수 있는 이야기다. 오늘날 수많은 신자들이 영적 지도자, 공동체, 환경에 의해 조종이나 강요를 당하는 고통을 겪었고 그 상처는 치유되지 않았다. 상처는 그들의 일부가 된다. 성령을 사칭하여 이루어진 트라우마적 경험이 만들어낸 이야기에서는 다른 사람이 준 상처가 예수님의 약속보다 더 결정적인 것이 되어 버린다. 그러면서 성령의 임재와 능력을 아예 배제하는 기독교 영성이 생겨난다.

벤처럼 트라우마적 경험의 고통을 치유받지 못한 채 그대로 안고 살아가는 신자는 미래의 고통을 막기 위한 대응기제로서 담을 쌓아 자기 영성의 일부를 막고 하나님에 대해 "감정을 닫아 버리는" 경향이 있다. 성경에는 이러한 고통에 대한 진단과 치유를 위한 처방이 모두 나와 있다.

마술사 시몬

오순절 이후 첫 번째 부흥은 하고많은 곳 중에 사마리아에서 일어났다. 빌립은 그 기회를 놓칠 수 없었다. 그의 가르침은 놀라운 열매를 맺고 있었고, 그의 가르침과 함께 나타나는 능력에 사람들은 입을 떡 벌린 채 무릎을 꿇고 예수께 항복했다.[4]

부흥의 파도를 탄 사람들 중 주목할 만한 인물로 마술사 시몬이 있었다. 그는 나름대로 영적인 인물로 유명했는데, 다양한 흑마술을 구사한 것 같다. 출애굽기에 나오는 이집트 마술사들처럼, 시몬도 야훼 이외의 (야훼보다 약한) 영적 세력과 협력하여 초자연적인 현상을 일으킬 수 있었다. 그리고 그 이집트 마술사들처럼 시몬도 빌립 안에서, 빌립을 통해 유일하신 참 하나님이 일하고 계심을 분명히 알아볼 수 있었다. 시몬이 여러 사람과 더불어 예수께 응답하고 신생 사마리아 교회 공동체에 합류하는 것을 보고 그 교회 사람들은 깜짝 놀랐을 것이다.

시몬이 보여준 응답의 진실성에 대해서는 여전히 논쟁의 여지가 있지만, 처음에 성경이 그를 겸손하고 진실한 예수님의 제자로 묘사했다는 점은 주목할 만하다. 세례를 받는 것은 극도의 겸손을 나타내는 행위이지 영적 지위 상승을 의미하는 것은 아니었고, 사회적 명성을 얻기 위한 수단은 더욱 아니었다. 이 겸손한 공개적 장면 이후, 시몬은 빌립의 뒤를 따라다녔고 제자가 되어 그의 신앙을 본받는 것처럼 보였다.

시몬의 초창기 신앙의 실체와 진실성을 인정하는 것은 중요하다. 그렇지 않으면 그를 타로카드를 읽고 위자보드 놀이를 하는 이들과 공통점이 있는 마술사 정도로 치부하게 되기 때문이다. 시몬은 예수께 항복하고 구원을 받은 후에 느껴지는 충만한 새 생명을 아는 제자들과 생각보다 공통점이 많을 것이다.

사마리아에서 일어난 영적 각성의 소식을 전해 들은 베드로와 요한(당시 초대 교회의 사실상 지도자)이 상황을 확인하기 위해 방문했고, 말하자면 활활 타는 불에 기름을 부었다.

여기서 시몬의 이야기는 중요한 전환점을 맞는다. 빌립의 사역에 놀라워하던 그는 베드로와 요한을 보면서 하나의 패턴을 발견한다. 성령의 나타남이 안수와 연관되어 있었던 것이다. 그는 사도들에게 그들처럼 주문을 거는 법을 가르쳐 주면 보상을 하겠다고 제안한다.

시몬은 마술사다. 영적 공식이 예측 가능한 결과를 만들어내는 상황에 익숙하다. 그는 성령을 자신이 마술로 부리는 약한 영적 세력과 다를 바 없는 비인격화된 동력원으로 착각하고, 인격이신 성령 안에서 주어진 은사를 심각하게 오해하고 왜곡한다.

이번에 시몬은 처음처럼 인격적이고 겸손한 태도로 반응하지 않는다. 하나님의 사랑을 받는 겸손한 자녀로 남기보다는 신의 능력을 휘둘러 존경받는 수행자가 되는 일에 더 관심을 보인다. 시몬이 원하는 것은 기술이지 항복이 아니다. 그는 구주나 주님이 아니라 방법을 추구한다. 선물을 주신 분보다 선물 자체를 더 원한다.

마술사 시몬의 이야기에서 의미심장한 구절은 해당 본문의 앞부분에 나온다. 이 내용은 진실했던 그의 신앙 입문단계부터 그림자를 드리웠다. "또 자기가 뭔가 위대한 인물이라고 떠벌렸다."[5] 이 교만의 씨앗이 자라나 모든 열매 맺는 사역을 왜곡한다. 리더가 자기도취를 동력 삼아 초자연적 사역을 추구하면, 사람을 자유롭게 하는 창조적인 힘인 성령의 능력이 사람을 가두는 통제의 힘으로 왜곡된다.

통제

수십 년 동안 미국의 심리학은 저명한 하버드대 교수 B. F. 스키너의 발견에 기초한 한 가지 생각의 영향권에 있었다. 그는 동물의 주의를 유도함으로써 동물을 통제할 수 있다는 사실을 발견했다. 스키너는 다양한 동물을 상대로 이 가설을 테스트했고 매번 같은 결과를 얻었다.

한 가지 사례로, 그는 비둘기를 새장에 넣고 밥을 찾을 때까지 기다렸다. 그런 다음, 버튼을 누르면 씨앗이 나오는 새 모이통을 새장에 설치했다. 스키너는 비둘기의 특정한 움직임을 기다리다가 녀석이 특정 방향으로 고개를 돌리거나 새장 안의 특정 스탠드로 뛰어오르거나 왼쪽 날개를 퍼덕이거나 하면 바로 그 순간에 씨앗 몇 알을 방출했고, 그러면 비둘기는 그 패턴을 익혔다. 이 과정을 충분히 오래 반복하면, 비둘기는 보상을 받지 않더라도 이 트리거 행동을 지속적이고 강박적으로 수행하게 된다.

스키너는 비둘기, 쥐, 토끼, 돼지에게 유효했던 동일한 원리가 인간의 행동에도 그대로 적용된다는 가설을 세웠다. 다시 말해, 인간은 자유롭지 않고 욕구와 만족이라는 집착적 강박에 이끌려 움직인다는 것이다. 저널리스트 요한 하리는 스키너의 연구를 이렇게 요약한다. "그는 인간에게 마음이 없다고, 인간은 자유의지를 가지고 스스로 선택하는 인격적 존재가 아니라고 믿었다. 인간은 영리한 설계자가 원하는 대로 재프로그래밍될 수 있는 존재라는 것이다."[6]

어느 정도는 스키너의 말이 맞다. 신경가소성 및 그것과 강박장애의 관계를 연구하는 제프리 슈워츠 박사는 마음을 '유도된 관심'이라고 정의하고, 개인은 의도적으로 '유도된 관심'을 통해 자신의 뇌를 말 그대로 재구성할 수 있다고 주장한다.[7]

아주 실질적인 의미에서 우리 모두는 각자 관심을 기울이는 것에 영향을 받는다. 마음을 폭력으로 채우면 더 폭력적이 될 것이다. 음란물로 채우면 더 음란해지고 사람들을 대상화하게 될 것이다. 냉소주의로 채우면 의심과 회의로 눈을 가늘게 뜨게 될 것이다. 그런데 부정적인 생각과 행동에 유효한 원리는 긍정적인 생각과 행동에도 똑같이 유효하다. 시인 메리 올리버의 말처럼 "관심은 헌신의 시작이다."[8]

마술사 시몬의 문제는 그가 성령의 능력을 다른 목적을 위한 수단으로 삼고자 했다는 것이다. 그는 성령의 능력을 사용하여 상황과 환경, 심지어는 다른 사람까지 통제하고자 했다. 이것은 성령에 이끌리는 삶을 B. F. 스키너 식으로 이해한 모델이다. 그러나 이런 모델은 통하지 않는다. "주의 영이 계신 곳에는 자유가 있느니라."[9]

우리가 자아에 이끌려 자신의 목적을 위해 성령을 이용하려고 하는 것은 다른 사람을 통제하려는 시도이고, 우리가 부르짖어 구하는 능력의 근원이신 분을 부정하는 처사다.

창의성

미하이 칙센트미하이는 스키너의 연구에 감명을 받지 않은 소수의 심리학자 중 한 명이었다. 그는 스키너의 견해가 우울한 인간관을 드러내고, 인간의 존엄성을 훼손한다고 생각했다.

스키너의 연구가 음식과 같은 실용적이고 생존이 달린 대상에 대한 행동에 초점을 맞춘 반면, 미하이는 그만큼 오래되고 원시적이지만 실용적이지 않고 생존에 필수적이지도 않은 인간의 행동을 심리학 연구의 대상으로 삼기로 결심했다. 바로 예술 창작이다. 그는 한 무리의 시카고 화가들을 설득하여 몇 달 동안 그들의 행동을 연구할 수 있도록 허락받았다. 그는 그들의 창작 과정에서 공통된 한 가지 측면에 깊은 인상을 받았는데, 그들이 그림을 그리는 동안 시간이 증발하는 것처럼 느껴졌다는 것이다. 보통 아침에 작업을 시작하는 화가는 심지어 식사하는 것도 잊어버린 채 작업에 몰두하다가 어느 순간 고개를 들고는 날이 어두워졌다는 사실에 깜짝 놀라곤 했다. 그날 하루가 순식간에 지나간 것만 같았다. 창조적 집중의 흐름 안에서 시간이 증발한 것이다.

미하이의 마음을 사로잡은 두 번째 통찰은 이러했다. 화가는 창작 과정에서 이렇듯 헌신적으로 몰입하지만, 그림이 완성되고 나면 그 작품을 제쳐두고 다음 작업을 시작한다는 것이었다. 인간을 욕망에 집착하여 자기만족을 추구하는 존재로 보는 스키너의 인간관의 핵심인 자아는 창작자에게는 아무런 힘도 발휘하지 못하는 것처럼 보였다. 화가들은 자신의 작품을 의기양양하게 바라보거나, 다른 사람들을 초대하여 자신이 해낸 일을 보게 하거나, 자신이 거둔 성과의 빛을 누리면서 시간을 보내지 않았다. 미하이는 인터뷰에서 이렇게 말했다. "작업을 완성하고 나면 그 결과물, 작품은 중요하지 않았다."[10]

화가를 이끄는 동력은 자신이 얼마나 위대한 작품을 완성했는가가 아니라 창조의 행위 자체였다. 미하이는 그의 저서 『몰입』에서 이 원리를 화가들 너머로 확장하여 인간의 유사한 창조적 행동들을 탐구하고, 인간 행동에 대한 스키너의 암울한 '보상 기반' 관점을 반박한다. 미하이가 말하는 몰입은 자유로운 창조성의 경지이고, 인간의 기쁨과 자기망각의 표현이며, 스키너의 암울한 진단에 대한 반박이다.[11]

마술사 시몬은 성령의 능력을 원했지만, 그것은 영적 스릴과 군중의 인정을 추구하는 자기중심적 욕구의 충족을 위한 것이었다. 그는 하나님이 자유롭게 하셔서 영혼을 살리기 원했던 사람들을 자기 도취를 위해 통제하고자 했다.

하나님은 최초의 창조주시다. 하나님은 인간을 하나님 형상을 지닌 자로 만드셨고, 하나님과 함께 공동 창조하는 역할을 위임하셨다. 이 권위를 에덴동산에서 뱀이 빼앗고 왜곡했으나 예수님이 다른 동산에서 이 권위를 구속하고 회복하셨다. 성령은 하나님의 형상을 지닌 공동 창조자라는 우리의 자리를 은혜롭게 회복시키는 신적 창조의 힘이다.

성령의 능력이 참되고 적절하게 표현되는 창조성에는 미하이가 시카고 화가들에게서 발견한 두 가지 특징이 항상 들어 있다. 성령의 능력으로 사는 사람들은 시간을 잊는 자유로운 창조적 집중 상태인 몰입 속에서 활동하며, 창조적 노동의 결실에 집착하지 않고 하나님과 협력하여 진행하는 공동 창조의 행위에 집중할 것이다.

시몬은 이런 두 가지 결정적 특징이 없었기에 책망을 받았다.

영적 스릴을 추구하는 사람들

이것은 내 모습인가? 나는 시몬인가? 영적 스릴의 배후에 계신 하나님보다 영적 스릴 자체를 더 추구하고, 영적 능력을 얻을 길은 겸손과 갈망뿐이건만 특정한 방식과 방법으로 그 능력을 얻어 휘두르고 싶어 하는 사람인가? 내가 성령을 추구하는 목적은 초자연적인 체험을 재현하기 위함인가, 아니면 보다 근본적인 차원에서 성령으로 형성된 삶을 살기 위함인가?

현대 교회에는 시몬 전통의 영향을 받아 영적 경험에 대한 갈망과 이 세상에서 누리는 초자연적 삶에 대한 순수한 믿음 같은 좋은 것들을 옹호하는 이들이 있다. 그러나 때로는 바로 이런 사람들이 감정 과잉과 조작에 치우치고, 과장과 극적 연출에 기초한 유해한 환경에 빠져 영적 경험 자체를 더 숭배하기도 한다. 그것이 가리켜야 할 하나님보다 말이다.

그런 환경에서 상처를 입고 빠져나와 성령과의 진실한 관계를 구하는 이들은 하나님을 신뢰해야 한다. 하나님을 상대로 담을 쌓거나 하나님을 '더 안전한' 경계 안에 가두어서는 안 된다. 이런 방어적 조치는 트라우마에 대한 반응으로 흔히 나타나는데, 과거의 유해한 영향을 막아 줄지는 몰라도, 미래의 진정한 경험까지 차단해 버린다. 하나님을 치유자이자 인도자로 신뢰하면 과거의 고통이 아닌 현재의 성령께서 우리 이야기를 써나가는 저자가 되실 것이다.

예수님의 이름으로

시몬의 이야기는 경고성 이야기 이상의 의미를 지닌다. 시몬의 이야기는 자주 언급되지는 않지만, 성경의 또 다른 주요 인물인 빌립의 이야기와 대조하여 제시된다. 두 이야기가 시간상으로나 내용상 겹치기도 하지만, 누가는 성경의 독자가 경고로 삼아야 할 시몬과 따라야 할 본이 되는 빌립을 일부러 나란히 배치하여 이야기를 구성한 것 같다.

예수님은 교회를 인도할 능력을 약속하셨으므로, 성령의 능력을 추구하는 것은 모든 제자에게 좋고 꼭 필요한 일이다. 그러나 모든 영적 능력은 예수님의 이름으로만 주어진다. 이것은 예수님의 능력은 예수님의 성품에 맞는 방식으로 전해져야 한다는 뜻이다. 기적을 행하는 빌립의 사역은 칭찬을 받고 시몬의 기적 추구는 혹평을 받는 이유는 단 하나다. 빌립은 예수님의 능력을 예수님의 방식대로 사용했지만, 시몬은 그렇지 않았던 것이다.

예수님의 사역은 자아 팽창이 아닌 타인 중심의 사랑이다. 자기 기반을 쌓는 일이 아니라 값비싼 희생이다. 성령의 능력으로 이루어진 예수님의 삶과 사역에는 공적인 기적도 들어 있었지만, 그분의 사적인 삶이 공적 삶보다 훨씬 더 초자연적이었다. 시몬은 남들의 관심을 받기 위해 성령을 추구했다. 빌립은 성령의 능력으로 사역하는 가운데 사람들의 주목을 어느 정도 받았겠지만, 그가 발휘한 초자연성의 핵심은 그의 스승이 그랬듯 그의 감추어진 삶에 있었다. 공개적으로 일어난 모든 일은 은밀히 일어난 일이 흘러넘친 결과에 불과했다.

성육신하신 하나님의 능력을 사용하려면 성육신하신 하나님의 방식에 맞추어야 한다. 초자연적인 것을 추구하라. 갈망과 강단과 소망을 품고 그렇게 하라. 당신의 발이 오직 예수님의 좁은 길로만 가게 하라.

6. 니고데모의 미묘한 비극

> 너는 이스라엘의 선생으로서 이러한 것들을 알지 못하느냐. 진실로 진실로 네게 이르노니 우리는 아는 것을 말하고 본 것을 증언하노라. 그러나 너희가 우리의 증언을 받지 아니하는도다. 내가 땅의 일을 말하여도 너희가 믿지 아니하거든 하물며 하늘의 일을 말하면 어떻게 믿겠느냐.
>
> 요 3:10-12

사실이 아닌 듯 싶은데, 해변을 걷는 성 아우구스티누스에 대한 유명한 이야기가 있다. 그는 주일 오후 예배와 다음 예배 사이에 늘 해변을 거닐었다. 걸으면서 밀려오는 파도를 바라보면 마음이 편안해졌다고 한다.

어느 날 아우구스티누스는 어린 소년이 해변에 구멍을 파고는 몇 번씩이나 물동이를 들고 달려가 바닷물을 담아 자기가 파놓은 구멍에 붓는 것을 보았다.

한참을 지켜보던 아우구스티누스가 소년에게 다가가 물었다. "뭐 하는 거니?"

"저 큰 바다를 가져다가 이 작은 구멍에 넣으려고요." 아이가 대답했다.

아우구스티누스는 친절하게 말했다. "얘야, 저 바다는 너무 커서 이 작은 구멍에 담을 수 없단다."

그러자 아이가 아우구스티누스를 올려다보며 말했다. "저 큰 바다를 이 작은 구멍에 넣는 것이 크신 삼위일체 하나님을 당신의 작은 머리에 넣는 것보다 쉬울 걸요. 아우구스티누스 주교님!"

그 말과 함께 아이는 사라졌다. 사실 그 아이는 아우구스티누스가 자신의 모든 가르침으로 무엇을 다루려고 하는 것인지 상기시키기 위해 보냄을 받은 천사였다.

이 이야기가 교회사에 전해 내려온 것은 기억할 만한 값진 진리를 표현하고 있어서다. 물동이를 든 소년이 전해 준 겸손의 가르침은 아우구스티누스에게 그랬던 것처럼 오늘날 우리에게도 중요한 의미를 지닌다. 니고데모라는 바리새인이 예수님과 한밤중에 나눈 대화에서 우리가 배워야 하는 것도 이와 같은 진리라고 나는 생각한다.

니고데모는 요한복음 3장에서 가장 많은 분량으로 등장하지만, 요한복음 전체로 보면 세 번 분명하게 등장한다. 미묘하게도 비극적인 그의 모습의 변화를 온전히 파악하려면 세 장면 모두를 통해 그의 상황을 살펴봐야 한다.

장면 1. 심야의 면담

니고데모는 바리새파의 일원이었는데, 그저 나이 많은 한 사람의 바리새인 정도가 아니었다. 그는 최고 중의 최고였고, 유대인들의 최고 회의인 산헤드린의 회원으로서 고대 이스라엘 종교 지도자들의 존경을 받는 감독자였다.

바리새인들은 대체로 평판이 안 좋은데, 그럴 만도 하다. 그러나 요한은 니고데모를 부패한 권력 추구자가 아니라 순수한 마음을 유지한 학문적 엘리트로 소개한다. 그는 겸손한 자세로 눈을 크게 뜨고 하나님을 찾고 질문하는 사람이었다. 그러나 많은 것을 얻고 대단한 거물이 된 만큼 잃을 것이 많기도 했다.

니고데모는 서술문으로 말을 꺼내면서 예수께 자기를 소개하는데, 대놓고 묻지는 않았지만 그 말에는 질문이 암시되어 있다. 그의 말은 오랫동안 기다려 온 구주라는 예수님의 잠재적 지위를 겨냥한 것이었다. "우리가 당신은 하나님께로부터 오신 선생인 줄 아나이다. 하나님이 함께하시지 아니하시면 당신이 행하시는 이 표적을 아무도 할 수 없음이니이다."[1]

예수님 역시 간접적으로 대답하셨는데, 니고데모의 암시적 질문이 아니라 애초에 그가 예수님을 찾아오게 만든 더 깊은 질문에 답하셨다. "사람이 거듭나지 아니하면 하나님의 나라를 볼 수 없느니라."[2]

니고데모는 예수님에게서 무언가를 보았다. 그분은 니고데모가 가르친 교리를 실제로 살아내고 계셨다. 니고데모는 이론 너머의 삶이 궁금했고 예수께서 그 길을 보여줄 수 있는지 궁금했다. 유진 피터슨은 이렇게 말했다. "[니고데모는] 신학적 정보가 아니라, 들어갈 길을 찾고 있었다. 하나님 나라에 대한 더 많은 지식이 아니라, 문을 보여주고 그 안으로 이끌어 줄 개인적 안내자/친구를 찾고 있었다. '어떻게……에 들어갈 수 있습니까?'"[3]

예수님이 '거듭남'을 성령 충만한 삶으로 들어가는 일의 비유로 쓰신 것은 1세기 사람들에게 특별한 의미가 있었다. 고대 랍비 문헌에서는 유대교로 개종한 비유대인을 "새로 태어난 자녀들"이라고 지칭했다.[4] 예수님은 여기서 니고데모에게 익숙한 표현을 구사하고 계셨다. 그분은 초심자로 선민의 대열에 들어서는 이방인과 신앙의 유아들을 가리키는 용어를 존경받는 바리새인이자 산헤드린 공회원에게 적용했다. "성령의 삶으로 들어가는 방법은 이렇다. 갓난아기처럼 되어라. 접붙임을 받은 겸손한 이방인처럼 되어라. 하나님 백성 중에서 가장 낮은 자처럼 되어라. 너를 아주 대단하게 여기는 사람들 사이에서 가장 작은 자가 되어라."

니고데모는 존경받는 랍비의 옷, 지위와 명성이라는 겉옷을 입고 있었다. 그는 대단한 사람이 되었고 명예와 안전, 안락함을 선사하는 정체성을 갖게 되었다. 니고데모가 입은 겉옷은 그가 중요한 존재이고 존경받는 존재가 되었음을 의미했다.

예수님은 본론으로 곧장 들어가신다. "너는 스스로의 정체성을 구축했고 상당히 잘 유지해 왔구나. 성공의 사다리를 타고 높이 올랐고 존경을 받았으며 확고히 자리를 잡았어. 그런데도 너는 그 이상의 것을 갈망하고 있구나. 내가 그것을 얻는 방법을 알려 주겠다. 가장 낮은 자리로 내려가거라. 아주 편안하게 걸쳤던 그 무거운 겉옷을 벗어 버려라."

니고데모는 고대의 선지자들이 예언한 시대를 살고 있었다. 그들이 예언한 모든 일이 지금 거기, 그의 주변에서 일어나고 있었다. 하지만 그 일에 동참하기 위해서는 다시 어린아이처럼 되어야 했다. 한동안 바보처럼 보이고 바보처럼 느껴야 했고, 스스로 만든 정체성을 벗어던져야 했다.

"니고데모가 예수께 물었다. '어떻게 이런 일이 있을 수 있습니까?'"[5]

이 대목에서 니고데모가 예수님의 풍유적 말씀을 문자적으로 받아들여 혼란스러워하는 것처럼 보일 수 있다. "어머니 뱃속에 다시 들어갔다가 태어날 수야 없지 않습니까?" 그러나 일부 학자들은 니고데모가 혼란스러워한 것이 아니라고 주장한다. 그들은 니고데모가 예수님이 말씀하신 영적 거듭남에 대해 회의적이었거나, 고의적으로 그 말씀을 오해한 것이라고 본다. 이 대화 속 니고데모의 생각과 동기에 대해서는 논란의 여지가 있지만, 나는 니고데모가〔예수님의 말씀 앞에서〕자신의 실체가 폭로된 느낌을 받았기 때문에 자신의 겉옷 속으로, 자신이 받았던 훈련으로, 자신의 지성과 스스로 만들어낸 정체성으로 물러난 것이라고 생각한다. 그는 답을 들으러 왔고 예수님은 그에게 설명을 해주셨지만, 하나님 나라로 가는 길에 들어서려면 대가를 치러야 할 터였다.

우리는 하나님 나라를 볼 수 있고, 그 나라에 대해 말할 수 있으며, 심지어 그 나라에 대해 가르칠 수도 있다. 그러나 그 나라에 들어가고 싶다면, 성령의 내주하시는 능력으로 하나님 나라의 생명을 누리고 싶다면, 언젠가는 경험이라는 무서운 모험을 감수해야만 한다.

장면 2. 강가에서 바라본 풍경

"명절 끝날 곧 큰 날에 예수께서 서서 외쳐 이르시되 누구든지 목마르거든 내게로 와서 마시라. 나를 믿는 자는 성경에 이름과 같이 그 배에서 생수의 강이 흘러나오리라 하시니 이는 그를 믿는 자들이 받을 성령을 가리켜 말씀하신 것이라."[6]

우리가 살펴본 대목이다. 기억하는가? 물과 같은 성령.

예수님이 [초막절 의식 도중에] 난입하여 군중의 관심을 사로잡으셨을 때 니고데모도 그 자리에 있었을 것이다. 예수님이 "누구든지 목마르거든"이라고 말씀하실 때, 니고데모는 바리새인이었으니 맨 앞줄에 앉아 있었거나, 어쩌면 성전 계단 아래로 물통을 쏟아붓는 의식에 적극 참여했을 수도 있다.

공의회는 그 거룩한 난입을 불쾌히 여기고 긴급회의를 소집했다. 예수를 어떻게 처리해야 할지를 놓고 의견이 오가는 가운데 한 사람이 목소리를 높여 예수님을 두둔했다. "그들 가운데 한 사람으로, 전에 예수를 찾아간 니고데모가 그들에게 말하였다. '우리의 율법으로는, 먼저 그 사람의 말을 들어 보거나, 또 그가 하는 일을 알아보거나, 하지 않고서는 그를 심판하지 않는 것이 아니오?'"[7]

니고데모는 목소리를 내어 자신이 예수님에게 흥미를 느끼는 사람임을 밝힌다. 그는 여전히 이렇게 묻고 있었다. "그가 선지자들이 말한 그분일 가능성이 있을까? 그가 정말 우리가 구하는 생수의 근원일까?"

예수님의 능력을 목격한 모든 사람이 그분의 정체를 묻고 있다. 성경에서 사람들이 예수님을 만나는 전형적인 순서가 '경험, 그다음에 설명'이라는 점에 주목할 필요가 있다. 우리는 사람들이 하나님의 임재에 대한 가슴 벅찬 계시를 받은 후 놀라서 "이 예수는 누구지?"라고 묻는 모습을 자주 본다. 뜻밖의 영적 경험을 한 사람은 설명을 찾아 나서게 된다.

오늘날 일부 신앙공동체에서는 이 순서가 뒤바뀌는 경향이 있다.

먼저 완전한 설명을 요구하고, 내용을 머리로 전부 이해한 다음에 경험으로 진입해야 안전하다고 여기는 것이다. 계몽주의 이후 서구 문화에서 그리스도를 따르는 많은 이들에게는, 예수의 진리 주장을 믿고 그분의 실천에 참여하되 성령으로 예수의 구원의 능력과 임재를 경험하지는 않게 하는 유혹이 존재한다.

하나님은 우리의 모든 면을 창조하셨고, 지성, 감정, 신체, 경험 등 우리의 모든 면으로 그분을 감지하게 하신다. 우리가 모든 것을 다 파악한 다음에야 하나님을 경험하는 일에 자신을 열겠다고 한다면, 그것은 해변에 판 구멍 안에 바다를 다 담으려는 아이의 모습과 같을 테고 결코 성령의 삶으로 들어갈 수 없을 것이다.

나는 니고데모가 우리 중 많은 이들과 마찬가지로, 하나님을 경험하는 데 따르는 취약성을 감수하지 않고 모든 질문의 답을 얻고자 한 것이라고 생각한다. 이 왕을 알고 이분의 나라에서 살고 싶다면 안전한 거리에 머물러서는 안 된다. 구경만 해서는 안 된다. 모험과 내려놓음 없이는 안 된다.

예수님이 성전 계단에 난입했을 때 니고데모는 가운데 맨 앞자리에 서 있었을까? 그의 심장이 뛰었을까? 예수님의 초대에 응하고 싶었을까? 그러나 "예수께 가서 마신다"는 것은 겉옷을 벗는다는 의미였을 것이다. 스스로 만든 정체성을 버리고 다시 어린아이처럼 되는 것을 의미했을 것이다. 한밤중에 보는 사람이 없을 때 예수께 나아가는 것과 대낮에 성전 계단에서 예수의 발 앞에 엎드리는 것은 전혀 다른 일이다.

장면 3. 제대로 된 장례

예수님이 십자가에서 돌아가신 후, "아리마대 사람 요셉이 예수의 시신을 거두게 하여 달라고 빌라도에게 청하였다. 그는 예수의 제자인데, 유대 사람이 무서워서, 그것을 숨기고 있었다. 빌라도가 허락하니, 그는 가서 예수의 시신을 내렸다. 또 전에 예수를 밤중에 찾아갔던 니고데모도 몰약에 침향을 섞은 것을 백 근쯤 가지고 왔다. 그들은 예수의 시신을 모셔다가, 유대 사람의 장례 풍속대로 향료와 함께 삼베로 감았다."[8]

여기 그가 다시 등장한다. 니고데모는 성령의 삶으로 들어갈 수 없었지만 그렇다고 멀리 떨어져 있을 수도 없었다. 그런데 장면마다 주변부와 배경에 머무는 그가, 범죄자로 십자가에 못 박힌 예수님을 위해 제대로 장례를 치르는 일을 돕기까지 한다.

예수님과 어울리는 대가가 그 어느 때보다 커서 예수님의 제자들도 흩어진 바로 그 순간에, 니고데모는 공개적으로 그 어느 때보다 예수께 가까이 다가선다. 그 모습에 어떤 이들은 그가 이 순간 마침내 예수의 제자가 되었다고 추측하기도 한다. 치유하고 용서하고 자유롭게 하고 존엄을 회복시키고 구원하는 하나님의 능력 안에서 하나님의 아름다움을 목도한 니고데모가 마침내 사랑의 이름으로 기꺼이 고난당하는 하나님의 아름다움 앞에서 겉옷을 찢은 것일까?

그렇게 생각하는 사람들도 있다. 그러나 요한은 이 대목에서 신중하게 요셉을 제자라고 부르지만, 니고데모에게는 그 용어를 쓰지 않는다. 그리고 다른 세 복음서나 사도행전, 신약성경의 어떤 서신에서도 니고데모에 대한 언급이 없다. 그러니 그에 대해 확실히 알 도리는 없다.[9]

우리가 확실히 아는 것은 적어도 성경의 지면에서는 니고데모가 참여자가 아닌 구경꾼으로 남아 줄곧 주변부에 머물렀다는 사실이다.

'가온 도' 찾기

미셸 오바마는 자서전 『비커밍』에서 어린 시절의 첫 피아노 발표회를 인상적으로 회상한다. 그녀는 "편리하게도 '가온 도' 건반이 깨진"

선생님의 악기로 피아노를 배운 터였다. 미셸은 열심히 준비했고 갈고닦은 솜씨로 가족을 놀라게 할 준비를 마쳤다.

하지만 발표회 당일, 모인 사람들 앞에서 피아노 의자에 앉아 손가락을 건반 위에 올려놓았을 때, 미셸은 뭔가 잘못되었음을 깨달았다. 가온 도 건반을 찾을 수 없었던 것이다. 그녀는 어디서부터 시작해야 할지 몰라 당황했다. 완전한 침묵의 시간이 이어졌다. 1분도 더 되었을, 더디게만 느껴진 그 시간 동안 모두가 미셸의 연주를 기다렸다. 미셸은 얼어붙은 채 낯선 건반 위에서 손가락을 움직이며 기준 건반의 위치를 가늠하고 있었다. 그때 선생님이 미셸의 옆으로 다가와 "한 손가락을 가온 도 자리에 부드럽게 얹어 주었다." 미셸은 연주를 시작했다. 올바른 건반을 찾고 나자 바로 음악에 빠져들었다.[10]

성령의 내주하시는 임재와 초자연적인 능력 안에서 살기 위해서는 전진하기에 앞서 퇴보하는 느낌을 경험해야 한다면 어떨까? 첫 피아노 발표회에서 가온 도 건반을 찾지 못해 잠시 당황했던 아이처럼 말이다. 벌거벗은 듯한 그 취약함의 자리에서 다시 음악에 빠져들고 편안함을 느낄 수 있다면 어떨까?

웅변, 명예, 예측 가능성으로 가득한 형태의 영성을 편안해하는 이들이 하나님 나라의 삶을 경험하려면 모험, 겸손, 통제 불능의 능력을 특징으로 하는 영성에 익숙해져야 할 것이다. 쉽지 않은 일이지만, 취약성을 먼저 선택하면 멜로디가 이끌어 줄 것이다. 사람은 다시 아이처럼 되어야 한다. 그렇다. 무력하고 의존적이 되는 일이다. 이 상태는 거칠지만 즐겁고 자유롭기도 하다.

신학자들과 작가들은 폴 리쾨르의 '제2의 순진함' 개념을 받아들였다. 이것은 자신이 손바닥 들여다보듯 꿰고 있는 어떤 개념에 다시 눈이 번쩍 떠지고 마음이 황홀해지는 일을 말한다.[11] 결혼한 지 50년이 된 노부부가 다시 사랑에 빠지는 것처럼 말이다.

니고데모의 미묘한 비극은 각 장면마다 예수님이 그의 마음속 무언가를 일깨우셨다는 데 있다. 니고데모는 자신의 얼굴을 스치는 성령의 숨결을 느꼈다. 성령의 강가에 서서 생명을 보았다. 성령이 머무시는 예수님께로 거듭거듭 이끌렸다. 그러나 그는 참 생명을 알기 위해 겉옷을 벗어던지지는 못했던 것 같다.

니고데모가 성경에서 읽고 암송하고, 시편을 통해 노래하고, 회당에서 가르쳤던 바로 그 생명이 그의 눈앞에 있었다. 그러나 그는 겉옷을 벗지 않았다. 오히려 정신을 바짝 차리고 존경할 만한 자기 모습을 붙들었다.

예수님을 따른다면서도 '강가에 머무르는' 이들이 많다. 예수님의 주장을 기뻐하고 다른 이들이 경험한 일들을 경이로워하며 멋진 풍경을 즐기지만, 정작 아이처럼 되지는 않는다. 예수님을 흠모하면서도 성령의 온전한 생명을 경험하지 못하는 것은 아주 미묘한 비극일지 모르지만 비극이라는 데는 변함이 없다.

기능적 은사중지론

서구 교회에서 일부 신자들은 니고데모 전통의 영향을 받았다. 이 전통에서는 하나님의 말씀에 대한 존중과 신앙의 지적 측면 같은 좋은 것들을 소중히 여기지만, 경험에 대해서는 통제하려 들거나 수동적인 쪽으로 치우친다. 성령에 대한 갈망에 이끌려 이런 배경에서 벗어난 사람들에게는 하나님 나라의 삶을 더 많이 누리라는 그리스도의 초대가 니고데모가 들었던 것과 매우 비슷하게 느껴질 것이다. 다시 어린아이처럼 되라. 자신을 낮추라. 바보 같은 느낌이 드는 것을 감수하라. 자신을 위해 구축한 편안한 정체성이 위태로워지는 것을 감수하라. 약간의 상상력을 발휘하면 예수님의 이런 말씀이 들릴지도 모른다. "나는 아무것도 남김없이 너에게 전부 다 주고 싶지만, 네가 너무나 편하게 걸쳤던 그 겉옷을 먼저 벗어야 할 것이다."

일부 기독교인들은 은사중지론의 입장을 취하는데, 이들은 성경의 지면에서 볼 수 있는 성령의 능력과 임재의 나타남을 오늘날의 교회에서는 더 이상 볼 수 없다고 믿는다. 이러한 개인과 공동체가 보이는 일반적 태도는 낯선 것을 의심하는 경향이다. 경험적 영성으로 초대받는 것을 열렬히 반기기보다는 하나님에 대한 새로운 경험 일체를 불신하는 회의적 태도가 지배적이다.

물론 성령의 이름으로 남용과 조종을 일삼는 사람들은 언제나 존재한다. 하지만 그렇다고 해서 하나님을 더 깊이 경험하게 해줄 수 있는 방편에 회의적인 태도를 취해서는 안 된다. 아이러니하게도, "신령한 은사를 열심히 구하라"[12]는 성경의 직접적이고 분명한 명령을 무시하는 사람들이 성경을 누구보다 강조하는 경우가 자주 있다.

성령의 사역에 관해, 어떤 사람들은 내가 '기능적 은사중지론'이라고 부르는 수동적인 자세로 걸음마를 떼는 데 그친다. 기능적 은사중지론자는 종종 모종의 수동적 개방성을 구현하며 이렇게 말한다. "하나님이 내게 말씀하기를 원하신다면, 나는 바로 여기 있습니다. 하나님이 나를 치유하고 싶으시다면, 나는 열려 있습니다. 하나님이 내 입을 기적적인 지식의 말씀으로 채우고, 내 상상력을 예언적 이미지로 채우며, 내 손을 치유의 능력으로 채우고자 하신다면, 하나님은 나를 금세 찾아낼 수 있으십니다." 그러나 그들은 성령의 은사를 추구하지 않으며, 성령의 임재와 능력, 은사에 마음을 열고 자신을 내어놓는 데 도움이 되는 일련의 습관과 사고방식을 개발하지 않는다.

성령의 초자연적 사역에 대한 이러한 소극적 자세는 영적 성장의 다른 영역에서는 결코 쓰지 않는 전술이다. 어떤 신학적 신념을 가진 기독교인이든 영적 성숙을 위해 하나님을 추구해야 한다는 데는 다들 기꺼이 동의한다. 수동적 자세는 최악의 영적 학대를 피하게 해줄지 몰라도 은연중에 영적 성장과 활력을 저해한다.

'이게 내 모습일까? 나는 니고데모일까?' 이런 생각이 든다면 다음과 같은 질문을 던져 볼 만하다. "마지막으로 기적적인 치유를 위해 기도한 것이 언제였는가? 마지막으로 누군가 나에게 또는 내가 누군가에게 예언의 말씀을 전한 때는 언제였는가? 하나님에 대한 나의 경험이 하나님 이해보다 한 발 앞섰기 때문에 설명을 찾아 나서야 했던 가장 최근의 경험은 언제 있었는가?"

'나는 니고데모일까? 만약 그렇다면 하나님의 성령의 은사를 경험하기 위해 내가 과감하게 벗어야 할 겉옷은 무엇일까?'

레프 톨스토이는 고전 『전쟁과 평화』에서 전쟁터에 나가 있다가 휴가를 받아 집으로 돌아온 인물을 소개한다. 그는 매일 밤 동네 선술집에서 전장에서 겪은 비극과 영웅담을 이야기하며 오랜 시간 많은 사람들을 매료시켰고 듣는 사람의 수는 점점 늘어났다. 그의 전쟁 이야기로 술집에는 마지막 주문 시간까지 사람들이 가득했다.

유일한 문제는 그가 전투를 직접 본 적도 없고 심지어 안전한 막사 밖으로 나가 본 적조차 없다는 것이었다. 그가 들려주는 이야기는 모두 사실이었지만, 그것은 전투를 마치고 저녁에 막사로 돌아와 쉬는 전우들의 경험이었다. 그는 그 이야기들을 수없이 듣고 들은 내용을 전하고 다시 전하면서 진실을 망각하는 지경에까지 이르렀다. 자기가 들었을 뿐인 이야기를 실제로 겪은 일이라고 믿어 버렸다.

우리도 하나님과 함께하는 삶에서 이렇게 될 위험이 있다. 성경속 성도들의 삶을 연구하고 토론하고 그들의 이야기를 전하고 이렇게 말하고 저렇게 말하다가, 마침내 그것이 우리의 이야기라고 믿는 지경에 이르는 것이다. 하지만 우리가 한 일이라곤 안전한 막사에서 전투 소문을 들은 것뿐이다.

니고데모는 전선으로 나오라는 사령관의 초대를 직접 받았다. 그러나 이야기꾼으로 이름을 날렸지만 전장에 한 번도 발을 들여놓지 않은 사람에게 전투가 얼마나 위험천만한 모험으로 느껴지겠는가? 당신도 나도 이야기꾼의 운명을 받아들이지 않기를 바란다. 성령과 함께하는 삶이라는 모험과 기쁨 속으로 들어서라고 우리를 부르시는 하나님의 음성에 마음을 열고 귀를 기울일 수 있기를 바란다.

3부.
위로부터 오는 능력을 입음
― 성령의 능력을 힘입은 삶

내가 내 아버지께서 약속하신 것을 너희에
게 보내리니 너희는 위로부터 능력으로 입
혀질 때까지 이 성에 머물라.

눅 24:49

"제가 제대로 이해했는지 확인차 다시 여쭤볼게요. 하나님께서 자매님의 시력을 기적적으로 낫게 해주시도록 복음서에 나오는 예수님처럼 기도해 달라는 말씀인가요?"

예배가 끝난 후 교회 앞쪽에 있던 나에게 다가온 말레이시아 출신의 나이 지긋한 아이린에게 나는 이렇게 되물었다. 아이린은 왼쪽 눈의 시력이 급속히 악화되고 있었고, 막 진단을 받은 상태였다. 당장 눈 수술을 받아야 했지만, 최근 미국으로 이민 온 그녀에게는 의료보험이 없고 수술비를 감당할 여유도 없었다.

그녀가 대답했다. "네, 맞아요. 치료가 필요 없게 해달라고 기도해 주세요."

"알겠습니다." 대답을 하면서도 썩 내키지 않았다. 하나님의 치유 의지나 능력을 의심해서가 아니라, 하나님이 '나를 통해' 치유할 의지나 능력이 있으실지 알 수 없었기 때문이다. 그런 의심의 원인은 개인적 불안감이나 자존감 결핍 같은 심리적 기능 장애가 아니었다. 진짜 원인은 영적인 기능 장애였다.

나는 신적 능력으로 누군가 치유되는 것을 본 적이 없었다. 하나님께 누군가를 치유해 달라고 진정으로 기도한 적도 없었다. 물론 병자를 위해 기도할 때 치유의 요청을 포함하긴 했다. 하지만 그럴 때면 항상 여러 가지 단서를 붙였다. 내가 정말 간구한 것은 고통 속에서도 누리는 평안, 현대의학을 통한 치유, 하나님의 영이 주시는 위로와 친밀함이었다. 하지만 하나님께 누군가를 치유해 달라고 직접적으로 구하는 것? 그런 기도는 내게 이런 의미와 비슷했다. "아, 물론 하나님, 아픈 사람 본인이나 건강한 주변 사람 쪽에서 믿음을 발휘하거나 전혀 관여하지 않아도 하나님이 신적 치유의 역사를 다 이루어 줄 의향이 있고, 그러기 원하신다면, 우리는 그것도 환영하겠습니다. 하나님은 그럴 의향이 없으실 거라고 생각합니다만."

아이린의 요청에서 곤란하면서도 흥미로운 부분은 그녀가 치유를 진정으로 믿는 것 같았다는 점이다. 그녀는 기대하고 있었다. 하지만 나는 열려 있을 뿐이었다. 그녀는 또한 내가 치유를 위해 기도하는 법을 안다고 생각하는 것 같았다. 그러나 나는 어디서부터 시작해야 할지조차 몰랐다. 그래서 이런 상황에서 많은 목사들이 하는 행동을 했다. 시늉을 한 것이다.

아이린의 눈에 손을 얹고 몸의 치유가 도래할 예수님 나라의 한 측면임을 인정했다. 아이린의 눈에 예수님의 나라가 임하기를 간구했다. 그리고 그 주 후반에 있을 수술 전 진찰에서 "치료가 필요 없다"는 진단이 내려지게 해달라고 예수님의 이름으로 간단히 짧게 기도했다.

다음 주일, 예배가 시작되기 전에 눈에 띄게 흥분한 아이린이 내게 다가왔다.

"목사님, 안과 의사를 만났는데 이렇게 말하더군요. '아이린, 놀랍지만 멋진 소식이 있어요. 지난주에 만난 이후로 눈 상태가 극적으로 호전되어 치료가 필요 없겠습니다.' 의사가 딱 이렇게 얘기했어요!"

아이린은 매우 기뻐했다. 나는 충격을 받았다. 그러나 이번에도 목사이기에 목사 시늉을 했다. 미소를 지으며 그녀를 껴안고 하나님께 감사를 드렸다. 마치 그것이 영원한 나라에서는 일상적으로 일어나는 또 하나의 기적 이야기에 불과한 것처럼 말이다.

그것은 극적인 이야기이며, 내가 이 이야기를 나눈 것은 과시하기 위해서가 아니라 여기서 드러난 문제에 주목하게 하려는 것이다. 나는 어린 시절부터 꾸준히 교회에 출석했고, 다양한 평신도 지도자 역할을 맡았으며, 성서학 학위를 취득했고, 교회에서 여러 부서를 맡았고, 철저한 목회 훈련을 받았으며, 교회를 개척했다. 그런데 그 모든 일을 하면서도 신약성경 곳곳에 나오는 그런 기적을 구하는 기도를 드린 적이 없었다.

어떻게 그럴 수 있었을까? 나 같은 상황에 있는 사람이 어떻게 그토록 많은 목회 훈련을 받으면서도 초자연적 실천에 대한 건강한 모델을 제시받지 못했을까? 나는 지금 내 스승과 지도자들 탓을 하면서 책임을 전가하려는 것이 아니다. 이 못지않게 당혹스러운 사실은, 내가 그때까지 반평생 가까이 매일 아침 기도하며 성경을 읽었고, 특히 예수님이 자주 치유를 행하시고 제자들도 그분처럼 치유하라고 보내신 복음서를 읽었다는 사실이었다. 그 모든 일을 하면서도 어찌된 일인지 치유 기도를 실제로 해본 적이 한 번도 없었다.

오늘날 예수님을 신실하게 따르는 많은 사람들이 성령의 사역에 나서지 못하는 이유는 그럴 마음이 없어서가 아니라 해본 적이 없어서다. 우리는 어떻게 해야 하는지 모른다. 어디서부터 시작해야 하는지 모른다. 우리는 하나님이 오늘도 말씀하시고 오늘도 치유하시고 오늘도 구원하신다고 믿지만, 아무도 우리에게 건강한 실천 모델을 제시한 적이 없다.

이 책의 3부는 이 공백을 메우고자 한다. 신약성경에 공통적으로 나타나는 분별, 예언, 치유, 증언, 구속적 고난을 살아 계신 하나님의 영의 능력에 힘입은 평범한 삶에 어떻게 적용할 수 있는지에 대한 실제적인 지침을 제공할 것이다.

신학, 모델, 연습

빈야드 운동의 창시자인 존 윔버는 다음과 같은 유용한 격언을 남겼다. "성경의 지면에서 무엇이든 끄집어내어 특정한 상황에 있는 지역 공동체에서 실천하려면 신학, 모델, 연습이 필요하다."[1]

일단 신학이 있어야 한다. 신학은 특정 주제에 대해 성경이 가르치는 내용에 대한 공통된 이해다. 신학은 견고해야 하고, 성경의 가르침에 대한 공통된 믿음은 다양한 교회 공동체, 전통, 상황을 아우르는 것이어야 한다. 안타깝게도 현실이 항상 이와 같지는 않지만, 원래는 그래야 마땅하다.

그다음에는 모델이 있어야 한다. 모델은 지금 여기, 우리가 속한 공동체와 각자의 자리에서 드러나는 믿음의 공유된 표현방식을 말한다. 모델은 완벽하지 않다. 그것은 사람들을 예수님의 제자로 삼는 사람이 상황에 맞게 진행하는 작업방식이고, 신념의 표현방식을 사람들과 장소에 맞게 번역하는 일이다. 예를 들어, 가르침(바울 서신에 따르면 성령의 한 가지 은사)이 일어나는 방식은 공동체와 전통에 따라 다르다.

일부 전통, 특히 가톨릭과 많은 주류 개신교 교단에서는 예배 시간에 하나의 성경 본문에 대한 간략한 묵상인 강론을 제공한다. 하지만 복음주의자들은 보통 회중을 설득하고 성화시키기 위한 긴 형식의 가르침을 제공한다. 어느 한쪽의 모델이 옳은 것일까? 아니다. 우리는 회중의 필요에 따라 자유롭게 은사를 표현할 수 있다. 우리는 제자를 삼으라는 예수님의 명령을 공유하고 있으며, 이곳의 이 사람들에게 성경의 가르침이 그 목적을 달성하게 하는 가장 효과적인 방법이 곧 올바른 모델이다. 성경에 분명하게 나와 있는 성령의 사역이 오늘날 예수님을 따르는 평범한 이들에게 종종 도무지 접근할 수 없는 일로 느껴지는 것은 일관성 있는 모델이 없기 때문이다. "물론 저는 하나님이 오늘도 치유하신다고 믿어요. 하지만 하나님의 기적적인 치유 능력을 확신하면서 기도해 본 적이 있느냐고 묻는다면 그건 아닌 것 같아요. 그런 기도는 어떻게 하는 건지 모르겠네요."

마지막으로, <u>연습</u>할 공간이 있어야 한다. 실패의 부담 없이 함께 모델의 작동방식을 배울 수 있는 안전한 공간이 지역 교회 공동체에 있어야 한다는 말이다. 개인의 기술에서 연습은 숙달을 최종 목표로 한다. 말콤 글래드웰은 베스트셀러 『아웃라이어』에서 일만 시간의 법칙을 대중화했다. 그 책에서 그는 특정 기술을 일만 시간 동안 연습하여 숙달에 이른 수많은 성공 사례를 소개했다.

그러나 그것은 내가 말하는 '연습'이 <u>결코 아니다</u>. 우리가 지금 다루는 연습은 팀의 맥락에서 이해해야 한다. 공연을 준비하는 댄스팀이든, 경기를 준비하는 농구팀이든, 발표회를 위해 리허설을 하는 밴드든, 함께 모여 연습을 할 때는 실수해도 괜찮고 완벽하지 않아도 된다는 암묵적 합의가 있다. 연습은 일종의 '보호받는 공간'이다. 그 자리는 공연이나 경기나 발표회가 아니기 때문에 부담을 덜 느낄 수 있다. 대신, 같이 연습하면서 모두가 함께 성장할 수 있게 노력한다. 이것이 내가 생각하는 연습의 정의다. 그 목표는 개인의 숙련이 아니라 보다 성숙하고 공유된 사역이다.

연습의 공간에는 큰 자유가 있다. 이것이 성령의 사역에서 가장 자주 간과되는 측면이다. 가르침의 사례로 돌아가서 생각해 보자. 내가 섬기는 교회에서 누군가 자신에게 가르침의 은사가 있다고 말해도, 나는 "좋아요! 다음 주일에 강단에서 설교하세요!"라고 대답하지 않을 것이다. 나는 먼저 그 사람이 부담이 적은 곳에서 가르침의 은사를 계발할 기회를 제공해야 한다. 그리고 대부분의 현대 교회는 이를 암묵적으로 인정하여 수업, 소그룹 및 유사한 모임에서 평신도 교사를 훈련시킨다. 하지만 성령의 다른 은사, 이를테면 예언이나 치유 같은 경우에는 대부분의 교회에 연습할 공간이 없다. 그러다 보니 치유의 은사는 특별한 기름 부음을 받아 전 세계를 누비는 사역자의 몫이고, 예언은 지역 교회의 평범한 제자가 아니라 꿈을 꾸고 환상을 보는 거룩한 기인의 몫이라는 잘못된 믿음이 생겨난다. 오늘날의 교회가 세상에 불을 질렀던 초기 교회처럼 되기 원한다면, 초기 공동체가 실천했던 것처럼 연습해야 한다. 이를 위해서는 성령의 다양한 은사와 표현방식을 훈련할 공간을 따로 마련해야 한다. 그 공간은 우리를 하늘에서와 같이 땅에서도 성령의 능력이 흐르게 하는 수로로 빚어갈 것이다.

이어지는 장들에서 차례로 다룰 성령이 드러나는 다섯 가지 방식은 [성령의 은사의] 전부가 아니다. 오히려 각 방식은 신약 교회에서는 흔했지만 현대 서구 교회에서는 흔하지 않은 것들이라고 말할 수 있다. 한 마디를 덧붙이자면, 이 성령의 표현방식 각각에 대해 나는 신학 연구라는 확고한 토대를 제시할 수 있는 동시에, 오랜 시간에 걸쳐 검증된 건강한 연습을 풍부하게 거쳤다고 장담할 수 있다. 나는 이 두 기준 중 하나라도 충족하지 못하는 성령의 표현방식은 생략하기로 했다.

3부의 목표는 확고한 성경적 토대, 제안된 모델, 명확하고 유익한 연습 기회를 제공하여 바울이 에베소 교인들에게 보낸 편지에서 쓴 것처럼 성도들을 준비시켜 봉사의 일을 하게 하는 것이다.² 성령의 능력이 나타나는 사역의 표현방식을 성숙하게 실천하려면 함께 연습하는 공동체가 필요하다. 하지만 각 장의 끝부분에 개별적으로 연습할 수 있는 실천 방안을 제시하여 누구나 어디서든 시작해 볼 수 있게 하고자 했다.

이 장들의 목표는 다음과 같다.

1. 하나님이 그분을 알 수 있게 하신 모든 방식으로 하나님을 알고자 하는 열망이 당신의 내면에서 일어나게 하는 것이다. 그 방식들 중에는 당신에게는 낯설 수 있지만 성경에서는 흔히 볼 수 있는 것들이 있다.
2. 하나님을 더 많이 알기 원하는 열망을 품은 당신이 자신 있게 딛고 설 수 있는 확고한 성경적 토대를 제시하는 것이다.
3. 그리고 마지막으로, 성령 사역이 나타나는 각 방식을 연습하고 성장하기 위한 명확한 실천 방안을 제시하는 것이다.

책만 들여다봐서는 새로운 방식으로 하나님을 경험할 수 없다. 우리 발은 안전지대의 경계 너머로 벗어나야 하고, 부담이 되더라도 실제로 성령의 능력을 연습해야 한다. 이것이 바로 3부, 즉 연습을 위한 설명서다.

7.   분별

> 사랑하는 여러분, 어느 영이든지 다 믿지 말고, 그 영들이 하나님에게서 났는가를 시험하여 보십시오. 거짓 예언자가 세상에 많이 나타났기 때문입니다.
>
> 요일 4:1(새번역)

"자네, 미친 소리 같겠지만 혹시 내 자리를 원하는지 물어보려고 당회를 대표해서 전화했네."

나는 웃기 시작했다. "존 마크, 자네도 알잖아. 난 아무 데도 안 가!"

2020년 4월의 어느 주일 오후, 친구 존 마크 코머가 전화를 걸어왔다. 당시 나는 브루클린에서 개척을 도왔던 교회를 행복하게 이끌고 있었고, 뉴욕에서 12년 동안 교인들과 쌓아 온 깊은 우정을 기쁘게 여겼으며, 남은 평생 그 공동체를 위해 충실히 봉사할 각오가 되어 있었다.

존 마크가 말했다. "알지. 자네가 그렇게 말할 거라고 이미 전했어. 그래도 절대 안 된다고 말하기 전에 이 문제로 일주일만 기도해 보겠나?"

며칠 후, 나는 기도 산책에 나섰다.

"좋습니다, 하나님. 이제 한 시간 동안 걸을 텐데, 포틀랜드 건에 대해 하실 말씀이 있으면 듣고 싶습니다."

거의 즉시 하나님은 내 생각을 바꾸기 시작하셨다. 나는 존 마크의 초대를 가족과 내 계획이 뿌리 뽑힌다는 관점에서 생각했었는데, 기도하는 동안 하나님은 나무 한 그루의 이미지와 아내에게 초점을 맞춘 한 말씀이 내 마음에 떠오르게 하셨다. "커스틴이 잘 자랄 수 있는 토양에 그녀를 심어라."

그 기도 산책 중에 나는 하나님이 커스틴의 잠들어 있던 부분을 다시 일깨우실 장소로 포틀랜드를 선택하셨다는 느낌이 들었다. 그 부분은 그녀가 내 곁에서 내 꿈을 함께 이루어내기 위해 (심지어 자신도 모르게) 눌러 왔던 10대 시절의 특성이었다.

나는 이 사실을 커스틴에게 바로 말하지는 않았지만 기도하면서 잘 기억해 두었다.

이런저런 일이 꼬리를 물고 이어졌고, 나는 브리지타운교회의 담임목사가 될 가능성을 탐색하러 포틀랜드로 가보기로 했다.

하나님의 초청을 받은 것 같은 상황을 앞에 둔 나는 포틀랜드로 떠나기 전날 아주 구체적인 몇 가지 기도 제목을 적으며 하나님께 이렇게 말씀드렸다. "좋습니다, 주님. 저를 브리지타운교회의 담임목사로 부르신다면, 포틀랜드에서 보내는 일주일 동안 이 기도들에 분명하고 직접적으로 응답해 주십시오. 그렇게 하지 않으시면 저는 이 일 못합니다. 주님의 분명하고 확실한 말씀 없이 내리기에는 너무 큰 결정입니다."

내 기도 제목 중 하나는 내가 기도 산책 도중에 느낀 것처럼 커스틴이 여행 중에 자신의 일부가 다시 깨어남을 느끼게 해달라는 것이었다. 두 번째는 브리지타운교회 지도자들이 기도에 대한 나의 전폭적 헌신을 참아 주는 정도가 아니라 동일한 수준의 열망을 품게 해달라는 것이었다.

포틀랜드에 도착한 후, 커스틴과 나는 브리지타운교회 교역자 및 장로들과의 저녁식사 자리로 이동하기 전에 잠시 긴장을 풀고 이야기를 나누었다. 대화가 잠시 끊어졌을 때 커스틴이 지나가는 말을 툭 던졌다. "참 이상하지? 비행기가 착륙한 순간부터 고등학교 시절의 내가 자꾸 생각나는 거야. 심지어 10대 시절의 나로 돌아간 느낌이 들어.······우리가 이 일을 맡는다면, 하나님이 그동안 내가 잊고 있었던 나의 옛 부분을 다시 일깨워 주실까? 왜 이런 생각이 드는지 모르겠어. 너무 신기해."

나는 이렇게 대답했다. "허, 그거 참 신기하네."

몇 시간 후 저녁식사 자리에서 피터라는 장로가 나에게 말했다. "존 마크 목사님에게 들었습니다. 목사님이 기도에 진심이시라고요."

나는 뷔페 테이블에서 접시에 음식을 옮겨 담으며 말했다. "그럼요. 저는 목사니까요. 장로님도 목사가 그렇기를 바라실 겁니다. 그렇지요?"

"'24-7 기도'라는 단체에 대해 들어 보셨나요?"

"물론 들어 봤습니다." 나는 얼마 전 그 단체의 대표로 임명되었지만, 그 사실이 아직 공식적으로 발표되지는 않은 상태였다. 저녁식사 자리의 누구도 그 사실을 몰랐다.

피터의 말이 이어졌다. "저는 그 단체가 하는 일이 정말 마음에 듭니다. 우리 교회로 오신다면 그런 문화를 소개해 줄 의향이 있으신가요?"

나는 미소를 지었다. "그럼요. 그럴 의향이 있습니다."

간단히 말하자면, 내가 썼던 기도제목 전부가 포틀랜드에 도착한 지 24시간 안에 다 응답되었다. 하나님이 내 등을 두드리셨고, 이주 결정을 내린 바로 그해에 나는 이전에 한 번도 경험한 적이 없었던 방식으로 하나님의 선하심과 그분이 주시는 복을 끊임없이 경험했다고 솔직하게 말할 수 있다.

* * *

브루클린에 있을 때 나는 잭 목사와 함께 사역했다. 우리는 원래 가까운 친구였다가 동료가 되었고, 그와 함께 섬길 수 있어서 정말 좋았다. 내가 포틀랜드로 이사하기 2년 전, 잭도 거의 동일한 분별의 과정을 거쳤다.

그의 아내 린지는 점점 영적으로 살아나면서, 자신의 독특한 은사에 더 잘 맞는 새로운 소명에 대한 열망을 갖게 되었다. 그녀는 경쟁이 치열한 샌프란시스코의 한 대학원 과정이 새로운 기회를 열어 줄 것으로 여기고 지원해서 합격했다. 그리고 잭이 품고 있던 장기적 사역에 대한 그림이 샌프란시스코 광역권의 교회 연합체와 완벽하게 일치했다. 주님이 부르신다고 느낀 그는 여러 가지를 시도했고 그에게도 문이 열리기 시작했다.

얼마 지나지 않아 잭과 린지는 자신들이 개척을 도왔던 교회 공동체 및 가족처럼 지내던 친구들과 눈물로 작별 인사를 했다. 그리고 아브라함과 사라처럼 미국을 횡단하여 하나님이 허락하신 모험에 나섰다.

하지만 모든 일이 계획대로 되지는 않았다. 이사한 지 몇 달 후 걸려 온 잭의 전화가 아직도 기억난다. 그는 사역지를 찾지 못해 오전에는 바리스타로 일하고 오후에는 내내 집에서 주부 역할을 했다. 린지의 대학원 과정은 생각보다 실망스러웠다. 생활이 너무 힘들고 자금 사정도 빠듯해져 결국 학위 과정을 중단하기로 결정했다. 잭이 다시 전임 목회자로 일하기까지는 거의 5년이 더 흘러야 했고, 그 사이에 그의 어머니가 갑작스럽고 비극적인 죽음을 맞이하여 그들은 고향으로 돌아갔다.

하나님은 분명한 음성으로 그들의 등을 두드리셨고, 그들은 과감한 순종으로 응답했다. 그런데 이후에 펼쳐진 것은 축복의 시기가 아니라 고난의 시기였다.

그러면 이것을 어떻게 이해해야 할까? 하나님이 고난의 계절을 원하신 것일까? 만약 그렇다면 왜 미리 말씀하지 않으셨을까? 그들은 어디로든 그분을 따라갔을 테고, 자신들이 절벽 너머로 발을 내딛는다는 것을 알았다면 추락이 좀 더 견딜 만했을 것이다. 그런데 우리를 매복 지점으로 데려가면서 미소를 머금고 속삭이는 하나님을 어떻게 계속 신뢰한단 말인가? 무엇보다 두려운 것은 하나님이 처음부터 전혀 말씀하신 적이 없고 그들을 인도하지 않으셨을 가능성이다. 혹시 그들이 하나님의 음성과 지시를 들었다고 잘못 생각한 것일까? 만약 그들이 이번에 잘못 들은 것이라면, 이전까지 그들을 인도한 것이 하나님의 음성이었다고 어떻게 확신할 수 있을까?

하나님의 음성을 듣고 그에 따라 사는 일은 기독교 영성의 가장 강력하면서도 위험한 측면 중 하나인 듯하다. 하나님의 음성을 분별하는 법을 배우는 것보다 더 중요한 일은 없지만, 동시에 그것은 인생의 고통, 남용, 망상, 속임수에 더할 나위 없이 취약하다. 하나님께 부르짖었지만 아무리 기다려도 묵묵부답이신 것 같은 경험이 없는 사람이 있을까? 권위자가 하나님의 말씀을 오용하는 것 때문에 상처받은 적이 없는 이가 있을까? 선한 목자를 따르고 하나님의 미세한 음성에 대해 점점 더 많이 배우면서 그 음성으로 생기를 얻어 본 적이 없는 이가 있을까? 우리 중 누가 첫 번째 이야기(내가 브리지타운 교회로 옮긴 이야기—옮긴이)의 축복을 모르겠으며, 두 번째 이야기(잭 목사의 이야기—옮긴이)가 들려주는 고통과 혼란, 심지어 버림받음의 경험을 모르겠는가?

신중한 환전상

4세기 수도사 요한 카시아누스는 영적 성숙을 위한 주요 과제 중 하나로 점점 더 "신중한 환전상"이 되어야 한다고 강조했다.[1] 당시 로마 제국에는 위조 동전이 흔해서 환전상들은 진짜 동전에 철저히 익숙해져야 했다. 그래야 누군가가 그의 손에 위조 동전을 떨어뜨려도 그 무게와 각인, 금속의 재질 등을 통해 위조 동전임을 식별할 수 있었다. 진짜 동전의 모든 면에 속속들이 친숙해진 환전상처럼, 우리도 하나님의 음성에 익숙해져서 가짜 목소리를 알아듣되 금세 알아들을 수 있어야 한다. 이것이 분별이다.

신약성경의 많은 부분을 저술한 바울과 요한은 둘 다 분별에 대해 썼고, 그것이 은사이자 실천이라고 설명한다. 그러나 분별이 성경의 지면에 자주 등장하는데도 현대 교회 대부분은 분별을 언급조차 하지 않고 그저 신비롭게 여기거나 간과했다. 예수회 사제이자 작가인 토머스 그린은 이렇게 지적한다. "분별의 기술은 오늘날 그리스도인의 삶에 매우 중요하지만, 기도하며 헌신하는 그리스도인조차도 이 기술을 잘 이해하지 못한다."²

분별은 경쟁하듯 들려오는 거짓 소음이 아니라, 하나님의 음성에 귀를 기울이는 은사이자 실천이다. 이번 장은 분별을 이해하게 해주고 개인과 공동체가 분별의 영역에서 성장할 수 있도록 준비시켜 줄 것이다. 이 목적을 이루려면 먼저 우리의 주의를 끌기 위해 경쟁하는 두 목소리, 즉 하나님의 속삭임과 미혹하는 자의 잡초가 있음을 인정해야 한다.

하나님의 속삭임

부활의 주일 저녁, 예수님의 시신이 안치된 무덤이 비었다는 소문이 난무하고 있었다. 두 제자가 예루살렘에서 엠마오로 걸어가고 있었는데, 부활하신 주님이 그들과 나란히 걷기 시작하셨다. 걸어가는 동안 예수님은 역사상 최초의 부활 설교를 하셨는데, 제자들은 예수님이 부활하신 바로 그분이라는 사실을 인식조차 못했다.

두 여행자가 여행의 종착지에 이르렀을 때, "예수께서는 더 멀리 가시려는 듯이 보였다."³ 이것은 으레 할 법한 시늉에 불과할까, 아니면 부활하신 주님이 자신을 알아보지도 못하는 두 사람과 첫 부활주일을 함께 보내려고 기꺼이 발걸음을 돌리신 것일까? 이것이 독립적으로 일어난 일회성 사건이라면 어떤 결론이든 내릴 수 있을 것이다.

그러나 이 일은 그런 사건이 아니다.

성경 이야기를 열왕기상 19장까지 되돌려 보자. 엘리야는 말 그대로 기도로 하늘에서 불이 내리게 한 사람이지만 여기서는 수배자 신세였다. 그는 40일을 도망자로 지낸 끝에 하나님께 부르짖으러 호렙산을 올랐다. 엘리야는 큰 기대를 안고 산을 올랐을 것이다. 그곳은 모세가 오래전에 올라가 십계명을 받았던 장소였기 때문이다. 이제 엘리야는 불을 내리신 하나님, 돌판에 십계명을 쓰신 하나님, 그 영광 앞에 서 있는 것만으로 모세의 얼굴에서 빛이 나게 하셨던 하나님의 말씀을 들어야 했다. 그래서 엘리야는 그 현장으로 가서 말했다. "주님, 저에게 말씀해 주십시오. 제가 여기 있습니다!" 그리고 아니나 다를까.

> 여호와께서 말씀하셨다. "나가거라. 산에서 여호와 앞에 서 있어라!" 보라, 여호와께서 지나가신다. 크고 거센 바람이 여호와 앞에서 산을 찢고 바위를 깨뜨렸다. 그 바람 가운데 여호와는 계시지 않았다. 바람이 불고 나서 지진이 있었다. 지진 가운데 여호와는 계시지 않았다. 지진이 있은 뒤에 불이 났다. 불속에 여호와는 계시지 않았다. 불이 난 다음 가느다랗게 속삭이는 소리가 들렸다. 엘리야는 소리를 듣고 겉옷으로 얼굴을 가리고 나왔다.[4]

가느다랗게 속삭이는 소리. 킹제임스성경에서 '세미한 소리'(a still, small voice)로 번역한 것으로 유명하다. 그러나 내가 주목하고 싶은 것은 상징적인 이 구절이 아니라 그냥 지나치기 쉬운 다음 구절이다. "'나가거라. 산에서 여호와 앞에 서 있어라!' 보라, <u>여호와께서 지나가신다</u>."[5]

흥미롭지 않은가? 이것은 수백 년 후에 우리가 엠마오에서 본 것과 같은 내용이다. 시간을 좀 더 앞으로 돌려 같은 산에서 엘리야가 되새겼던, 모세가 하나님을 경험한 순간을 떠올려보면 이야기는 더욱 재미있어진다. "주님께서 말씀을 계속하셨다. '너는 나의 옆에 있는 한 곳, 그 바위 위에 서 있어라. 나의 영광이 지나갈 때에, 내가 너를 바위 틈에 집어넣고, 내가 다 지나갈 때까지 너를 나의 손바닥으로 가리워 주겠다.'"⁶ 이 부분은 구약성경 전체에서 [하나님과의] 친밀함이 절정에 달하는 순간이라고 할 만한데, 바로 이 대목에 "하나님이 지나가신다"는 구절이 다시 등장한다.

그리고 엠마오로 가는 길을 걸으시기 얼마 전 예수님은 또 한 번 걸으셨는데, 이번에는 물 위를 걸으셨다. "이른 새벽에 예수께서 바다 위를 걸어서 그들에게로 가시다가, 그들을 지나쳐 가려고 하셨다."⁷ 이 구절이 다시 나온다.

예수님, 혹시나 해서 그러는데요. 정말 물결을 헤치고 제자들이 탄 배를 몰래 지나가 다음 날 아침 맞은편 해안에서 그들을 만날 생각이셨나요? 확실히 그런 것처럼 보여서요.

이 모든 역사를 끌어다 엠마오로 가는 길로 가져가 보자. 물 위를 걸어 배에 탄 제자들을 그곳을 바로 지나치실 것 같던 예수님은 무명의 두 제자와 나란히 걸어 엠마오까지 가시고는, 그곳을 바로 지나치실 것처럼 보인다.

"그러자 그들은 예수를 만류하여 말하였다. '저녁때가 되고, 날이 이미 저물었으니, 우리 집에 묵으십시오.' 예수께서 그들의 집에 묵으려고 들어가셨다."⁸ 저녁 식사 도중에 제자들은 마침내 예수님을 알아보았고, 예수님과 대화를 나누며 오는 길에 그들의 마음이 뜨거웠다는 것을 깨닫는다.⁹ 이후의 이야기는 모두가 아는 바와 같다.

내가 말하고자 하는 바는 성경의 지면에서도 하나님의 모국어는 속삭이는 소리이고, 그 속삭임은 놓치기 쉽고 듣고도 무시하기 쉽다는 것이다. 만약 하나님이 우리 생각보다 훨씬 더 많이 말씀하신다면 어떨까? 지금까지 우리의 삶에 주어진 하나님의 지시나 그분과의 만남을 우리가 대부분 놓쳐 버렸다면, 그래서 마법 같은 순간이 될 수 있었을 그때 주님이 우리 곁을 그냥 지나쳐 가셨다면 어떨까?

우리가 우리 가운데 계신 하나님을 걸핏하면 놓치는 것은 하나님이 너무 비범하셔서가 아니라 너무 평범하신 까닭이다. 우리는 속삭이는 소리보다는 바람, 지진, 불 속에서 하나님을 찾곤 한다. 우리는 기대를 품고 우리만의 호렙산을 오른다. 저 설교자가 말씀을 전할 때, 이 컨퍼런스나 예배에 참석할 때, 다가오는 침묵수련회 시간처럼 특별한 시간과 장소에서 하나님의 음성을 찾는다. 그러나 그 모든 순간에 하나님은 "지나가려 하신다."

우리가 [엠마오의] 저녁 식탁에 앉을 때만이 아니라, 엠마오로 가는 길에서도 죽 그분을 알아볼 수 있다면 어떨까? 호렙산 꼭대기만 아니라, 고통의 골짜기에서도 그분의 음성을 들을 수 있다면 어떨까? 피트 그레그는 이렇게 말한다. "온전한 안전감을 누리고 온 땅의 주님이 우리를 진정 사랑하심을 느끼려면, 결국 호렙산의 엘리야와 엠마오로 가는 길의 두 사람처럼 평범한 일상의 김빠지는 상황에서 그분의 음성에 귀 기울이는 법을 배워야 한다."[10]

하나님은 왜 소리치지 않으실까?

이 모든 것은 명백한 질문을 제기한다. 하나님은 왜 소리를 지르지 않으실까? 왜 그렇게 소심하게 행동하실까? 이 질문에 대한 답은 성경의 이야기에 분명하게 나와 있다. 하나님이 가장 명백하고 부인할 수 없는 방식으로 말씀하실 때 그 효과가 상대적으로 떨어지기 때문이다.

엘리야가 하늘에서 불을 내린 장관은 그다지 효과적이지 않았던 것 같다. 그 결과로 나타난 일은 부흥이 아니라 엘리야에 대한 추적 명령이었다. 그리고 예수님의 기적이 발휘한 효과는 주관적이었다. 그 기적이 별것 아닌 것처럼 둘러대지 않고 그 안에서 하나님의 활동을 알아본 군중의 눈과 귀에 그 효과가 달려 있었다는 말이다. 빈 무덤에 따른 즉각적 결과 또한 광범위한 부흥이 아니라 대담하게 믿었던 모든 사람에 대한 박해와 투옥, 공개 채찍질이었다.

그러니 하나님이 속삭이시는 것은 어쩌면 그분이 모호하게 말씀하시는 분이라서가 아니라 우리를 잘 아시기 때문일 수도 있다. 목소리가 커질수록 그분의 말씀은 분열을 초래한다. 어떤 이들은 그분의 권능을 자신들의 비전을 위해 활용하고자 하고(예수님 나라에서 자기가 앉을 보좌의 크기와 위치를 계산했던 제자들처럼), 또 어떤 이들은 그분의 권능을 무시하고 자신들이 지배한다는 환상을 붙잡으려 한다(예수님을 진짜 왕으로 받아들이게 되면 너무나 많은 명성을 포기해야 하는 제사장들처럼). 어쩌면 하나님이 속삭이시는 이유는 속삭임만이 하나님이 가장 원하시는 것, 그분이 에덴에서 잃어버린 것을 되찾으실 유일한 방법이기 때문일 것이다. 그것은 바로 하나님이 친숙하고 친밀하게 당신과 그리고 나와 동행하셔서, 우리가 하나님을 있는 그대로 알고 동시에 그분의 임재 안에서 진정한 우리의 모습을 발견하게 되는 것이다.

속이는 자의 가라지

마태복음 13장에서 예수님은 풍성한 밀밭의 그림을 그리신다. 교활한 원수가 밤에 밭에 침입하여 가라지를 뿌린다. 밭 주인은 가라지와 밀이 함께 자라도록 내버려두기로 한다. 가라지를 제거하려다가 밀이 손상될 것이 분명하기 때문이다. 대신에 그는 수확할 때 가라지와 밀을 분리하기로 한다.

예수님은 이 비유가 종말의 추수를 묘사한 것이라고 설명하신다. 그런데 이것은 가라지와 밀이 함께 자라는 개인의 내면세계에 대한 유용한 은유이기도 하다. 우리의 내면세계는 경쟁하는 목소리들로 가득하여 아주 시끄럽다. 하나님의 음성은 우리 내면의 삶에 존재하고 거기서 활동하지만, 우리의 관심을 끌려고 경쟁하는 다른 목소리들도 있다. 하나님의 음성을 듣기 어려운 이유 중 하나는 다른 목소리들도 많기 때문이다. 그 많은 소음 속에서 하나님의 속삭임을 제대로 알아듣기는 어렵다.

내주하시는 성령께서는 실제로 모든 신자의 삶에 생명과 명료함, 방향을 제시하시고 영혼으로 하여금 풍성한 수확을 거두게 하신다. 그러나 기만적인 원수도 실제로 존재하여 밤중에 모든 신자의 삶에 거짓과 혼란을 심고 내 영혼과 당신 영혼의 수확을 망치려고 (최소한 억눌러서 감소시키기라도 하려고) 계략을 꾸민다.

밤에 가라지를 뿌리는 마귀의 역할을 무시하는 것은 땅을 갈지 않고 내면의 삶에서 풍성한 수확을 보려는 태도와 같다. 반면 악마에 집착하여 나쁜 일이 생기고 운이 꼬일 때마다 영적 원수를 탓하는 것은 육체와 세상을 무시하는 일이며, 이것 역시 땅을 경작하지 않고 내면의 삶에서 풍성한 수확을 보려는 태도다. 우리는 마귀를 무시하거나 마귀에게 집착할 것이 아니라, 사도 요한의 말처럼 "그 영들이 하나님에게서 났는가를 시험"[11]해야 한다.

신자의 내적 삶은 하나님의 알곡과 원수의 가라지가 함께 있는 밭과 같기 때문에, 성령의 음성을 듣고 그분과 발맞추는 과정에서 영혼의 내적 작용과 움직임에 주의를 기울이는 것이 포함된다. 성령의 속삭임은 영혼의 심연을 향하는 반면, 속이는 자의 거짓말은 자아의 얕은 물에 호소한다.

자아와 영혼

당신과 나는 자기몰입에 대한 유혹을 끝없이 받는다. 우리는 자신이 이야기의 중심에 있다고 상상하고, 그로 인해 예수님을 보좌에서 끌어내리게 되면서 선한 목자의 음성을 사기꾼과 혼동한다. 성경에서는 오늘날 '자아'로 널리 알려진 것을 흔히 '육체'라고 부른다. '육체'는 상충하는 욕망들이 개인의 인격에 뿌리를 내린 지점이다. 이 욕망들은 우리의 성격 구조와 사고 패턴에까지 깊숙이 침투한다. 우리의 야망, 불안, 완벽주의 등에까지 말이다. 이 모든 것은 그 자체로는 나쁘지 않지만, 성령의 속삭임과 경쟁하는 목소리로 작용한다는 것이 문제다. 예를 들어, 야망에 끌리는 성향이 강한 사람이라면 주목과 인정을 받지 못하는 역할로 부르는 음성을 들어도 그것을 생명을 주시는 성령의 음성으로 인식하기 어려울 수 있다.

이러한 뿌리 깊은 죄의 패턴은 보통 '자아'로 요약된다. 즉각적인 만족감을 주지만 시간이 지나면 존엄을 잃게 하고 인간성을 훼손하는 피상적 욕망으로 이루어진, 보이지 않는 내면세계다. 속이는 자는 가장 노련한 사기꾼으로, 우리 개인의 성격 구조, 악덕, 약점을 잘 파악하고 있다.

또한 성경은 우리의 영적 원수가 어둠의 천사로서 우리를 속이는 데 실패하면 광명의 천사로 모습을 바꾸어 찾아온다고 가르친다. 우리가 명백한 죄의 유혹에 끌리지 않게 되면, 속이는 자는 그대로 포기하지 않고 전략을 바꾼다는 말이다.[12] 성 이그나티우스는 이렇게 설명한다. "광명의 천사의 모습을 하는 것은 악령의 특징이다. 그자는 처음에는 경건한 영혼에게 적합한 생각을 제안하지만, 끝에 가면 자기 생각을 내놓는다."[13]

우리 영혼의 원수는 경건한 영성이라는 교묘한 위장 아래에서 우리의 자아가 한껏 부풀어 오르게 만들 수만 있다면, 우리가 무대에 올라 예배를 인도하든, 가난한 마을에서 우물을 파는 일을 하든, 교회 지도부 회의에 참석해 결정을 내리든 상관하지 않고 얼마든지 하라고 부추긴다. 우리의 영혼이 아니라 우리 자아를 배불리고 강화하는 결과만 나온다면, 우리가 매춘업소에 가든 기도모임에 가든 똑같이 만족한다.

내가 자아의 귀를 통해 듣게 되면, 영적 삶조차도 '주님'이 아닌 '나'에 초점을 맞춘 나르시시즘으로 변질될 수 있다. 예배는 자기충족의 경험을 추구하는 일이 되고, 순종은 개인의 꿈과 열정을 만족시키는 일로 바뀌며, 영적 실천은 개인의 건강법으로 쪼그라든다. 그리고 제자도의 목표가 그리스도를 닮아가는 것, 타인 중심의 사랑을 대가 없이 베푸는 것에서 영적 스릴 추구나 개인적 평안으로 교묘하게 대체된다.

자아의 팽창에 적용되는 원리는 자아의 위축에도 동일하게 적용된다. 마귀는 우리를 명백한 죄로 유혹하다 장애물을 만나도 포기하지 않는다. 전략을 바꾸어 진보를 지연시키거나 중단시키려 하고, 그것을 위해 불안과 자기몰두를 초래하는 죄책감, 수치심, 꼼꼼함(자신의 영적 삶에 대한 평가와 완성 추구)을 부채질한다.

따라서 성령의 속삭임과 속이는 자의 계략을 분별하려면, 그 음성이 자신에게 어떤 영향을 미치는지 먼저 알아차려야 한다. 내면에서 들려오는 그 목소리로 당신의 어떤 부분에 불이 붙는가? 얄팍한 욕망인가, 아니면 깊은 갈망인가? 분별은 대체로 자아가 듣는 소리와 영혼이 듣는 소리를 구분하는 영적 실천이다.

하나님은 우리 내면의 가장 깊은 갈망에 호소하신다. 속이는 자는 우리의 얄팍한 욕망에 호소한다. 하나님은 영혼에 영양을 공급하시는데 사기꾼은 자아를 달랜다. 그래서 우리는 카시아누스의 비유를 기억해야 한다. 신중한 환전상이 되라. 하나님의 속삭임에 익숙해져서 가짜 목소리를 알아듣되 금세 간파할 수 있을 정도가 되어야 한다.

진정으로 성령의 은사를 배우고자 하는 이들 대부분이 분별과 관련하여 저지르는 가장 큰 실수는, 분별력을 특정 문제를 해결하기 위해 일시적으로 복용하는 처방약으로 여긴다는 것이다. 그러나 분별은 건강을 유지하기 위해 매일 복용하는 비타민과 같다. 이들은 먼 지역으로의 이사나 이직, 청혼처럼 인생의 중대한 결정을 내릴 때만 분별이 필요한 것처럼 행동한다. 그러나 매일의 삶 속에서 성령의 속삭임에 익숙해지지 않았다면, 인생의 중요한 결정을 내려야 할 때의 분별은 대체로 분별의 시늉에 그친다. 하나님이 "케이시와 결혼해라. 그녀가 네 짝이야"라고 적힌 광고판을 고속도로에 세워 주시면 그분의 지시인 줄 알고 따르겠다는 식 말이다. 다른 경우에 우리는 몇 번 기도해 본 다음 자신에게 최선이다 싶은 일을 행하는데, 그것이 나쁘지는 않지만 분별이라고 말할 수는 없다. 루스 헤일리 바튼에 따르면, 분별의 실천은 "삶의 큰 결정을 내릴 때뿐 아니라 평범한 순간에도 하나님의 임재와 활동을 인식하고 거기에 반응하는 것이다."[14]

분별은 메시지를 해독하는 일보다는 새로운 언어나 방언을 배우는 일에 더 가깝다. 원어민이나 방언 사용자의 말을 많이 듣고 그와 자주 어울릴수록 해당 언어나 방언을 더 편안하고 자연스럽게 구사하게 된다. 평범한 일상에서 꾸준히 분별을 연습하면, 압박감이 큰 중요한 결정의 순간에도 성령의 속삭임이 우리가 알아들을 수 있는 언어처럼 될 것이다.

분별은 개인과 공동체가 모두 실천할 수 있는 성령의 은사다. 하나님의 음성을 알게 되는 데는 본질적으로 개인적 차원과 공동체적 차원이 다 있다는 뜻이다.

공동체 안에서의 분별

완전하고 정확하게 자기 인식을 하거나 자기 내면의 작동방식과 동기를 완벽하게 읽어내는 사람은 없다. 하나님과 교제하는 삶에는 다른 사람들과 공동체를 이룬 생활이 에덴 이후부터 줄곧 포함되어 있고, 하나님의 음성에 귀를 기울이는 일도 공동체가 있어야 그 잠재력을 최대한 끌어올릴 수 있다.

작가이자 영성지도자인 재러드 패트릭 보이드는 이렇게 말한다. "공동체 안에서의 분별이란 우리가 서로와 함께, 서로를 위해 하나님이 활동하고 계심을 인식하고 북돋는 일을 하는 것을 의미한다."[15] 실제적으로 말하면, 이 일은 영적 우정, 영적 지도, 공식 분별 집단이라는 세 유형의 관계를 통해 이루어진다.

영적 우정

얼마 전 어느 주일 저녁, 우리 교회가 시내 여러 곳에서 드리는 세 번의 예배에서 설교를 하고 난 후, 나는 피곤하고 허기진 상태로

베트남 음식점에 자리를 잡았다. 내 맞은편에는 친한 친구인 팀이 있었다. 우리는 바로 함께 먹을 음식 메뉴를 상의했다. 이후 한두 시간에 걸쳐 천천히 식사할 생각이었다.

팀과 나는 자주 문자를 주고받고 함께 하이킹을 떠나고, 가족들끼리도 자주 모인다. 두 가족의 생애 단계도 비슷하다. 우리는 함께 즐거운 시간을 보낸다. 하지만 팀과 내가 한 달에 한 번씩 만나는 주일 저녁은 특별하다. 이날은 우리가 따로 떼어놓은 시간이다. 팀과 나는 성령의 속삭임에 더 잘 반응하며 살고 싶은 열정을 공유하고, 시내에 있는 훌륭한 식당들을 최대한 많이 찾아가 보자고 의기투합했다. 우리는 이 월례 모임을 '포틀랜드 일요일 만찬 클럽'이라고 부른다.

그날 일요일 저녁, 팀이 쌀국수와 레몬그라스 치킨을 개인 접시에 옮겨 담으면서 말했다. "지난달에 자네가 하나님이 결혼 생활에 진짜로 관심을 갖게 하셨다고 말했던 게 기억나는군. 그 일은 어떻게 되었나?" 어느덧 시간이 지나 밤이 되었고, 우리 테이블에 접시가 잔뜩 쌓였다. 테이블 위에 놓인 계산서가 정산을 기다리고 있었다. 주위를 둘러보니 식당에 남은 손님은 우리뿐이었다. 우리는 서로의 연약한 부분을 나누고, 깊이 있게 경청하고, 서로가 하나님께 더 집중할 수 있도록 적절한 질문을 던지고, 때로는 조언도 했다. 이것이 영적 우정이다. 내가 성령의 속삭임을 잘 감지하고 있는지 살피는 일에 다른 사람을 의도적으로 초대하여 성령을 향한 나의 관심과 반응이 개선되도록 그 사람의 도움을 받는 것이다.

영적 우정은 두 친구가 나눌 수도 있고, 그룹으로 실천할 수도 있다. 영적 우정에는 지도나 조언보다는 기도하는 마음으로 깊이 있게 경청하고 묻는 일이 훨씬 많이 일어난다. 이 우정은 깊은 신뢰와 완전한 취약함을 요구하며, 개인적으로 분별하는 일의 중요성에 공감하고 분별을 이미 실천하고 있는 사람들끼리만 경험할 수 있다.

영적 지도

5년 넘게 같은 영적 지도자를 만나고 있다. 매달 만나는 자리에서 나는 웃었고 울었고 많은 깨달음의 순간을 경험했다. 영적 지도는 영적 우정보다 더 형식을 갖춘 만남으로, 자격이 있는 거룩한 경청자와 개별적으로 진행하는 실천이다. 영적 지도자를 찾을 때는 거룩한 경청의 기술을 잘 훈련받고 지역교회 공동체에 헌신하고 있는 경험 많은 신자 중에서 골라야 한다. 분별력은 공동체 안에서 성숙해지므로, 교회 공동체에 연결되어 있지 않고 자기만의 영적 성숙 방식을 지속적으로 추구하는 영적 지도자는 경계해야 한다.

공식 분별 집단

끝으로, 중요한 결정을 내릴 때는 공식 분별 집단이 도움이 될 수 있다. 커스틴과 나는 분기에 한 번씩 '분별팀'과 함께 식사를 한다. 각기 다르지만 똑같이 중요한 관점에서 우리 부부의 삶을 함께 바라보는, 존경받는 영적 조언자 네 명으로 구성된 팀이다. 이들은 커스틴과 내가 어떤 배우자, 부모, 친구가 되고 싶어 하는지 잘 알고, 우리의 독특한 성향과 어두운 면까지 안다.

우리는 저녁식사를 하면서 다음 분기의 주요 사역들을 모두 공유한다. 설교차 다른 지역으로 가는 일부터 좀 더 큰 사역 프로젝트에 참여하는 일, 심지어 저서를 집필하는 일까지, 모든 활동을 팀 안에서 분별한다. 공식 분별 집단은 나와 내 가족이 성령을 따라 행하도록 돕는, 우리가 '선택한 제약'이다.

공동체와 떨어진 상태에서는 분별을 실천할 수 있는 영적 성숙의 단계에 결코 이르지 못할 것이다. 영적 우정, 영적 지도, 공식 분별 집단은 언젠가 내가 진짜로 자전거를 탈 준비가 될 때 떼어낼 수 있는 보조바퀴 같은 것이 아니다. 그것들은 평생에 걸쳐 지속해야 하는 일이다. 그리고 그것은 하나님이 개인에게 자신을 알리기를 수줍어하셔서가 아니라 창세기의 말씀대로, "사람이 혼자 있는 것이 좋지 않[기]" 때문이다.¹⁶ 우리는 공동체 안에서 하나님을 알고 그분의 음성을 듣도록 만들어진 존재다.

개인적 분별

엘리야의 이야기를 더 앞으로 돌려 보자. 호렙산에서 가느다랗게 속삭이는 소리가 들리기 전, 갈멜산에서 하나님의 불이 내리기 전으로 돌아가 보면, 하나님이 이 선지자에게 분별의 기술을 가르치시는 모습을 보여주는, 언뜻 임의적으로 보이는 사건을 발견할 수 있다.

> 주님께서 엘리야에게 말씀하셨다. "이곳을 떠나서, 동쪽으로 가거라. 그리고 거기 요단강 동쪽에 있는 그릿 시냇가에 숨어서 지내며, 그 시냇물을 마셔라. 내가 까마귀에게 명하여서, 네게 먹을 것을 날라다 주게 하겠다."¹⁷

당시 이스라엘은 정치적 부패와 외세의 지배, 억압을 겪고 있었다. 그처럼 도움이 절실히 필요한 상황에서 하나님은 엘리야에게 광야에 가서 혼자 지내면서 시냇물을 마시고 까마귀가 전해 주는 식량을 받으라고 말씀하셨다. 이것은 무모하고 큰 희생이 따르는 전폭적 순종으로의 초대였지만, 그 순종은 완전히 비생산적인 일로 보였다. 까마귀에게 의존하는 은둔자의 삶은 엘리야가 그토록 우려했던 (그리고 아마도 하나님도 우려하셨을) 부패, 지배, 억압을 해결하는 데 아무 도움이 되지 않았다.

그러나 엘리야는 그 명령에 따랐다. 시냇가에 살면서 까마귀가 날라다 주는 것을 먹었다. 그는 하나님께 '예'라고 말했다. 하나님은 신실하셨다. 그러나 당장에는 그 모든 일이 그리 생산적으로 보이진 않았다.

여기서 밝혀둘 것이 있다. 이 이야기가 나오는 장의 첫 절에서 엘리야는 하나님의 지시에 따라 그 땅에 몇 해 동안 비가 오지 않을 것이라고 예언했다는 사실이다. 따라서 하나님이 그를 비가 와야 물이 흐르는 곳으로 보내셨을 때, 이후에 무슨 일이 일어날지 짐작할 수 있을 것이다. "그 땅에 비가 내리지 않으므로, 얼마 있지 않아서, 시냇물까지 말라 버렸다."[18]

이야기는 이렇게 이어진다. "여호와의 말씀이 엘리야에게 임하여 이르시되 너는 일어나 시돈에 속한 사르밧으로 가서 거기 머물라. 내가 그곳 과부에게 명령하여 네게 음식을 주게 하였느니라."[19] 엘리야가 과부의 집에 도착해 보니, 거기에는 먹을 것이 없었다. 하나님은 엘리야를 통해 일하셔서 기적적으로 과부의 찬장을 채우시고 그녀의 아들을 초자연적으로 고치신다. 그러니까 엘리야의 관점에서 보면 하나님이 그에게 말씀하셨고, 그는 철저히 순종하여 그 결과로 기적이 나타나기도 했지만, 핵심 문제인 부패, 외세의 지배, 억압의 측면에서 보면 아무 진전이 없는 것 같다.

엘리야 사역 초기에 관한 본질적 질문은 바로 이것이다. 하나님이 이 모든 일을 하신 것은 엘리야가 그분의 음성을 듣는 법을 배우게 하려는 것이었을까? 엘리야가 갈멜산에서 불을 내려 달라고 구할 만큼 하나님을 신뢰하게 하려는 것이었을까? 이 일로 엘리야가 하나님을 깊이 알게 되어 광야에 홀로 있을 때도 하나님을 추구하고, 기적의 불을 내린 이후에도 다시 하나님을 찾게 하려는 것이었을까? 내가 보기에 하나님은 엘리야에게 능력을 부으시기에 앞서 그 안에 그분의 마음을 두신 것 같다. 하나님은 시냇가에서 그에게 의존과 신뢰를 가르치셨다. 과부의 집에서는 그에게 과부와 아비 없는 아이에 대한 긍휼을 가르치셨다.

저자이자 교수인 바비 클린턴은, 성경과 교회사에 따르면 60대 이전까지 하나님이 우리에게 하시는 말씀은 대부분 준비에 해당한다고 주장한다. 열매가 있다면 그것은 덤일 뿐, 준비와 분별의 훈련이 목표다. 하나님의 음성을 알아듣고 철저히 신뢰하며 살아감으로 우리 삶이 하늘과 땅 사이의 열린 통로가 되게 하는 것이 목표다.[20]

하나님의 속삭임은 활력과 두려움을 같은 비율로 선사한다. 우리 영혼에 깊은 울림을 주는 동시에 모험을 요구한다. 제자도의 여정에서는 하나님의 음성이 두려움 없이 위로만 주고, 희생 없이 복만 주고, 위험 없이 열매만 맺는 단계에는 결코 이를 수 없다. 우리는 지금 상황에서 결코 졸업하지 못한다. 엘리야도 그러지 못했고 우리도 마찬가지다. 하나님의 음성을 듣고 그 말씀대로 사는 일은 방법의 문제라기보다는 두려워도 순종하겠다는 철저한 헌신과 어리석게 보이는 위험을 감수하려는 고집스러운 의지에 가깝다. 엘리야의 이야기는 성경 속 선지자가 두 걸음 나아갔다가 한 걸음 물러나는 방식의 경험적 과정을 거치면서 세상과 육체, 마귀라는 불협화음 속에서 하나님의 음성을 분별해 나가는 모습을 보여준다.

분별은 하나님의 음성을 듣고 그 음성에 따라 사는 법을 배우는 학교이고, 경쟁이 치열한 이 세상에서 살아가는 동안에는 이 학교를 졸업할 수 없다. 우리가 하나님께 그분의 불을 내려 달라고 간구하려면, 경쟁하는 온갖 소음 속에서 하나님의 음성을 인식하게 해줄 그분의 훈련을 기꺼이 받아들여야 한다.

분별의 은총

분별은 하나님이 우리에게 맡기신 미로찾기나 퍼즐풀이가 아니다. 분별은 우리를 알고 사랑하시는 선한 목자의 인도를 받게 해주는 성령의 은사다. 이번 장의 시작 부분에서 소개한 사연으로 돌아가 보면, 하나님은 잭과 린지를 속이지 않으셨다. 그들이 뭔가 바로잡아야 할 실수를 저지른 것도 아니다. 내 경우가 그렇듯, 그들도 삶에서 거듭거듭 발견한 진실이 있다. 그들의 소망은 하나님의 길을 완벽하게 걷는 데 있는 것이 아니라, 인도자이신 하나님께 있다는 것이다. 항상 우리를 뒤쫓으시는 그분의 손에는 벌하기 위한 몽둥이가 아니라 우리를 집으로 인도할 은총이 가득하다.

실천.   성찰의 기도

성찰의 기도(또는 '양심의 성찰')는 성 이그나티우스가 개발한 기도법이다. 이 기도는 흔히 다섯 단계로 이루어진다.

1. 감사. 그날 하나님의 사랑의 임재를 어떤 식으로 경험했는지에 주목하고, 여러 선물을 허락하신 그분께 감사한다.
2. 간구. 성령께서 인간의 능력을 넘어서는 통찰력을 주시도록 기도한다.
3. 돌아보기. 성령과 동역하며 보낸 하루를 돌아보면서 하나님이 가까이 계셨던 때에 주목하고, 혹시 하나님의 어떤 초대들을 놓치지는 않았는지, 하나님이 그냥 지나가셨는데 알아채지 못했거나 무시했던 순간들은 없는지 점검한다.
4. 회개. 하나님의 초대를 받고도 거절하거나 무시하거나 반항했던 순간이 있었다면 용서를 구한다.
5. 새로운 다짐. 앞으로의 24시간을 내다보며 하나님의 인도하심에 따라 살기로 결심한다.

보다시피 이 기도에는 내면의 삶, 즉 지성과 의지와 감정에 귀 기울이는 과정이 들어 있다. 이 기도는 우리의 전 인격에 주목할 것을 요구하고, 그날 하루를 보낸 자신의 생각과 감정과 동기를 점검하면서 정서적으로 성숙하게 해준다.

나는 매일 퇴근길에 성찰의 기도를 실천한다. 자전거를 타고 길을 가면서 하늘에 계신 아버지를 부르며 소리 내어 기도한다. 그날 받은 복을 음미하고, 성령의 도움으로 내면을 살피며 하루를 돌아보고, 용서를 구하고, 중보 기도를 한다. 기도를 올리는 동안 하나님의 자비가 나를 앞뒤로 둘러싼다.

지나고 나면 잘 보인다는 말이 있는데, 이는 영성을 탐색하는 일에도 분명히 적용된다. 하나님의 임재는 그 순간보다 나중에 뒤돌아볼 때 더 쉽게 인식할 수 있다. 성찰의 기도는 지나고 나서 하나님을 인식하는 훈련이다. 그날 하나님이 우리와 함께 걸으시고 우리 마음이 뜨거워졌던 순간을 기억하는 훈련이다.

지나고 나서 하나님을 알아보는 법을 배울 때 아주 놀라운 일이 일어난다. 우리는 현재에 계신 하나님을 느리지만 확실하게 알아볼 수 있게 된다. [엠마오의] 저녁 식탁에서만이 아니라 엠마오로 가는 길에서도 줄곧 그분을 인식할 수 있고, "주님이 지나가시려는" 순간들마다 그분을 알아볼 수 있게 된다.

8. 예언

> 사랑을 추구하십시오. 신령한 은사를 열심히 구하십시오. 특히 예언하기를 열망하십시오.
>
> 고전 14:1 (새번역)

"실례합니다, 자매님. 방해해서 죄송하지만 드릴 말씀이 있습니다. 잠깐 말씀드려도 될까요?"

교회 기도회 중이었는데 개빈이 기도를 멈추더니 하나님이 아니라 옆에 있던 에미에게 요청을 했다. 에미가 깜짝 놀라 고개를 들었다.

개빈은 에미가 그를 바라보자 말을 계속했다. "기도하는 동안 주판의 모양이 떠올랐어요. 주님께 여쭤 보니 그분이 자매님을 지목하시는 것 같았습니다. 이 내용을 말씀드려도 될까요?" (주판을 잘 모르는 독자를 위해 설명하자면 구식 계산기 같은 물건으로, 네모난 틀에 금속 막대들을 내리꿰고 각 막대에 구슬을 일정하게 몇 개씩 꿰어놓았다.)

에미는 내가 수년 동안 알고 지냈지만 개빈은 처음 보는 얼굴이었다. 그는 주말에 브루클린을 방문한 한 교인의 친구였고, 그 친구를 따라 우리 기도모임에 참석한 것이었다. 개빈은 그 방에 있던 거의 모든 사람에게 낯선 인물이었다.

에미는 교회가 설립된 이후 거의 3년 내내 헌신적으로 참여한 교인이었다. 그녀는 그 기도모임을 기준으로 이전 6개월간, 어린이 사역을 위한 임시 간사로 평일 저녁과 주말에 시간을 내어 주일 어린이 프로그램을 꾸려 왔다. 나는 2주 전에 에미에게 유급 간사직을 제안했고, 그녀는 "잘 생각해 보겠다"고 정중하게 대답한 터였다. 하지만 사실 당시 그녀는 교회사역을 직업으로 삼을 생각이 없었다. 비영리 단체에서 상근직으로 창문이 있는 사무실에서 일하고 있던 그녀는 승진 가능성이 있었고 이미 한 번 승진한 경력도 있었다.

하지만 며칠 동안 기도하던 에미는 잘나가던 경력을 뒤로하고 개척교회에서 어린이 사역 파트타임 간사로 일하라는 하나님의 이상한 이끄심을 느끼기 시작했다. 그녀는 그것이 말도 안 되는 일이라는 것을 잘 알고 있었다. 우리가 있는 곳은 뉴욕시였다. 복리후생이 포함된 괜찮은 정규직 급여를 받아도 석면 투성이인 아파트에서 다른 사람과 방을 나눠 써야 했다. 그런데 헌금으로만 운영되는 교회에서 파트타임으로 일한다? 터무니없는 일이었다. 하지만 그녀는 하나님이 이렇게 말씀하신다는 느낌을 떨칠 수가 없었다. "나는 너를 그리로 인도하고 있다. 나를 따라오너라. 나머지는 내가 책임지겠다."

이 모든 것은 내가 나중에 알게 된 내용이다. 그러나 외지 방문자 개빈이 다른 면에선 평범했던 그 기도회를 방해한 장면을 이해하는 데 필요한 정보라서 소개했다.

개빈의 말이 이어졌다. "주판이 보였는데, 주판알이 모두 한쪽으로 몰려 있었습니다. 하나님이 제게 말씀하신다는 느낌이 듭니다. 혹시 자매님이 중요한 결정을 놓고 고민 중이신가요? 인간적 지혜로는 모든 면에서 더 안전한 선택을 내려야 할 것 같은가요? 그러나 하나님은 이렇게 말씀하십니다. '위험이 몰려 있는 선택지, 불리한 쪽을 선택하라. 나는 너를 그리로 인도하고 있다. 나를 따라오너라. 나머지는 내가 책임지겠다.'"

개빈은 에미가 기도 중에 들었던 하나님의 속삭임을 글자 그대로 반복했다. 에미는 소리내어 대답하지 않았지만 긍정의 뜻으로 고개를 끄덕였다. 눈물이 볼을 타고 흘러내리기 시작했다.

그렇게 해서 에미는 브루클린오크스교회에서 아이들을 제자 삼는 일을 맡게 되었다. 예언으로 말이다. 그녀는 오로지 성경말씀으로만 자신의 믿음을 설명할 수 있지만, 자신의 삶을 이야기 할 때는 다른 사람을 통해 그녀에게 말씀하시는 하나님의 음성을 빼놓고 말할 수 없다. 그녀 삶의 기초는 성경적 진리이지만, 그 삶을 빚어가는 것은 예언이다.

성령의 능력을 힘입은 예언 사역은 다른 개인이나 집단을 향한 하나님의 메시지를 듣고 전하는 것을 의미한다. 이번 장에서는 예언이 성경적, 공동체적, 실제적으로 무엇을 의미하는지 살펴보고자 한다.

성경에 나타난 예언

간단히 말하면, 성경의 역사에서 예언이 없는 시대는 없다. 성경의 이야기는 예언 없이는 전해질 수 없다. 태초에 하나님은 말씀으로 세상을 창조하셨다. 해와 달과 별부터 땅과 바다, 목련과 야생 고사리와 장미 덤불, 붉은가슴울새와 도마뱀붙이와 가오리에 이르는 모든 것은 하나님의 영으로도 알려진 그분의 숨결(루아흐)로 인해 존재하게 되었다. 하나님은 그분의 형상을 지닌 존재로 인간을 창조하시고 창조의 숨결을 그들 안에 불어넣어, 인간을 다른 모든 피조물과 구별하신 후 창조를 계속하도록 위임하셨다.

그리고 물론 금단의 열매에 대한 이야기도 있다. 인간은 항상 하나님의 영으로 충만해야 할 존재였지만, 죄는 우리의 폐에서 하나님의 숨결을 훔쳐갔다. 구약성경의 나머지 부분에서 하나님의 구속 전략은 줄곧 그분의 창조 전략을 따른다. 하나님은 죄의 참화에 맞서 계속해서 말씀하시고, 창조하실 때와 동일한 방식으로 그분의 숨결, 그분의 영을 통해 재창조하신다.

민수기 11장은 선지자 이야기의 전개에서 중요한 순간을 하나 기록하고 있다. "여호와께서 구름 가운데 강림하사 모세에게 말씀하시고 그에게 임한 영을 칠십 장로에게도 임하게 하시니 영이 임하신 때에 그들이 예언을 하다가 다시는 하지 아니하였더라."¹

하나님은 모세에게 구름처럼 임하셔서 말씀하셨다. 그리고 모세는 백성에게 하나님의 말씀을 전했다. 예언은 다른 사람을 향한 하나님의 메시지를 듣고 전하는 것임을 기억하자. 70명의 장로들에게 동일한 성령이 임했고 그들 모두 예언하기 시작했다. 그러나 본문에 나와 있듯이, 그 일은 오래가지 않았다. 그것은 지속적인 은사가 아니라 하나님이 개입하신 순간이었다.

이 본문은 구약의 한 가지 패턴을 잘 보여준다. 하나님은 특정한 사람들을 선택해 그들과 직접 소통하셨고, 그들은 자신이 들은 하나님의 속삭임을 많은 이들에게 전한 것이다. 사람들은 하나님의 말씀을 전하는 그들을 선지자라고 불렀다. 그러나 그들은 일반적인 경우가 아니라 예외적 존재였다. 좋은 소식은 하나님이 말씀하신다는 것이었고, 나쁜 소식은 예언이 드물다는 것이었다.

그리고 민수기 11장 마지막 대목에서 모세가 다음과 같이 말하는 의미심장한 장면이 나온다. "여호와께서 그의 영을 그의 모든 백성에게 주사 다 선지자가 되게 하시기를 원하노라."² 모세는 하나님을 가까이서 경험한 자신의 사례가 일반적인 경우가 아니라 예외적인 일임을 깨달았다. 그가 하나님을 통해 경험한 최고의 은혜는 흔한 것이 아니었다. 그래서 모세는 동일하신 성령께서 공동체의 모든 사람에게 임하시고, 그들을 통해 예언적으로 말씀하실 날을 고대하고 간절히 바랐다.

이러한 구약의 패턴은 하나님의 말씀이신 성자께서 인간의 모습을 취하고 나사렛 예수로 자신을 알리실 때까지 이어졌다. 요한은 예수님의 삶이 살아 숨 쉬는 예언이라고 한 편의 시구처럼 주장한다.³ 그리고 부활 후 예수님은 제자들에게 나타나 처음에 하나님이 남자와 여자를 창조할 때 하신 일을 재연하셨다. "그들에게 숨을 불어넣으시고 말씀하셨다. '성령을 받아라.'"⁴ 이 말씀의 본질적 의미는 이것이다. "너희 폐에 불어넣을 내 숨이 여기 있다. 이것은 나의 루아흐, 나의 영이다."

성경을 오른쪽으로 계속 넘기면 사도행전이 나온다. 이 책에는 오순절 날 약속된 성령의 선물이 주어지면서 교회가 탄생하는 대목이 있다. 성령이 임한 직후, 다락방에서 그 성령을 받은 모든 사람이 하나님의 말씀을 말하기 시작했다. 주님의 모든 백성이 선지자처럼 행동하기 시작했다. 모세가 민수기 11장에서 갈망한 일이 이루어진 것이다. 베드로는 이 놀랍고 새로운 현상이 요엘 선지자가 오래전에 예언했던 바로 그 일이라고 밝혔다. "그런 다음에, 내가 모든 사람에게 나의 영을 부어 주겠다. 너희의 아들딸은 예언을 하고, 노인들은 꿈을 꾸고, 젊은이들은 환상을 볼 것이다. 그때가 되면, 종들에게까지도 남녀를 가리지 않고 나의 영을 부어 주겠다."⁵

오순절 날에 놀랍게 다가왔던 이 사건은 교회가 성숙해지면서 평범한 일이 되었다. 요엘의 구약성경 예언은 베드로가 사도행전에서 그대로 반복하다가 바울의 신약성경 가르침으로 발전했다. "사랑을 추구하십시오. 신령한 은사를 열심히 구하십시오. 특히 예언하기를 열망하십시오.……그러나 예언하는 사람은 사람들에게 말하는 것입니다. 그는 덕을 끼치고, 위로하고, 격려하는 말을 합니다."⁶

바울은 더 나아가 이렇게 말한다. "여러분이 모두……예언할 수 있기를 더 바랍니다."⁷ 모세가 민수기 11장에서 했던 말을 떠올리게 하는 내용이다. 우리 모두? 그렇다. 우리 모두가 성령으로 충만함을 받았기 때문이다. 우리 모두는 이제 옛 선지자들이 특정한 시기에 특정한 목적을 위해 받았던 은사를 영구적으로 지니고 있다. 그래서 신약성경에서는 이 은사를 '예언'이라고 부르는 것이다. 부활하신 예수님이 우리 모두에게 숨을 불어넣으시기 전에는 비범한 사건이었던 일이 이제는 일상적으로 실천할 수 있는 일이 되었다.

성경의 이야기에서 예언은 취사선택이 가능한 부차적 내용이 아니다. 나는 이 사실이 분명해졌으면 좋겠다. 예언은 성경의 핵심에 자리 잡고 있다. 예언은 오늘날 우리 각 사람의 이야기에서도 핵심이 되어야 한다. 우리 삶의 기초가 성경적 진리라면, 우리 삶의 모양은 예언적인 것이어야 한다.

공동체 안에서의 예언
고린도전서 14장은 지역 교회 안에서 예언의 역할에 대한 성경의 선언문이고, 그 핵심은 세 단어로 요약할 수 있다. '평범함', '친밀함', '예수님'이다.

예언은 교회에서 이루어지는 평범한 경험이다
고린도전서(와 신약성경 전체)의 전제는 하나님의 백성이 모일 때 하나님이 각 사람을 통해 서로에게 말씀하신다는 것이다. 교회 모임에서 예언을 실천하는 것은 성경이 한결같이 기대하는 일이다. 달라스 윌라드는 이렇게 말했다. "교회 모임의 합당한 진행 방식에 대한 고린도전서 14장의 조언을 살펴보면, 회중을 이루는 수많은 사람들이 하나님께 모종의 메시지를 받아서 공동체 내의 다른 사람들과 나누게 될 것이라고 전제하고 있음을 알 수 있다."[8]

그날은 내 첫 안식년의 첫 번째 주일이었다. 나는 생각할 수 있는 모든 면에서 '과도기'에 있었다. 내가 개척한 브루클린의 교회 및 사랑하는 사람들과 막 작별을 했고, 포틀랜드에서 아직 잘 모르는 교회와 만난 적 없는 교인들에게 앞으로 함께하겠다고 약속해 둔 상황이었다. 나는 정서적으로 녹초가 되어 있었다.

두 달 동안 열대의 [하와이] 오아후섬으로 들어가 있었는데, 느긋하게 지내면서 생각을 정리하려 했지만 속도를 늦출 수 없었다. 지난 1년 동안 질주했던 내 마음속의 바퀴를 멈출 수가 없었다. 더 잘했더라면, 다르게 했더라면 좋았을 대화들을 계속 곱씹었고, 설교할 대상이 없는데도 머릿속으로 계속 설교문을 작성했다. 쉬어야 할 시간이었고, 몸의 속도는 늦추었지만 마음은 어떻게 늦추어야 하는지 알 수 없었다.

그 주일 아침, 가족과 함께 아는 사람이 없는 근처 작은 교회로 향하기 전에 나는 이렇게 기도했다. "도와주세요. 하나님, 당신의 음성을 들려주세요. 제발 도와주세요."

그 교회의 찬양이나 설교는 전혀 기억나지 않지만 이 일만은 생생하게 떠오른다. 목사님이 축도로 예배를 마무리하려고 자리에서 일어났는데, 예배당 뒤쪽에 앉아 있던 한 남자가 앞으로 걸어 나왔다. 그리고 목사님이 이렇게 말했다. "조던은 우리 교회에서 신뢰받는 리더입니다. 몇 분 전에 제게 와서 어떤 말씀을 전했습니다." 목사님은 마이크를 조던에게 건넸고, 조던은 나를 똑바로 가리키며 말했다. "그래요. 당신입니다.……당신이 가족과 함께 들어오는 모습을 봤는데, 그 순간 제 머리에 한 그림이 떠올랐어요. 저는 하나님이 그 그림을 통해 이렇게 말씀하신다고 느꼈습니다. '내가 이 사람을 쉬게 하려고 이곳에 데려왔는데, 이 사람은 쉬는 법을 모른다. 내가 그에게 알려 주고 싶다.' 혹시 제 말에 공감이 되고 받아들일 만하다면, 예배를 마친 후에 당신을 위해 기도하고 싶습니다. 혹시 엉뚱한 소리였다면, 사랑으로 겸손하게 드린 말씀이라는 점만 받아 주십시오."

이것은 무엇일까? 또 다른 주일일 뿐이다. 사도 바울에 따르면 교회에서 겪을 수 있는 평범한 경험이다.

예언은 친밀감을 불러일으킨다

"양들은 그를 따라간다. 양들이 목자의 목소리를 알고 있기 때문이다."[9] 그러나 물론 하나님의 음성을 들으려고 한 번이라도 노력해 본 사람이라면 다 알다시피, 우리 영혼의 주파수가 자동으로 그분의 음성에 맞춰지는 것은 아니다. 경험적으로 하나님은 대부분 자신을 드러내시지만 명백히 드러내시지는 않기 때문에, 그분의 음성을 들으려면 연습이 필요하다. 그래서 우리는 순종이라는 불편한 모험을 감수해야 한다.

목자의 음성을 어떻게 들을 수 있을까? 우리는 그분을 따른다. 우리에게 말씀해 주시기를 하나님께 구한 뒤, 우리가 들은 것이 상상이 아니라 그분의 음성이라고 (기껏해야) 절반 정도만 확신한 채로 순종하며 걸어간다. 그러나 실수는 하게 마련이다.

사이먼은 내가 그의 이름을 따서 둘째 아이의 이름을 지을 만큼 친하고 존경하는 친구다. 몇 년 전, 그가 메트로 노스를 타고 이동할 때의 일이다. 그 기차는 맨해튼 중심부의 그랜드 센트럴 역에서 뉴욕 북쪽의 허드슨 밸리 지역까지 승객을 실어 나른다. 사이먼의 여행은 2시간 정도 소요될 예정이었고, 그의 맞은편 좌석에는 옷차림으로 보아 직장인으로 짐작되는 여자가 앉아 있었다. 사이먼은 하나님이 그 낯선 사람의 직업과 관련한 예언의 말씀을 하신다는 확신이 들었다.

그는 결심했다. '입 다물고 있다가 목적지가 가까워지면 말해야지. 놀랄 수도 있잖아.' 처음에 어색한 분위기가 조성되면 두 시간이 한없이 길게 느껴질 터였다. 그러나 말해야 한다는 부담이 갈수록 더 커졌다. 마치 하나님이 사이먼의 어깨를 끊임없이 두드리시는 것 같았다. 결국 사이먼은 마음을 고쳐먹었다. '어색해지더라도 먼저 말해야겠다.'

"실례합니다, 부인. 이상하게 들리시겠지만, 저는 하나님이 오늘날에도 말씀하신다고 믿습니다. 그리고 하나님이 부인의 직업에 대해 제게 말씀하시는 것 같습니다. 한번 들어 보시겠습니까?"

"어, 물론이죠. 네, 말씀하세요." 그녀의 대답에서는 망설임과 호기심이 모두 느껴졌다.

그는 머리에 떠오른 내용을 전하고는 물었다. "이 내용이 마음에 와닿으시나요?"

그녀가 대답했다. "아뇨, 전혀요. 사실, 저는 그 업계에서 일하지도 않아요."

"아, 그렇군요. 대화 나눠서 반가웠습니다." 사이먼이 어색하게 말을 더듬었다.

목자의 음성을 듣는 것은 이렇듯 위험 감수와 순종으로 이루어진다. 여기에 공식은 없다. 익숙해지는 과정만 있을 뿐이다. 이 일에는 위험이 따르고, 제대로 배우려면 틀릴 각오를 해야 한다. 위험을 감수하면 할수록 하나님의 음성은 더 빈번해지고 친숙해진다. 반대로 때때로 어리석어 보이는 상황을 감수할 마음이 없으면, 예수님을 따르고 목자의 음성을 듣는 데 어려움이 있을 것이다.

예언은 예수님을 드러낸다

목사이자 작가인 데이비드 프리치는 이렇게 말했다. "예언적 기름 부음의 주된 역할은 인간의 마음에 하나님을 드러내는 것이다."[10] 모든 예언은 우리를 예수께로 이끈다. 구약의 예언은 우리를 예수께로 인도하고, 신약의 예언은 하나님의 마음을 최종적으로 체현하여 계시한 예수님과 동행하도록 우리를 이끈다. 이처럼 영적 은사인 가르침과 예언은 밀접한 관련이 있다. 가르침은 하나님이 인간의 목소리를 사용하여 그분의 성품에 대해 사람들에게 말씀하시는 일이다. 예언은 하나님이 인간의 목소리를 사용하여 그분의 성품을 사람들에게 보여주시는 일이다.

어떤 사람들은 성경의 예언을 미래를 말하는 일 또는 하나님이 알리신 예측과 혼동한다. 물론 성경에 이런 사례들이 있기는 하다. 특히 구약성경에서 볼 수 있다. 그러나 그것은 예언의 주된 기능이 아니다. 작가이자 사제인 토머스 그린은 말한다. "애초에 예언은 '예측'이 아니라 다른 사람을 대신하여 말하는 것을 의미했다."[11] 예언을 예측으로 이해하는 것은 예언의 주된 초점을 놓치고 그 주변적인 특징에 집중하는 태도다.

하나님이 우리를 사랑하신다는 말을 듣는 것은 중요하다. 예수님이 바로 이 말씀을 해주셨다. 〔그런데〕 성령은 (다른 여러 방편 중에서도) 예언을 통해 예수님의 가르침이 우리의 머리에 머물지 않고 가슴으로 내려오게 하신다. 예수님의 가르침을 기억하는 데 그치지 않고 그 가르침이 치유를 가져오고 우리 삶의 토대가 되게 하시는 것이다. 예언은 지성을 꿰뚫고 내려와 마음 한가운데서 드러내는 방식으로 하나님이 누구신지 개인에게 알린다.

내가 인도하던 교회 수련회의 마지막 그룹 모임에서 한 교우가 일어나 이렇게 말했다. "주님이 제게 말씀하시는 것 같습니다. 집 책상 위에 유서를 두고 온 사람이 이 자리에 있다고요. 그분에게 말합니다. 당신은 집을 나서기 전에 그 유서를 썼고, 이번 수련회는 당신에게 최후의 발버둥이었어요. 당신은 실망한 채로 돌아가기 직전이고 오늘 집에서 목숨을 끊을 계획을 세우고 있어요. 저는 하나님이 당신에게 이렇게 말씀하신다고 믿습니다. '내가 너를 보고 있다. 내가 네 기도를 들었다. 내가 지금 너를 만나고 있다. 나는 네가 살기를 원한다.'"

그 자리에 침묵이 흘렀다. 그가 말을 이었다. "당신이 여기 있는 게 맞다면 손을 들어 주시겠어요? 당신을 위해 기도하고 싶습니다. 당신의 가족으로서 우리는 당신을 둘러싸고 이렇게 말하고 싶습니다. '인생은 살 가치가 있고, 당신을 열렬히 사랑하시는 하나님이 계시고, 당신이 여기 있기를 바라는 공동체가 있습니다.'"

그때 한 남자가 불쑥 손을 들었다. 그는 집 책상에 유서를 두고 왔고, 이번 수련회는 최후의 발버둥이었으며, 만족하지 못한 채 떠나기 직전이라고. 그날 아침에 잠자리에서 일어났을 때만 해도 집으로 돌아가면 저녁 먹기 전에 목숨을 끊기로 단단히 마음먹고 있었다. 그 청년은 지금도 살아 있다.

내가 울 때 예수님도 함께 우신다. 예수님이 내 연약함에 공감하신다. 그분이 내 고통 속으로 들어오신다는 말을 듣는 것은 위로가 된다. 하지만 내 인생이 살 가치가 없는 이유를 설명하는 쪽지를 작성하는 동안 예수님이 나를 보셨고 옆에서 함께 우셨다는 사실을 알게 되는 것, 그리고 하나님이 내 날을 계수하시고 그 시간이 아직 끝나지 않았으며, 내 이야기가 아직 끝나지 않았다는 말을 아주 직접적으로 듣는 것은 완전히 차원이 다른 일이다. 이것이 바로 예언의 힘이다. 성경의 지면에 일반적으로 계시된 예수님이 오늘날의 상황 한복판에서 나에게 개인적으로 계시되는 것이다.

모든 신자는 예언을 열심히 구해야 한다

바울이 고린도 교인들에게 한 말을 기억하라. "사랑을 추구하십시오. 신령한 은사를 열심히 구하십시오. 특히 예언하기를 열망하십시오."[12] 당신은 어떤지 모르겠지만 나는 무언가를 열망할 때면 끊임없이 그것을 생각하고, 그것이 다가오는 모든 징후를 찾고, 그것의 작은 일부라도 얻게 될 때 기뻐한다. 겨울이 길어지는 해에는 나는 봄이 오기를 열망한다. 새싹이 돋는지 나무마다 살피고 기온이 올라가는지 날씨 앱을 수시로 확인한다. 기온이 15도로 오르면 30도라도 된 것처럼 그날을 만끽한다.

이 구절에서 "열심히"라는 단어는 그리스어 '젤루'를 번역한 것으로, 문자 그대로 "사람이나 사물을 '탐하다' 또는 그에 대한 열정으로 '타오르다'라는 의미다."[13] 그리고 바울은 이 단어를 고린도전서에서 세 번이나 써서 "영적 은사에 대해 우리가 가져야 할 태도를 설명한다."[14]

어떤 사람들은 하나님의 음성에 수동적으로 대응한다. 하나님이 내게 말씀하고 싶으시면 내가 어디 간 게 아니고 여기 있으니 말씀하시라는 식이다. 이러한 자세의 이면에는 종종 진짜가 아닌 영적 경험을 두려워하는 마음이 숨어 있는데, 나는 그런 우려에 전적으로 공감한다. 나는 감정의 과잉이나 과장을 원하지 않으며, 내 마음에 심리적 술수를 쓰고 싶지도 않다. 그러나 하나님의 음성에 수동적으로 대응하는 것은 성경의 분명한 가르침을 완전히 무시하는 태도이기도

하다. 우리는 가느다랗게 속삭이는 하나님의 소리를 끊임없이 생각해야 한다. 그분이 우리에게 말씀하신다는 모든 단서를 찾으라. 봄의 첫날을 맞이할 때처럼, 그분의 입술에서 나오는 모든 말씀을 빨아들이라. 열심히 구하는 것은 소극적인 것과 반대되는 태도다.

현대 교회에 속한 우리는 훌륭한 가르침을 열심히 구하는데, 나는 여기에 대찬성이다. 나는 좋은 설교를 좋아한다. 그러나 성경 어디에도 "가르침의 은사를 열심히 구하라"는 구절은 없다. 현대 교회가 가르침에 집중하는 근거는 회중에게 전하는 가르침이나 설교의 말이 예배에서 전해지는 가장 중요한 말이라는 오해에 근거한다. 하나님은 그렇게 보지 않으신다. 하나님은 평범한 인간이라는 그릇을 통해 다른 사람에게 구원을 전하기를 간절히 원하신다. 그러므로 우리는 그분의 음성 듣기를 간절히 원해야 한다.

하나님은 인기선수 몇 명으로 구성된 팀을 꾸리는 것을 원하지 않으신다. 그분은 모두가 경기에서 뛰기를 원하신다. 우리가 이것을 정말로 믿는다면 예언을 열심히 구할 것이다. 하나님은 관대하시고 풍성하시며 끈질기게 사람들을 좇으신다는 것과, 완강하고 고집스럽게 우리 같은 사람들을 통해 그분의 구원을 이루려 하신다는 사실을 정말로 이해한다면, "하실 말씀이 있으시면 저 어디 안 가니까 하세요"라고 말하는 대신에 하나님께 이렇게 물을 것이다. "하나님, 오늘 무슨 말씀을 하고 계십니까? 저를 통해 다른 누군가에게 하고 싶은 말씀이 있으십니까?"

예언의 실행

예언을 대할 때 현대 신자들을 막아서는 가장 큰 장애물은 "이것이 단지 나의 상상이 아니라 하나님이 주시는 것임을 어떻게 알 수 있는가?"라는 질문이다. 좋은 질문이고 중요한 질문이다. 하지만 이 질문에 답하기 위해서는 먼저 질문 안에 들어 있는 잘못된 이분법을 바로 잡아야 한다.

연극 「잔 다르크」에는 재미있으면서도 통찰력 있는 장면이 나온다. 잔 다르크는 자신이 신의 음성을 듣는다고 주장한다. 회의론자가 말한다. "그건 그냥 네 상상일 뿐이야." 잔 다르크는 이렇게 대답한다. "알아요. 그게 하나님이 저에게 말씀하시는 방식이에요."[15]

심리학자들은 상상력이야말로 인간과 동물을 구별하는 요소라고 지적한다. 인간만이 같은 경험을 하지 않고도 상상을 통해 누군가와 공감할 수 있다. 어머니를 여의거나 유산한 친구와 함께 울 수 있는 것은 내가 그런 일을 겪지 않았더라도 상대방이 느끼는 고통을 상상할 수 있기 때문이다.

하나님이 오직 인간에게만 상상력을 선물하셨다면, 그 능력이 하나님의 음성을 듣는 데 방해가 된다는 것은 어딘가 거꾸로 된 생각이 아닐까? 상상력은 하나님의 음성을 듣는 데 중요한 매개체가 될 가능성이 더 높지 않을까?

당신의 상상, 즉 저절로 머릿속에 떠오르는 생각, 공감의 느낌, 심지어 불쑥 떠올라 처음에는 잡념처럼 느껴지는 생각까지도 하나님이 주신 것일 수 있음을 받아들이기 시작한다면 어떻게 될까? 나는 지금 당신이 하는 모든 생각이 하나님의 음성이라고 말하는 것은 아니다. 하나님의 음성이 당신의 상상력과 경쟁하는 것이 아니라 협력하는 방식으로 다가올 수 있다는 뜻이다.

대부분의 사람들은 하나님의 음성이 너무 낯설어서가 아니라 너무 친숙해서 놓친다. 하나님의 음성은 깃털이 살에 닿는 느낌과 같다는 말을 들은 적이 있다. 하려고 하면 얼마든지 무시해 버릴 수 있을 만큼 가볍지만, 원한다면 충분히 관심을 갖고 반응할 수 있을 만큼 분명하다는 뜻이다. 하나님의 말씀을 듣는 일을 굳이 묘사해 보라고 한다면 나는 이렇게 말하겠다. "한 가지 생각이 바깥에서 내 상상 속으로 들어오는 느낌입니다. 머릿속에서 떠오르는 것이 아니고요. 여느 생각과 마찬가지로 평범하지만 그 기원은 어딘가 약간 낯섭니다."

예언적 기도의 실행은 듣기, 말하기, 받아들이기, 크게 이 세 단계로 이루어진다.

듣기

하나님의 음성을 듣는 법을 배울 때는 모든 예언적 발언에 계시, 해석, 적용의 세 가지 측면이 있음을 아는 것이 중요하다.

계시는 성령이 듣는 사람에게 전해 주시는 생각, 이미지, 통찰을 말한다. 하나님께 말씀해 달라고 구한 후 기다리는 공백의 시간 동안, 자신의 상상 속으로 들어오는 생각, 즉 내면에서 솟아오르는 것이 아니라 외부에서 오는 것 같은 모든 생각에 주의를 기울이라. 아마도 뭔가(단어, 문구 또는 성경구절)가 들리거나 뭔가(그림, 상징 또는 기억)가 보일 것이다.

구약의 선지서들을 읽으면서 하나님이 얼마나 일관되게 이미지를 통해 말씀하시는지 주목해 보라. 이사야의 시뻘건 숯, 예레미야의 아몬드 가지, 다니엘의 숫양과 염소, 그리고 야훼께서 에스겔에게 일관되게 건네시는 "인자야, 네가 이것을 보느냐?"라는 질문을 생각해 보라. 그림, 심상, 상징. 이것이 바로 하나님의 방식이다.

왜 그림일까? 왜 그냥 직접적으로 바로 말씀하지 않는 것일까? 여러 이유가 있지만 가장 분명한 것은, 그림 하나는 천 마디 말의 가치를 지니기 때문이다. 그림 하나로 한 문장보다 훨씬 더 많은 것을 말할 수 있다.

해석은 계시를 가지고 하나님의 의도와 의미를 해독하는 과정이다. 단어를 듣거나 그림이 보인다면 다음 단계는 이렇게 묻는 것이다. "주님, 이 단어나 그림으로 무엇을 말씀하고자 하십니까?"

적용은 마지막 단계다. 계시를 받고 그 의미를 해석한 후에는 "이것으로 무엇을 해야 합니까?"라고 물어야 한다. 그 예언적 통찰을 개인과 공유해야 하는지, 공동체나 그룹에 제공해야 하는지, 다른 사람에게 말하지 않고 혼자 품고 기도하면서 그 통찰이 현실로 드러나게 해야 하는지, 아니면 하나님이 뭔가 다른 것을 원하시는지 물어야 한다.

그런데 예언의 일부만 제대로 이해하는 일이 있을 수 있고, 실제로 그런 경우가 아주 흔하다. 하나님의 말씀을 받고 그 의미를 해석하고도 잘못 적용하는 것이 그런 사례다. 따라서 예언의 말씀을 전할 때는 항상 겸손해야 한다. 그것이 지혜다. "하나님이 저에게 이렇게 말씀하셨습니다" 같은 단정적인 표현 대신에 다음과 같은 겸손한 표현을 쓰자. "하나님이 제가 이렇게 말하기를 원하시는 것 같습니다."

고린도전서 13장 말씀처럼 "우리는 부분적으로 알고 부분적으로 예언"한다.[16] 모든 부분을 하나도 놓치지 않을 만큼 예언의 은사가 성숙한 선지자는 없다.

말하기

앞에서 살펴보았듯이 하나님의 음성은 우리의 상상력과 경쟁하는 것이 아니라 협력하여 작용할 수 있다. 하지만 유효한 질문이 여전히 남아 있다. "하나님이 말씀하시는 것인지 어떻게 알 수 있을까?"

피트 그레그는 저서 『하나님의 음성을 듣는 법』에서 하나님께 받은 어떤 인상을 다른 사람과 나누기 전에 다음의 ABC를 확인해 보라고 말한다. 그 내용이 긍정적인가(Affirming), 성경에 부합하는가(Biblical), 그리스도께 어울리는가(Christlike).[17]

긍정적인가. "예언하는 사람은 사람들에게 말하는 것입니다. 그는 덕을 끼치고, 위로하고, 격려하는 말을 합니다."[18] 만약 받은 말씀이 긍정적이지 않다면 혼자서만 간직하는 것이 가장 좋을 것이다(자세한 내용은 아래 참조).

성경에 부합하는가. 하나님은 기록된 말씀(성경)과 속삭임(성령의 세미한 음성)을 통해 말씀하시되, 스스로 모순되는 부분은 없으시다. 성경에 부합하지 않는 내용이라면 하나님의 말씀이 아니고 예언이 아니다.

그리스도께 어울리는가. 당신이 받은 말씀이 예수님의 입에서 흘러나오는 모습이 상상이 되는가? 그 내용이 우리가 예수님의 성품에 대해 아는 바와 어긋난다면 그것은 예언이 아니다.

이 필터는 완벽하지 않다. 하나님께서 긍정적인 말이 아니라 잘못을 지적하고 경고하고 혼란을 불러올 말을 전하도록 우리에게 요구하실 때가 있다. 그러나 그런 경우는 예외에 속하고, 가장 성숙하고 믿음이 깊은 선지자들이 감당해야 할 일이다. 구약의 예언은 책망으로 표현되는 경우가 많았지만, [그리스도의] 몸 된 교회를 세우기 위해 모든 신자에게 열려 있는 신약의 예언은 덕을 끼치고 격려하고 위로하는 데 맞춰져 있다. 물론 신약성경에도 여전히 경고나 책망의 예언 말씀이 주어진 사례들이 있다. 그러나 오순절 이후 예언의 은사에 대한 주제별 계시에 비추어 보면, 책망을 목적으로 한 예언은 확실히 소수인 것 같다. 또한 신약성경에 나오는 예언적 책망은 지역 교회 안에서 유명하고 존경받는 노련한 선지자들을 통해 일관되게 주어졌다. 예언을 배우는 단계에서는 하나님이 우리에게 감당할 수 있는 일을 맡기실 것이라고 생각하는 것이 안전하다. 하나님은 좋은 아버지이시므로 우리가 가위 사용법을 이제 막 배우기 시작했다면 메스를 건네며 그분의 다른 자녀를 수술하라고 맡기지는 않으실 것이다.

가장 중요한 것은, 예언의 말씀을 전할 때 사랑으로, 오로지 사랑으로만 전하는 것이다. 사랑이 없다면 그 어떤 계시적 예언의 말씀이라도 시끄러운 징과 울리는 꽹과리에 불과하다.[19] 따라서 누군가를 위한 말씀을 받았다는 생각이 들더라도 어떤 이유로든 양심상 사랑으로 전할 수 없다면, 그 말씀을 하나님께 되돌려드리고 사랑을 달라고 기도하라.[20]

받아들이기

성경은 예언의 말씀을 전하는 사람과 받는 사람 모두에게 지침을 제시한다. 이것은 예언 사역에서 가장 자주 간과되는 측면이고, 이 은사를 둘러싼 비판과 두려움의 가장 큰 원인 중 하나다.

예언을 받는 사람의 입장에서는 예언을 자유롭게 받아들이되 신중하게 따져 봐야 한다. 분별하는 귀가 예언적 목소리를 보완한다.

이 말씀이 성경과 일치하는가? 예수님의 성품과 부합하는가? 성경에는 거짓 선지자를 조심하라는 경고가 많다.

예언하는 사람의 성품이 신뢰할 만한가? 좋은 삶은 좋은 열매를 맺는다. 이 예언의 말씀이 삶의 열매가 풍성하고 신뢰할 수 있는 인격에서 나온 것인가?

예언의 은사에 대해 우려하는 사람들은 예언하는 사람들이 남을 조종할 위험성을 거론하며 묻는다. "예언의 악용에 대해서는 어떻게 해야 합니까?" 성경은 정확한 대처방안을 제시한다. 예언의 말씀을 분별하고 따져 보라.

이것은 구약과 신약에서 예언의 은사가 맡는 기능의 여러 핵심적 차이점 중 하나다. 신약의 선지자는 구약의 선지자만큼 권위를 부여받지 못한다. 교회의 선지자가 말씀을 전하도록 부름받은 상대는 그와 동등하게 하나님의 음성에 접근할 수 있고 자신이 받은 말씀을 따져 볼 수 있다. 오순절 이전에는 선지자가 하나님의 권위 있는 대변자로 여겨졌다.

두 번째 차이점은 신약에는 예언에 대한 가르침이 지역 교회에 주어진다는 것이다. 이는 예언의 은사가 주로 서로를 알고 사랑하며, 영적 권위, 리더십, 질서가 건강하게 어우러진 구조에 함께 순복하는 사람들의 공동체 안에서 기능한다는 뜻이다. "예언하는 자는 둘이나 셋이나 말하고 다른 이들은 분별할 것이요."[21] 데살로니가전서에서도 모든 예언을 시험하여 좋은 것은 붙잡고 나쁜 것은 버리라고 말한다.

성경은 예언의 은사가 악용되는 상황을 우려하여 그 은사를 억압하거나 회피하라고 가르치지 않는다. 예언은 사랑을 따라 이루어져야 하고(전하는 사람의 자세), 받는 이는 예언의 말씀을 따져 봄으로써 그 은사를 존중하라(받는 사람의 자세)는 것이 성경의 가르침이다.

우리는 예언을 대할 때 인내심을 가져야 한다. 믿을 만한 예언의 말이라도 때로는 즉시 와 닿지 않거나 적용하기 어려워 보일 수 있다. 내 미래에 대한 예언의 말씀(이를테면 "목사님은 기쁨의 계절로 들어서고 계시는군요", "하나님께서는 목사님이 다가올 시련을 통해 회복력을 갖추도록 준비시키고 계십니다")을 들을 때마다 나는 이렇게 간단히 기도한다. "하나님, 제게 이 예언의 말씀이 필요할 때 기억나게 해주세요." 그러고 나서 들은 말씀을 마음 한구석에 제쳐두고 기존의 삶을 계속 이어간다.

우리 교회의 교우 마리벨로부터 베드로전서 말씀을 인용한 문자메시지를 받은 적이 있다. "사랑하는 여러분, 여러분을 시험하려고 시련의 불길이……일어나더라도……놀라지 마십시오." 이 구절은 고난을 통해 영광을 얻을 길이 있다는 주장으로 이어진다. 마리벨은 나를 위해 기도하다가 이 구절이 마치 소리치듯 선명하게 떠올랐고, 내가 곧 극심한 시련의 시기를 겪겠지만 그로 인해 궁극적으로 생명을 얻게 될 거라는 의미로 다가왔다고 했다.

그 문자를 받았을 당시에는 전혀 공감이 되지 않았다. 그저 선의의 기도가 표적을 빗나갔나 보다 하고 넘어갔다. 하지만 일주일 후, 나는 종양내과 전문의 진료실에서 내 몸에 암이 퍼졌고 여러 개의 종양이 말기 단계라는 통보를 받았다. 이후 며칠 동안 나는 소망을 얻고자 이 구절에 매달렸다. 그 말씀을 외우고 이 구절로 반복해서 기도했다. 나의 모든 것은 나를 위해 기도하다 예언의 말씀을 듣고 전해 준 교우 덕분에 누린 은혜였다.

이와 같은 일이 몇 번 더 있었다. 기도하다 몇 주, 몇 달, 몇 년 전에 받은 예언의 말씀이 떠오르면서 인생의 중요한 순간에 방향을 정하거나 확신을 얻게 되었다. 내가 받은 예언의 말씀 중에는 실현되지 않은 것도 많다. 지금은 그 말씀들을 마음 한구석에 제쳐두었지만, 내게 그 말씀이 필요해지면, 하나님이 기억나게 해주실 것이라고 확신한다.

예언의 능력

몇 년 전, 가장 가깝고 신뢰하는 친구 중 한 명인 피트 휴즈가 내가 당시에 브루클린에서 섬기던 교회로 와서 설교했다. 그는 설교를 마치고 기도하면서 이렇게 말했다. "한 가지 생각이 머리에서 떠나지 않는데, 하나님이 주신 것일 수도 있어서 말씀드리겠습니다. 이 자리에 본인의 치아에 대해 자의식이 아주 심한 분이 계신 것 같습니다. 치아에 항상 마음이 쓰여서 마음 놓고 미소를 짓지 못하고 웃지 않으려고 애쓰는군요. 경계심을 푼 적이 없고 치아 생각에서 벗어난 적이 없습니다. 저는 하나님이 오늘 그 자의식을 치유하심으로 그분의 사랑을 보여주고 싶어 하신다고 믿습니다."

피트는 그날 아침 일찍 도시 반대편에 있는 자매 교회에서 설교를 하고 온 터라 이렇게 덧붙였다. "보세요. 솔직히 말씀드릴게요. 저는 오늘 아침 도시 반대편에서 교인들에게 똑같은 말씀을 드렸는데 아무도 반응하지 않았습니다. 그러니까 어젯밤 제가 자기 전에 먹은 음식이 이상해서 이런 생각을 하게 된 것일 수도 있습니다만, 저는 하나님이 다시 같은 초대를 하라고 이끄신다는 느낌을 받습니다. 만약 여러분 중에 당사자가 있다면, 하나님이 오늘 당신을 만나려고 하시는 것 같습니다. 당신을 위해 기도하고 싶습니다."

아니나 다를까, 피트의 말이 끝나자마자 한 남성이 곧장 앞으로 나갔다. 피트가 그의 어깨에 손을 얹고 기도하려 할 때 그는 눈물을 쏟으며 말했다. "저는 오늘 아침 일찍 목사님이 말씀하신 그 예배에 참석했습니다. 그 말씀을 전할 때 저를 위한 말씀이라는 것을 알았지만 앞에 나갈 용기가 나지 않았습니다. 교회를 나왔는데 제가 응답해야 한다는 생각을 떨칠 수가 없었습니다. 저는 도시를 가로질러 와서 목사님이 한 시간 후에 전하시는 똑같은 설교를 다시 들었습니다. '하나님, 설교자가 그 말을 반복한다면, 제가 앞으로 나가겠습니다'라고 기도하면서요."

그러나 그것은 그날에 이루어진 최고의 장면이 아니었다. 나와 아주 가까운 교우인 데이나가 설교가 끝난 뒤 '응답의 시간'에 기도를 받으러 올라왔다.

그녀는 눈물을 흘리며 내게 말했다. "목사님, 오늘 저는 이제 교회에 그만 다니겠다고 말하려고 했어요. 제가 정말로 믿는 게 무엇인지 모르겠어요. 그러나 만약 하나님이 세상을 창조하실 만큼 능력이 크실 뿐 아니라 마음 놓고 웃지 못하는 한 사람의 불안에 대해 그에게 따로 말씀하실 만큼 인격적인 분이라면, 저는 그분을 알고 싶어요."

그날부터 데이나는 하나님께 그 소원을 토로하기 시작했고, 6개월 후에는 이렇게 말했다. "하나님이 마침내 저를 만나자고 초청하시는 것 같아요. 이 일은 기도를 통해 이루어졌어요." 그로부터 1년 후, 그녀가 이끄는 팀이 도심에 기도의 집을 열었다.

이 모든 일이 어떻게 일어났던가? 위험을 무릅쓴 피트의 행동 덕분에 한 사람이 예수님의 사랑을 깊이 있게 만나는 순간을 맞이했다.

그리고 다른 사람에게 예언의 말씀이 주어질 때 그 자리에 있었다는 것만으로 데이나는 마음이 열리고 신앙이 회복되었다.

이것이 예언의 힘이다. 예언은 당신이 어디서 방황하든 당신을 따라오시는 예수님을 드러낸다. 그분은 당신을 괴롭힌 모든 의심, 당신이 붙들고 씨름했던 모든 불안, 당신이 믿었던 모든 거짓말을 해결할 준비를 갖추고 당신을 따라오신다.

실천.　　　　　　구하고 격려하라

구하라

　성령의 은사는 기법이 아니라 선물이다. 은사는 숙달하려 노력할 것이 아니라 받아야 한다. 따라서 예언의 은사를 더 많이 받고 싶다면 기도로 하나님께 구하라. 구체적으로 구하라. 구하되 '무엇'뿐 아니라 '왜'와 '어떻게'도 말씀드리라. 예언의 은사를 더 많이 받고 싶은 이유가 무엇인가? 하나님이 예언의 은사를 주시면 어떻게 사용할 것인가? 구체적으로 구할 때 우리의 간절한 소망은 사랑의 방식에 따라 정제된다. 불순한 동기가 걸러지고, 자아는 정제된다. 우리는 성령의 은사를 받아 사용할 수 있는 성숙한 사람으로 빚어진다.

　예언은 교회를 세우기 위한 은사다. 예언은 사랑에 굴복하는 은사이기 때문이다. 이타적인 사랑 이외의 다른 동기로 예언이 이루어지면 위험하다. 예언은 자신이 하고 싶은 말을 영적인 것으로 위장해서 쏟아내는 행위가 아니고, 교회를 자신의 영적 놀이터로 만드는 일도 아니다. 하나님이 사랑으로 당신의 소원을 정제하시고 성숙해진 그릇에 그분의 강력한 은사를 맡기실 수 있도록 구하되 구체적으로 구하라.

격려하라

　예언의 은사가 자라는 한 가지 방법은 예언과 밀접하게 연관된 영적 실천인 격려에 힘쓰는 것이다. 예언이 우리의 통상적 인식이나 관찰 능력을 넘어서는 부분에 대해 성령의 계시에 힘입어 말하는 것이라면, 격려는 통상적 관찰을 통해 우리가 구할 수 있는 정보에 근거하여 말하는 것이다. 다시 말하면, 격려는 사람이 볼 수 있는 것에 근거한 예언이고, 예언은 하나님만 보실 수 있는 것에 근거한 격려다.

격려한다(encourage)는 것은 말 그대로 "누군가에게 용기를 불어넣는 것"(put courage into someone)을 의미한다. 격려는 누군가의 행동을 주목하여 그가 그 방향으로 계속 나아가고, 자아의 그 부분을 대담하게 표현할 수 있도록 용기를 불어넣는 것이다. "당신이 _____을 했을 때, 하나님의 구원 사역이 떠올랐습니다. 그분의 구원 사역에서 당신이 맡은 역할을 계속 감당하세요."

다른 사람을 격려하는 것은 그저 친절한 태도가 아니라 하나님의 뜻에 맞추어 행동하는 것이다. 하나님의 영과 조화를 이루는 행동이다. 여러분은 이런 목적으로 말을 사용하는 경우가 얼마나 되는가? 그러니 예언의 은사가 자라나기를 원한다면 눈을 크게 뜨는 일로 시작하라. 다른 사람의 어떤 점이 훌륭하다고 생각하면서도 그에게 말한 적이 없는가? 그렇다면 그에게 가서 격려하라. 누군가에게 격려가 될 만한 생각이 떠올랐는데 한 번도 입 밖에 내지 못했는가? 이제는 입을 열어 말하라.

예언의 은사를 바란다면 먼저 격려의 사람이 되겠다고 결심하라.

9.   치유

> 예수께서 이르시되 나는 부활이요 생명이니 나를 믿는 자는 죽어도 살겠고 무릇 살아서 나를 믿는 자는 영원히 죽지 아니하리니 이것을 네가 믿느냐.
> 요 11:25-26

"욕실 세면대 위로 몸을 굽히고 끈적끈적한 고름 같은 것을 뱉어냈어." 팀은 상황을 설명하면서 자신이 묘사하는 내용을 떠올리며 얼굴을 찌푸렸다. 그것은 일주일 전에 시작된 이야기의 정점이었다.

팀은 시애틀 해안에서 조금 떨어진 외딴 오아시스 같은 샌환 제도에서 가족과 함께 휴가를 보내고 있었다. 하지만 여행 내내 지금껏 겪은 것 중 가장 지독한 인후통에 시달렸고, 증상은 날이 갈수록 악화되었다. 페리호를 타고 본토로 돌아왔을 무렵에는 침 삼키기도 어려웠고, 이틀 동안 거의 아무것도 먹지 못한 상태였다.

팀은 바로 병원에 갔고 '편도 주위 농양' 진단을 받았다. 목구멍 뒤쪽에서 튀어나온 고름집이 점점 커져서 먹는 것은 물론이고 다른 일도 거의 할 수 없는 상태였다. 수술만이 유일한 선택지였다. 팀은 다음 날로 수술 예약을 했다.

나도 아는 친구 브라이언이 팀의 소식을 듣고 자청해서 그의 집에 들러 치유를 위해 기도했다. 특별히 극적이거나 눈에 띄는 일은 아니었다. 두 사람은 거실에 함께 앉았고 브라이언이 조금은 어색하게 팀의 목에 손을 얹고는 농양이 기적적으로 제거되고 목이 창조된 원래 모습으로 회복되기를 예수님의 이름으로 기도했다.

아무 일도 일어나지 않았다.

다음 날 아침, 팀은 수술 전까지 아이들과 함께 놀면서 몇 시간을 보냈다. 병원으로 출발할 시간이 15분 정도 남았을 때였다. 팀은 거실 바닥에서 아이들과 함께 레고로 무언가를 만들고 있었는데 갑자기 따뜻하고 시큼하고 끈적거리는 고름이 입안에 가득 고였다. 화장실 세면대에서 고개를 들었을 때, 일주일 만에 처음으로 평소처럼 숨이 쉬어졌고 침을 삼켜도 아프지 않았으며 편하게 말을 할 수 있었다. 팀은 병원에 갔지만 진찰 결과 수술이 필요하지 않다는 진단이 나왔다. 농양이 터졌던 것이다. 팀의 몸은 저절로 치유되었다. 새것처럼 좋아졌다.

표적과 실체

예수님이 나사로를 살리신 것은 그분의 부활을 제외하면 친히 보여주신 가장 놀라운 표적일 것이다. 죽은 자를 살리는 것보다 더 초자연적인 치유는 없다. 그러나 이 치유 이야기는 예수님의 치유 사역(하나님 나라의 표적)을 그분 안에서 얻을 수 있는 구원(하나님 나라의 실체)과 나란히 놓고 다루어서 성경에 나오는 다른 어떤 치유보다 둘의 관계를 잘 보여준다.

"나사로야, 나오너라." 예수님이 무덤 입구에서 부르셨다. 이 명령에 나사로의 죽은 몸이 되살아났고, 그가 수의를 입은 채 밖으로 나왔다. 예수님은 큰 목소리로 외치셨다. 요한복음 11장에 따르면 그런 식으로 나사로를 살리셨다. 제자들은 분명히 이전에 요한복음 5장에서 예수님이 하신 다음 말씀을 떠올렸을 것이다. "진실로 진실로 너희에게 이르노니 죽은 자들이 하나님의 아들의 음성을 들을 때가 오나니 곧 이때라. 듣는 자는 살아나리라.……이를 놀랍게 여기지 말라. 무덤 속에 있는 자가 다 그의 음성을 들을 때가 오나니 선한 일을 행한 자는 생명의 부활로, 악한 일을 행한 자는 심판의 부활로 나오리라."[1]

나사로의 부활을 통해 예수님은 요한복음 5장에서 하신 약속을 성취하시는 동시에 요한복음 20장에 기록될 자신의 부활을 예고하신다. 표적은 한 사람, 곧 예수님을 가리키는 기적이다. 하나님의 기적적인 개입은 약속을 가리키는 표적, 즉 실제적이고 생생하고 초자연적인 현실이다. 그러나 표적은 약속된 내용 그 자체가 아니다. <u>치유는 하나님 나라의 실체인 구원을 가리키는 하나님 나라의 표적이다.</u>

예수님은 슬퍼하는 이들에게 "나는 부활이요 생명"이라고 말씀하신다. 그다음 나사로를 무덤에서 불러내신다. 이제 소망이 있다! 추상적이고 먼 곳에 있는 감상적 희망이 아니라 지금 여기, 우리 가운데 몸으로 나타난 실제적 소망! <u>이것이 표적이다.</u>

그 이후 예수님은 고난을 받으시고 죽으시고 무덤에 안장되셨다가 사흘 후에 걸어 나오셨다. 영원한 소망이 있다. 결코 빼앗기지 않을 소망이다. <u>이것이 실체다.</u>

치유는 표적이다

창세기는 몸을 가진 인간의 창조로 시작된다. 인간은 하나님의 형상대로 만들어져 '선하다'는 말을 듣는다. 죄는 인간의 그 선함을 훼손하고, 죄의 영향은 창조의 모든 측면, 즉 생각과 선택과 관계와 체계와 육신에까지 두루 미친다. 죄가 들어오면서 병, 질병, 죽음도 함께 찾아왔다. 창조와 더불어 하나님께 복받은 몸이 따라왔고, 죄와 더불어 몸에 대한 저주가 따라왔다.

하나님은 육신을 입으심으로 그 저주를 처리하셨다. 예수님의 몸은 부활을 통해 질병, 고통, 죽음 등 죄의 모든 결과를 이겼다. 최종 승리는 아직 미래의 일로 남아 있지만, 약속은 이미 여기서 주어졌다. 우리는 그리스도와 함께 몸으로 부활할 것이다. 예수님과 성경 저자들에 따르면, 천국은 도피처가 아니다. 천국은 갱신이다. 땅이 새로워지고 우리 몸이 새로워지는 것이다.

그렇다면 몸의 치유는 하나의 표적이다. 약속된 미래의 예고편, 지금은 우리가 부분적으로 알지만 언젠가는 온전히 알게 될 내용, 이 땅에 부수고 들어온 하나님 나라의 한 측면이다.

치유는 성경적이다

초자연적이고 기적적인 치유는 성경 전체에 걸쳐 등장한다. 창세기 20장에는 아브라함이 불임의 아비멜렉 부부를 위해 기도한 결과 그들이 치유를 받고 자녀를 낳았다는 기록이 있다. 열왕기상 17장에서는 엘리야가 죽은 소년을 되살리는 내용이 나온다. 열왕기하 5장에서는 엘리사가 나아만의 문둥병을 고쳤다.

복음서에서 예수님은 맹인의 눈을 뜨게 하시고, 나병환자를 깨끗하게 하시며, 출혈병에 시달린 여인을 고치시고, 마비된 사람을 일으켜 세우시며, 나사로를 무덤에서 불러내셨다.

사도행전 3장에서는 성전에서 베드로와 요한이 걷지 못하는 거지를 고쳤다. 사도행전 5장에서는 치유가 너무나 흔하게 일어나서 사람들이 혹시 모를 치유를 기대하며 베드로가 지나갈 때 자신의 몸에 그의 그림자가 닿게 하려고 할 정도였다. 사도행전 20장에서 바울은 3층 창문 난간에서 떨어져 죽은 사람을 살려냈다.

치유는 교회 사역의 일부다

예수님이 제자들에게 천국 복음을 선포하라고 말씀하실 때 다섯 번 중 네 번은 제자들에게 병자를 고치라는 명령을 덧붙이셨다. 초자연적 신체 치유는 사도행전에서 비교적 흔한 일이었고, 고린도전서에는 교회에 주어진 성령의 은사 중 하나로 기록되어 있다.

성경은 치유를 회피하지 않고 자극적으로 묘사하지도 않는다. 치유는 더 특별한 은사도 아니고 숨겨야 할 은사도 아니다. 설교, 지혜, 격려, 행정, 예언처럼 교회가 감당할 또 다른 사역일 뿐이다.

치유는 복잡하다

치유가 복잡한 이유는 고통이 실재하고 아프기 때문이다. 치유를 구하는 일은 대부분 고통 한가운데서 이루어진다. 치유를 구할 때 우리는, 지금 우리 삶을 규정하고 있는 무언가를 하나님이 만져 주셔서 삶을 새롭게 규정해 달라고 요청하는 것이다. 하나님이 치유를 허락하시든 그렇지 않든, 질병을 앓고 치유를 구하는 과정에서 우리는 영원히 달라질 수밖에 없다.

나는 이것이 치유와 다른 영적 은사들의 차이점이라고 생각한다. 전부는 아니지만 많은 사람들이 잘못된 가르침에 시큰둥하게 반응한다. 그러나 치유의 기도가 응답되지 않으면 기도의 대상인 하나님을 달리 보게 된다. 이 책을 읽는 독자들 중에는 치유의 사연을 가진 이들도 있고, 고통의 사연이 있는 이들도 있을 것이다. 그리고 많은 이들은 둘 모두를 가지고 있다.

우리는 신학자들이 '이미/아직'이라고 부르는 긴장 속에 살고 있다. 예수님은 죄에 대해 승리하셨고, 우리는 지금 여기에서 그 승리를 누릴 수 있다. 이것이 '이미'다. 그러나 그 승리를 온전히 경험하는 것은 여전히 미래의 일이며, 우리는 예수님의 재림을 기다린다. '아직은 아닌' 것이다. 평생 예수님의 제자로 사는 동안 우리는 '이미'가 주는 압도적인 기쁨을 경험하고 '아직 아닌' 상태에서 오는 고통도 겪을 것이다. 이러한 긴장을 견딜 수 있는 것은 오로지 양쪽 모두를 회피하지 않으시는 하나님 덕분이다. 하나님 나라를 불러오는 승리의 구주이신 동시에 슬픔의 사람, 고난받는 종이었던 예수님 덕분이다.

치유는 복잡한 일이기에 영적 성숙과 목회적 감수성을 갖춘 공동체가 필요하다.

치유는 우리 생각만큼 복잡하지 않다

물론, 치유 성공률이 100퍼센트가 되지 않아도 우리는 치유를 위해 계속 기도한다. 치유는 하나님 나라의 표적이기 때문이다. 누군가의 설교를 듣고 잃어버린 영혼이 전부 믿음을 갖진 않더라도, 우리는 하나님이 그 영혼들을 찾고 구원하기 원하신다는 것을 의심하지 않는다. 우리는 복음 전파를 포기하지 않는다. 성경에 따르면, 가르침과 치유는 모두 영적 은사다. 그래서 가르침, 봉사, 예언 및 기타 은사가 자랄 수 있는 것처럼 치유의 능력도 성장할 수 있다.

"치유하는 것이 하나님의 뜻인가요?"라고 묻는다면, 물론 하나님은 치유를 원하신다고 답할 수 있다. 하나님은 우리 몸의 모든 고통을 치유하실 것이다. 그것은 약속이다. 다만 언제 어떻게 치유가 이루어질지는 불확실하다. 그 시점이 이생일지 내세일지, 이곳에서 기적으로 나타날지 궁극적인 부활로 이루어질지 알 수 없다.

특정 상황에서 "왜 하나님은 치유하지 않으셨을까?"라고 묻는다면, 그에 대한 답은 좀 더 복잡하다. 성경적으로 명쾌하고 깔끔한 답을 찾기 어렵다. 이 부분에 대해서는 잠시 후에 자세히 살펴볼 텐데, 지금은 이렇게만 말해 두자. 치유를 위한 기도에서 아주 확실한 부분은 우리의 기도를 들으시는 하나님이 너무나 선하셔서, 우리의 고통을 포함한 모든 것을 우리의 구원을 위해 사용하신다는 것이다. 우리가 하나님께 맡기기만 하면, 그분은 우리가 이 세상에서 경험하는 모든 것을 구속하실 수 있고 구속하실 것이다.

따라서 치유는 복잡하지만 우리가 생각하는 것만큼 복잡하지는 않다. 이 모든 내용을 한마디로 요약하면 이렇게 말할 수 있을 것 같다. 치유는 우리가 여전히 기다리는 '아직 오지 않은' 영생을 '이미' 맛보는 일이다.

구원이 실체다

많은 사람이 '구원'이라는 말을 들으면 예배 도중의 결단 초청이나 [전도 대상에게] 따라하게 하는 영접 기도를 떠올린다. 나는 그런 것들에 본질적으로 반대하지는 않지만, 그것은 구원이 아니다. 성경적 구원의 핵심은 예수님이 우리를 위해 행하신 일이고, 우리를 위해 행하고 계신 일이며, 앞으로 행하실 일이기도 하다. 구원은 단순한 구출이 아니라 삶이다. 구원은 죄의 용서를 포함하지만 용서를 넘어 은혜로 얻은 구속된 삶으로까지 확장된다. 기독교 철학자 달라스 윌라드는 이렇게 설명한다. "예수님과 초기 제자들의 메시지는 단순히 죄의 용서가 아니라 새 생명을 말했다."[2]

치유는 도래할 하나님 나라를 가리키는 표적이다. 그 나라는 우리가 원하든 원하지 않든 도래한다. 우리가 보든 보지 않든 오고 있다. 확실히 오고 있고, 우리를 위해 오는 그 나라는 영원할 것이다. 그러나 치유는 하나님 나라 그 자체가 아니다. 생명, 충만한 생명, 영원한 생명이 아니다. 그것은 구원이나 실체가 아니라 표적일 뿐이다.

치유는 종종 구원으로 가는 다리가 된다

그렇기 때문에 몸의 치유는 하나님이 몸과 혼과 영을 포함한 전인에게 다가가시는 하나의 방법이다. 그래서 예수님의 치유의 기적 이야기를 보면, 예수님은 육체를 치유하시면서 동시에 "네 죄가 사함을 받았느니라" 같은 말씀을 하신다. 구원은 우리가 이 시대에 경험하는 일이자 다가올 시대에 경험할 일이다. 지금 누리는 것인 동시에 영원히 이어지는 일이다.

이 세상에서 일어나는 모든 치유는 일시적이다

반면에 기적적으로 치유된 사람도 전부 다시 아프거나 다칠 것이다. 나이가 들면 몸이 쇠약해지고 결국 죽음을 맞게 될 것이다. 예수님이 맹인 바디매오의 눈을 뜨게 해주셨지만, 어느 날 죽음이 찾아와 다시 그의 눈을 감겼다. 중풍병자가 자리를 들고 걸었지만, 어느 날 다시 관에 누웠다. 나사로가 무덤에서 걸어 나왔지만, 나중에 두 번째 장례식을 치렀다.

예수님이 부활하심으로 죽음을 이기셨다는 것은 여전히 사실이다! 우리는 치유를 통해 지금 이곳에서 부활 생명의 표적을 경험한다. 그러나 표적과 실체를 혼동하면 안 된다. 오늘의 치유라는 가벼운 맛보기와 다가올 영원한 잔치를 혼동하지 말라.

예수님은 부활하셨다. 죽음은 그분을 붙잡아둘 수 없었다. 나사로가 경험한 것은 소생이다. 그는 많은 나날을 더 살았지만 여전히 죽을 운명이었다. 하지만 소생한 이후 그 나날이 어떠했을지 생각해보라! 다른 면에서는 평범했겠지만 그 나날은 분명 하나님의 영광으로 충만했을 것이다. 주님의 기적적인 영광은 그로 인해 우리가 주님이 허락하시는 일상적인 영광, 즉 이 사람, 이 순간의 거룩함에 눈뜨게 될 때 비로소 제 역할을 다한 것이다.

이 모든 내용이 실질적으로 의미하는 바는 다음과 같다.

모든 표적은 올바른 하나님 나라의 관점에서 구해야 한다

오늘 기적적으로 치유되었다 해도, 내일은 두통에 시달리며 깨어날 수도 있다. 우리의 궁극적인 소망은 오늘의 치유가 아니라 부활에 있다. 같은 맥락에서 사도 바울은 이렇게 담대하게 선포했다. "그리스도 안에서 우리가 바라는 것이 이 세상에만 해당되는 것이라면, 우리는 모든 사람 가운데서 가장 불쌍한 사람일 것입니다."[3]

우리는 열정과 기대를 품고 모든 표적을 열렬히 바라고 구해야 한다

몇 주 후면 둘째 아들 사이먼이 여섯 번째 생일을 맞는다. 아이들은 다 과자를 좋아하지만 이 아이는 그 정도가 다르다. 머릿속에 온통 케이크 생각뿐이다. 케이크가 대기 중이고 한 조각을 맛보기 위해 채소를 남김없이 먹어야 한다면, 사이먼은 생시금치 한 접시를 60초

안에 먹어치울 것이다.

사이먼은 주방 일을 돕는 것을 좋아하지만 사실은 꿍꿍이가 따로 있다. 내가 팬케이크든 쿠키든 생일케이크든 뭔가를 만들 때면 늘 옆에 서서 한입 먹어 보게 해달라고 조른다. 반죽이 묻은 주걱에 관심이 쏠려 있고, 자신이 그것을 핥아먹는 행운의 주인공이 될 수 있도록 요리하는 사람 옆에 항상 붙어 있다.

사이먼의 생일이 얼마 안 남았으니 언젠가는 내가 주방에 들어갈 테고 케이크를 만들게 될 것이다. 아이는 아빠인 내가 잔치를 준비하고 있을 때 잔치 음식을 먼저 조금 맛보고 싶다고 말하면 잘 거절하지 못한다는 것을 알고 있다.

치유는 바로 이런 것이다. 치유는 케이크가 나오기 전에 반죽을 맛보는 일이다. 치유를 대하는 우리의 자세는 사이먼과 같아야 한다. 경이감에 가득 차서 한입 맛보기를 원하고, 그 마음이 너무 간절해서 참을 수 없을 정도가 되고, 반죽 묻은 주걱을 한 번 핥을 수만 있다면 뭐라도 내놓을 준비가 되어 있어야 한다. 그러나 또한 우리는 케이크 하나가 통째로 식탁에 나올 것임을 절대적으로 확신해야 한다. 한입 맛본 반죽이 최고도 아니고 전부도 아님을 절대적으로 확신해야 한다. 이 맛보기는 약속된 것의 예고편일 뿐이다.

치유는 하나님 나라가 아니기에 거기에 우리의 궁극적인 소망이 있지는 않다. 그러나 치유는 하나님 나라의 표적이므로, 우리는 다가올 것을 맛보기를 갈망하며 지금 그것을 구하고 요청한다.

치유를 위해 어떻게 기도하나?

작가 조던 셍은 예수님이 복음서에서 자주 치유하셨지만, 치유의 본을 찾는 이들에게 참고할 만한 내용을 별로 남기지 않으셨다고 지적한다.

성경에 나오는 치유 사역을 연구할 때 흥미로운 점은 많은 치유 이야기가 놀랍

도록 다양한 방식으로 펼쳐진다는 것이다. 베드로의 장모는 예수님이 손을 잡자마자 치유되었지만, 열 명의 나병환자는 예수님 말씀을 듣고 길을 가다가 치유를 경험했다. 예수님은 어느 하인의 귀를 만지심으로 치유하셨지만, 출혈증에 시달리는 여인은 예수께 몰래 다가가 그분을 만졌을 때 치유되었다. 야이로의 딸은 예수님이 부르시자 즉시 죽음에서 부활했지만, 벳새다의 맹인은 예수님이 두 번이나 만져 주신 다음에야 또렷하게 볼 수 있었다. 예수님은 한 사람에게 오그라든 손을 펴라고 명령하셨고, 그 사람은 예수님의 명령대로 불가능한 동작을 하려고 애쓰다 치유되었다. 반면 백부장의 하인은 예수님과 상당히 멀리 떨어져 있었는데 그분의 말씀만으로 치유되었다. 지붕을 통해 예수님 앞에 달아내려진 중풍병자는 먼저 죄를 용서받고 나서 고침을 받았다. 그런데 태어날 때부터 맹인이었던 사람을 예수님이 고치실 때는 죄가 그의 고난에 아무런 역할을 하지 않았다고 제자들에게 분명히 말씀하셨다. 예수님은 등이 굽은 여인을 괴롭히는 귀신을 쫓아내신 다음 여인의 척추를 만져 치유하신 반면, 가나안 소녀를 귀신에서 해방시키실 때는 그 자리에 없었던 소녀 대신에 그 어머니에게 선포하여 치유를 이루셨다. 예수님은 만지심, 명령, 선언으로 사람들을 고치셨다. 때로는 침을 바르시고 때로는 진흙을 바르셨다. 그리고 때로는 병자가 그분의 옷자락에 손을 대는 것으로 충분했다.[4]

초자연적 치유를 위한 단계별 접근법을 찾고 있다면 성경은 적합한 안내서가 아니다. 성경의 기적은 신비로운 일이다. 그러나 치유 기도를 실천한 사람들의 사례를 보면 성경의 치유에 대해 어느 정도 명확하게 알 수 있는 부분도 있다.

행크의 어깨

우리가 살았던 브루클린의 아파트는 2층이라서 두 구간의 계단을 올라가야 했다. 당시 두 살이었던 아들 행크는 늘 엄마나 아빠에게 안겨서 올라가기를 원했지만, 우리는 아이가 계단을 걷게 하려고 노력했다. 우리가 아파트 건물에 들어갈 때마다 꼬마 행크는 첫 번째 계단 앞에 주저앉아 엄마나 아빠가 포기하고 안고 올라갈 때까지 버티곤 했다.

어느 금요일 저녁, 행크가 평소처럼 버티기 시작하자 나는 분명히 선을 그었다. 행크에게 안 된다고 말했다. 두 살배기에게는 받아들이기 어려운 말이었다. 나는 오른손으로 아이의 왼손을 잡고 계단을 오르기 시작했다.

아이들은 피곤하면 몸의 힘을 빼고 축 처진다. 계속 움직일 마음이 없을 때 언제 어디서든 갑자기 몸을 늘어뜨리며 매달린다. 행크는 마지막 계단이 얼마 남지 않은 지점에서 늘 하던 대로 그렇게 했다. 그때 나는 행크의 손을 잡고 있었는데, 몸을 늘어뜨리던 아이가 비명을 질렀다. 전에는 한 번도 들어 본 적 없는 비명이었다.

집안으로 들어서자마자 나는 행크에게 공을 주며 던져 보라고 했는데 아이는 팔을 들지도 못했다. 아이스크림을 한 숟가락 떠서 아이의 왼손에 쥐어 줬지만, 아이는 숟가락을 입으로 가져가려고 손을 들다가 가슴 높이까지 이르자 고통스런 비명을 질렀다. 어깨가 탈구된 것 같았다. 우리는 뉴욕시에 불어 닥친 눈보라를 뚫고 긴급 진료센터로 출발했다.

아이가 다쳤을 때 나는 화가 난 상태가 아니었고 내 잘못이 아니라는 것도 객관적으로 알았지만, 가슴 한구석에선 형언할 수 없는 몹쓸 기분이 들었다. '아이가 이 일을 기억할까? 이것이 나에 대한 첫 기억이 되면 어쩌지? 이 일이 아이에게 장기적으로 영향을 미치면 어쩌나? 긴급 진료센터에서 학대혐의로 경찰의 심문을 받게 되는 건 아닐까?'

담당 소아과 의사는 엑스레이 촬영 후 우리의 의심이 옳았음을 확인해 주었다. 행크의 회전근개는 파열되지 않았고 인대 손상도 없었다. 그러나 어깨가 탈구된 상태였다. 유아의 뼈는 워낙 유연한 터라, 우리는 모든 의사가 행크의 팔을 하나님이 원래 두신 위치에 도로 끼워 넣는 기술을 갖추고 있다고 믿을 수 없었다. 소아 정형외과 의사를 가장 빨리 만나는 스케줄은 다음 날 아침에 소아과 응급실로 가는 것이었다.

그날 밤은 내 인생에서 최악의 밤 중 하나였다. 행크는 수없이 잠에서 깼다. 탈구된 어깨 쪽으로 몸이 구를 때마다 통증이 아이의 팔과 가슴을 타고 전해졌다. 행크는 그 날카로운 통증에 놀라 계속 잠에서 깨어 울어댔고 거의 자지 못했다. 나 역시 한숨도 못 잔 느낌이었다.

다음 날 아침, 집을 나서기 직전에 커스틴에게 한 가지 생각이 떠올랐다. "가기 전에 사이먼을 초대해 행크를 위해 기도해 달라고 해야겠어." 사이먼은 우리 교회 장로였는데, 초자연적 치유에 대한 믿음이 특별히 충만한 사람이었다. 전화했을 때 그는 외출 중이었다. 그렇지 않아도 정신없는 토요일이 될 것이 분명한 상황이었지만, 커스틴은 병원 대기시간이 한참 길어질 위험을 감수하고서라도 집을 떠나기 전에 기적을 구하는 기도를 해야 한다는 확신을 느꼈다.

사이먼은 한 시간 후에 도착했다. 야고보서 5장에 나오는 장로들의 치유 기도 지침에 따라 기름을 가져왔다. 우리는 거실에 함께 앉았다. 사이먼과 커스틴은 가죽 소파에, 나는 맞은편의 낡은 녹색 안락의자에 앉았고, 행크는 그 가운데 카펫 위에 자리를 잡았다.

사이먼은 "성령이여, 오소서"라는 고대의 기도를 드리고 침묵 속에서 기다렸다. 약 20초 후 커스틴이 침묵을 깨고 담담하게 기도했다. "하나님, 저는 하나님이 치유하실 수 있다는 것을 알지만 치유하실 거라고 생각하지는 않습니다. 저는 교회 앞에 서서 치유하시는 하나님을 믿는다고 이론적으로는 설명할 수 있지만, 하나님이 제 아들의 고통에 대해 뭔가 해주실 거라는 믿음을 가지고 기도할 수가 없습니다. 아주 솔직히 말하면, 저는 하나님이 이 상황에 관심이 있으실 거라는 생각이 안 듭니다. 하나님이 가난한 아이의 영양실조나 임종 직전의 백혈병은 치료해 주실지 몰라도, 행크의 어깨에는 신경도 안

9. 치유   177

쓰실 것 같습니다. 회개합니다. 제 불신앙을 회개합니다. 의심하는 저를 도와주세요."

커스틴이 참회의 심정으로 이 모든 내용을 하나님께 아뢰는 동안 나는 눈을 뜬 채 바닥을 보고 앉아 있었다. 그러다 얼핏 행크가 움직이는 것이 보여서 고개를 들었다. 행크는 자기가 제일 좋아하는 책을 집어 왼손으로 들고는 손을 뻗어 나에게 건넸다. 팔을 머리 위로 쭉 뻗으면서 책을 읽어 달라고 말했다. 놀라기도 하고 호기심도 발동한 나는 발밑에 있던 공을 아이의 왼손에 쥐어 주었다. 그러자 아이는 곧바로 나에게 도로 공을 던졌다. 그 순간 용기가 생겨서 나는 행크의 두 손을 잡고 부드럽게 들어 올려 아이의 두 팔에 온몸의 무게가 실리게 했다. 행크는 내가 장난치는 줄 알고 웃었다.

"여러분, 여길 보세요!" 나는 외쳤다.

행크의 탈골된 어깨가 순식간에 완전히 회복되었다. 그런 장면을 본 적이 없던 나는 숨을 헐떡이며 말했다. "기도한 대로 되었어요! 믿을 수가 없어요! 기도한 대로 되었어요!"

좌우 시력 2.0

내 친구 피트 포털은 남아프리카공화국 마넨버그에서 중독자와 갱단원들의 재활을 돕는 아름다운 공동체 '트리 오브 라이프'를 총괄하고 있다. 최근 이 공동체의 월례 저녁예배 시간에 특별한 일이 일어났다. 몇몇 사람이 앞으로 나와 극적인 이야기를 들려주었다. 그들은 상당히 회의적인 마음으로 그 자리에 참석했는데, 그날 저녁 하나님이 그들의 통증 또는 질병을 치유해 주셨다는 내용이었다. 그리고 예배가 막바지에 이를 무렵에는 다른 회의론자들도 눈물을 흘리며 치유자이신 예수님을 찬양했다.

하지만 정말 흥미로운 부분은 따로 있다. 뒤쪽에서 슬라이드를 넘기던 남자는 근시 때문에 안경을 쓰고 있었는데, 부스에 앉아 가사를 따라가던 중 갑자기 화면이 잘 보이지 않았다. 순식간에 모든 것이 흐릿해지고 초점이 맞지 않았다. 그래서 안경을 벗었더니 놀랍게도 사물을 또렷하게 볼 수 있었다.

나중에 그는 예배가 시작될 즈음에 부스 뒤에서 짧은 기도를 중얼거렸다고 털어놓았다. 이 모든 예배의 주인공이 정말 하나님이시고, 자기 최면을 걸어 집단 사고에 사로잡히는 선의의 종교인들이 아니라는 분명한 표적을 달라고 하나님께 간구했다는 것이었다. 그리고 마지막 곡이 연주될 무렵, 그는 좌우 시력 2.0으로 세상을 볼 수 있었다!

브룩스의 심장

브룩스는 불과 5년 사이에 두 번의 개심술(開心術)을 받는 혹독한 시기를 보냈다. 그런 그에게 이번 일은 더 이상 감당할 수 없는 결정타가 될 것 같았다. 브룩스는 고장 난 심장을 고치기 위해 세 번째 시도를 하는 외과의들의 손에 다시 한번 목숨을 맡겨야 했다. "즉각 수술이 필요합니다. 사망 확률이 높지만 시도는 해봐야지요. 다른 수가 없어요."

브룩스의 건강보험은 악몽 같은 상태였기에 수술 일정을 잡는 것도 지연되었다. 목숨이 경각에 달려 있는 상황에서 이런 지연은 특히나 불안감을 안길 수밖에 없었다. 그 와중에 많은 사람들이 브룩스를 위해 기도해 주고 싶어 했고, 브룩스는 그것을 받아들였다. 왜 안 되겠는가? 잃을 게 뭐가 있다고?

하지만 브룩스의 태도는 그저 "왜 안 되겠어?" 정도의 반응이 아니었다. 그는 하나님이 자신의 몸을 치유하기 원하신다는 확신이 있었다. 그것은 어수룩한 믿음도, 신적 치유에 대한 잘못된 요구도 아니었다. 그저 기도 중에 생긴 겸손한 직감, 어떤 식으로든 그의 몸의 고통이 하나님의 영광을 생생하게 드러내는 계기로 쓰일 것이라는 직감이었다. 이전에 진행했던 두 번의 심장 수술에서는 느끼지 못했던 생각이었다.

카리스마 넘치는 믿음의 치유자들이 브룩스의 집을 드나들며 힘껏, 더없이 진실한 기도를 드리고 있었다. 그러나 아무 일도 일어나지 않았다. 적어도 눈에 보이는 변화는 없었다. 하루 또 하루가 계속 흘러갔다.

수술이 예정된 주가 되었고, 예후가 비관적이다 보니 브룩스는 그 주가 생애의 마지막 시간이라고 생각하라는 지침을 받았다. 어쩌면 마지막이 될지 모르는 주일, 브룩스는 부모님과 함께 교회에 갔다. 평소에는 그가 사는 지역에 있는 다른 교회에 다녔지만, 그날은 생각이 너무나 복잡했기 때문에 완전한 익명성 뒤에 숨어 예배를 드릴 수 있는 교회를 택한 것이었다.

예배의 첫 찬양이 울려 퍼지는 동안 많아야 스물다섯 살 정도로 보이는 낯선 청년이 그에게 다가와서 물었다. "안녕하세요. 브룩스씨 맞죠?"

"네, 맞습니다."

"잘됐네요!" 젊고 낯선 남자는 브룩스와 그런 식으로 만나게 된 데에 수줍게 흥분하는 듯 보였다. "우리 교회에 치유 기도를 제대로 해보고 싶어 하는 분이 있어요. 저와 함께 가보실래요? 선생님의 사연을 알아요. 그분이 선생님을 위해 기도해 줄 겁니다."

익명성은 물 건너갔지만 브룩스는 기도를 거절할 사람이 아니었다. 젊은 남자는 브룩스를 앞줄로 데려가서 어떤 남자의 어깨를 두드리며 상황을 설명했다. "형제님, 치유 기도에 대해 관심이 많으시죠? 여기 브룩스씨는 끔찍한 진단을 받았고 기적이 필요합니다. 어떻게 생각하세요?"

앞줄 남자의 표정은 차 헤드라이트 불빛에 얼어붙은 사슴 같았다. 그 순간 브룩스는 자신만 뜻밖의 상황에 휘말린 게 아니라는 걸 깨달았다. 남자는 브룩스의 가슴에 손을 얹고 기도하기 시작했다. 두 사람은 전혀 모르는 사이면서도 너무나 친밀한 상호작용을 하는, 이상해 보이는 짝이었다. 두 사람 사이의 공통점은 오직 예수님뿐이었다. 그리고 한 사람이 다른 사람의 절실한 필요에 하나님이 기적적으로 개입해 주시기를 간구했다.

기도는 특별한 것이 없었다. 짧고 소박하고 간단명료했다. 특별히 유창하거나 길지 않았고 서정적이라기보다는 대화하는 것 같았다. 브룩스는 이렇게 회상했다. "하지만 그분이 기도할 때 제 가슴에 엄청난 열기가 느껴졌습니다. 가슴에 불이 붙은 것처럼 견딜 수 없을 정도였어요. '아멘' 소리와 함께 제 자리로 돌아오는데 이런 생각이 들더군요. '하나님, 방금 저를 고치신 건가요?'"

그다음 주 브룩스는 수술 전 마지막 흉부 스캔을 받기로 되어 있었다. 스캔을 받고 나서 3일 후, 브룩스는 의사의 전화를 받았다.

"놀라운 소식이 있습니다. 감염이 보이지 않아요. 애초에 우리가 오진했나 봅니다." 의사의 설명에 브룩스가 대답했다. "아뇨, 틀린 게 아닙니다. 이전 스캔을 보세요!"

"지금 보고 있습니다. 이전 스캔에는 확실히 감염이 보이네요." 의사는 그렇게 말한 뒤 예상되는 후속 질문에 선수를 쳐서 답했다. "그런데 새로 찍은 스캔에는 감염이 없어요. 어떻게 설명해야 할지 모르겠군요."

브룩스는 울다가 웃다가 하면서 이 모든 이야기를 전해 주었는데, 기적적인 그 순간의 감동에서 아직 헤어나지 못하고 있었다. 그는 치유를 가져다준 그 기도에 대해 이렇게 말했다. "역시 하나님은 그렇게 일하시는군요. 그 많은 숙련된 '신앙 치유자'들의 온갖 기도를 건너뛰신 것은, 기적에 대한 경험이 별로 없어도 겸손한 열망과 적극적인 믿음으로 기적을 간구하는 진실한 사람의 소박한 기도를 들어주시려는 거였어요."

* * *

그렇다면 치유는 어떤 식으로 일어날까? 행크의 경우에는 엄마의 회개가 효과가 있었다. 슬라이드를 넘기던 자원봉사자의 경우, 뒷자리에서 아무도 듣지 못하게 혼자 속삭인 기도가 있었다. 브룩스의 경우는 단 한 번의 안수기도로 충분했다.

공식은 없다.

그렇다면 왜 치유가 이루어졌을까?

치유 기도 방법에 대한 전문지식이 있어서? 아니다. 브룩스를 위해 기도한 사람은 치유 사역의 경험이 없었고, 기도를 통해 누군가 치유되는 광경을 본 적도 없었다. 치유의 통로가 되는 경험도 전무했다. 치유 기도를 하는 쪽이나 받는 쪽의 특별히 경건한 믿음 때문인가? 아니다. 커스틴은 자신의 의심을 기도로 고백했고, 피트의 공동체에서 하나님의 치유 능력을 경험한 세 사람은 그날 예배에 회의적인 마음으로 참석했노라고 고백했다.

그렇다면 왜 어떤 경우에는 치유가 되고 다른 경우에는 치유가 이루어지지 않을까?

모르겠다. 이것이 유일하게 솔직한 대답이다.

하지만 한 가지만은 분명하다. 누군가를 위해 기도했는데 그 사람이 여전히 고통받는 것을 보게 된다 해도, 그것은 적절한 말이나 충분한 믿음, 제대로 된 기법이 부족해서가 아니라는 것이다. 치유는 주문을 아는 마법사가 나타나야 이루어지는 일이 아니다. 치유는 하나님이 우리에게 사랑을 보여주시는 한 가지 방법이다. 사제이자 영성 지도자인 앨베어 하씨는 이렇게 말했다. "치유는 성취가 아니다. 선물이다."⁵

오늘날에도 하나님이 치유를 원하시는지 여부를 알기 위해 성경을 읽으면 단순명쾌하게 '그렇다'는 답을 얻을 수 있다. 하지만 하나님의 치유에 동참하는 방법을 찾기 위해 성경을 읽는다면, 읽기 전보다 더 혼란스러워질 것이다. 기적에는 신비가 담겨 있다. 성경은 공식을 제공하지 않는다. 하지만 그렇다고 해서 성경이 아무것도 알려 주지 않는 것은 아니다.

기억하는가? 치유는 케이크가 준비되고 있을 때 그 반죽이 묻은 주걱과 같다고 했다. 사이먼이 케이크 굽는 레시피를 몰랐던 것처럼, 나도 신적 치유의 레시피를 모른다. 하지만 사이먼처럼 주방 근처를 자주 얼쩡대다 보면 어떤 재료가 들어가는지 정도는 알게 된다. 각 재료가 얼마나 들어가고 어떻게 조리하는지는 여전히 모른다 해도 말이다. 성경은 우리에게 그 정도는 알려 준다. 이번 장의 연습 부분에서는 치유 기도의 재료를 살펴볼 것이다.

네페쉬

끈적한 고름이 기적처럼 제거되고 몇 달이 지난 후, 팀은 그 경험을 되돌아보았다. 그리고 여러 사람의 도움을 받아 전체 상황을 파악하기 시작했다. 팀의 치유가 이루어진 시기는 하나님이 여러 방법으로 그의 영혼을 치유하고 새로운 영적 생명을 불어넣어 주셨던 심오한 영적 갱신의 해가 끝나가던 무렵이었다.

팀 매키는 포틀랜드에 있는 우리 교회의 친구이자 동역자일 뿐 아니라 '바이블 프로젝트'를 이끄는 주요 인사 중 하나다. 세계적으로 유명한 이 사역은 사람들이 성경을 예수님과 이어지는 통일된 이야기로 경험하도록 돕는다. 팀은 구약성경에 700회 이상 등장하는 히브리어 단어 '네페쉬'에 대해 많은 연구를 했다. 영어 성경에서는 보통 이 단어를 'soul'(영혼)로 번역하지만, 흥미롭게도 이 단어의 가장 문자적인 의미는 '목구멍'이다.

사람들은 보통 영어 단어 'soul'을 죽을 때 육체와 분리되는, 사람의 비물리적 본질로 생각된다. 이러한 이해는 후대의 그리스적 이해 방식에 뿌리를 두고 있다. 하지만 영혼에 대한 성경의 이해는 이와 상당히 다르다. 네페쉬는 문자적으로 '목구멍'을 의미하지만, 고대 이스라엘 사람들은 이 단어를 사람 전체를 가리키는 말로 썼다. 사람의 목구멍으로 들어오고 나가는 것이 온몸에 양분을 공급하고 생명 전체를 나타내기 때문이다. 성경이 말하는 네페쉬는 사람이 죽을 때 몸에서 분리되는 무엇이 아니다. 사람이 바로 네페쉬, 즉 살아 숨 쉬는 영적 존재다.

한 친구가 팀에게 말했다. "이 표적이 가리키는 실체가 보이지 않으세요? 하나님은 목사님의 목구멍만 고치신 게 아니에요. 그분은 목사님의 네페쉬를 치유하고 계셨어요. 하나님은 목사님의 전 존재를 치유해 오셨고, 목사님이 온전하고 충만하게 살아날 때까지 계속 치유하겠다고 약속하셨어요."

팀의 눈이 커졌다. 그는 목구멍의 치유가 단순한 육체적 고통의 제거나 의료비 절감, 재미있는 이야깃거리를 넘어 그 이상의 의미를 지니고 있음을 깨닫기 시작했다. 그것은 하나님 나라의 표적, 즉 우리가 여전히 기다리는 '아직 오지 않은' 영생의 '이미' 주어진 맛보기였다.

팀이 경험한 치유는 하나님이 그분의 가장 크고 광범위하며 개인적인 약속을 팀이 깊이 이해하고 인격적으로 받아들일 수 있는 언어로 체화시켜 말씀하신 것이었다. 그것이 성령이 하시는 일이다. 성령은 예수님의 확실한 약속을 물리적이고 구체적인 경험으로 번역하시고, 우리가 그 경험을 토대로 소망을 갖고 충만한 구원을 기다리게 하신다.

실천.   **치유 기도의 여섯 가지 구성요소**

1. 하나의 요소, 믿음

마가복음 6장에서 예수님은 기적을 행하는 사역이 한창 무르익을 무렵에 고향을 방문하셨다. "예수께서는 다만 몇몇 병자에게 손을 얹어서 고쳐 주신 것 밖에는, 거기서는 아무 기적도 행하실 수 없었다. 그리고 그들이 믿지 않는 것에 놀라셨다."[6]

거기서 몇 장을 넘기면 예수님이 맹인 바디매오를 고치시는 장면이 나오고, 우리는 [치유에서 믿음의 역할을 보여주는] 반전을 목격하게 된다. "예수께서 이르시되 가라. 네 믿음이 너를 구원하였느니라 하시니 그가 곧 보게 되어."[7]

성경은 믿음을 치유의 핵심 요소로 분명하게 제시한다.

하지만 이 진리를 인정하면 수치심이나 정죄가 따라올 수 있다는 것을 서둘러 밝혀두고 싶다. '내 믿음이 부족하지 않았다면 하나님이 저 사람을 고치셨을 텐데'라고 생각하는 사람들이 생길 수 있다. 하지만 내 말은 절대 그런 뜻이 아니다. 믿음은 치유의 요소 중 하나이지만, 치유에는 믿음 이외의 다른 요소들이 있고 가려진 신비한 부분도 많다.

그래도 하나님이 치유를 원하신다는 것만큼은 자신 있게 말할 수 있다. 믿음은 치유에서 일정한 역할을 한다. 하나님은 자비롭고 은혜롭고 노하기를 더디하고 한결같은 사랑이 풍성하시다.[8] 따라서 만약 당신이 수치심이나 정죄감을 느낀다면, 하나님이 아니라 속이는 자가 당신을 정죄하는 것이다. 그러니 그런 감정은 떨쳐 버리라.

2. 준비

마가복음 9장은 예수께서 간질로 고통받는 소년을 치유하시는 이야기를 전하는데, 소년의 경우에 간질은 귀신이 들려서 생긴 결과였다. 예수께서는 소년을 치유하지 못하고 있던 제자들에게 다가가셔서 흥미로운 말씀을 하셨다. "이런 부류는 기도와 금식으로 쫓아내지 않고는, 어떤 수로도 쫓아낼 수 없다."[9] 기도와 금식은 '성별', 즉 '거룩하게 따로 구별함'을 의미하는 용어다. 기도와 금식의 방법으로 우리 삶을 거룩하게 구별하고, 신성한 용도로 쓰일 수 있도록 자신을 내어놓는 것이다.

하나님께 우리 삶을 더 많이 드릴수록 영적 능력이 더 자라난다. 치유의 은사를 원한다면 기도와 금식을 늘려야 한다. 조던 셍은 이렇게 말했다. "우리는 병자들을 위해 기도할 줄 아는 목회자가 아쉬운 게 아니라, 순종, 믿음, 은사, 성별에 푹 잠겨 영적 능력을 기른 목회자들이 아쉽다."[10]

3. 단순한 기도

기도에 대한 예수님의 가르침에서 가장 과소평가된 말씀은 이것이다. "또 기도할 때에 이방인과 같이 중언부언하지 말라. 그들은 말을 많이 하여야 들으실 줄 생각하느니라. 그러므로 그들을 본받지 말라."[11]

예수님의 기도와 명령이 기적적인 치유를 일으킨 사례를 살펴보자.

— 나병환자에게. "깨끗함을 받아라."[12]
— 죽은 소년에게. "청년아, 내가 네게 말하노니 일어나라."[13]
— 중풍병자에게. "일어나 네 침상을 가지고 집으로 가라."[14]
— 베드로는 교회 역사 초기에 랍비의 방식을 따라했다. "나사렛 예수 그리스도의 이름으로 일어나 걸으라."[15]

각각의 명령이나 기도는 놀라울 정도로 단순하다. 기적을 구하며 길고 유창하게 기도하는 것은 대단한 언변으로, 하나님을 자극하면 응답하실 가능성이 높다는 무언의 믿음을 드러내는 일이다.

치유 기도에 관해 반드시 기억해야 할 것이 있다. 하나님은 당신의 치유를 당신보다 더 바라신다는 것이다. 당신이 누구이든, 어떤 사연이 있든, 사랑이신 하나님보다 당신의 치유를 더 원하는 이는 없다. 따라서 단순한 기도로 충분하다.

4. 끈기

성경의 치유 기록에는 끈기가 자주 등장한다. 마가복음 8장에서 예수님이 맹인의 눈에 침을 뱉고 안수하시고 "무엇이 보이느냐"고 물으신 이야기도 그중 하나다. 그 남자의 시력은 개선되었지만 치유되지는 않았다. 사람들이 걸어 다니는 나무처럼 흐릿하게 보였다. 그래서 예수님이 그 눈에 다시 안수하셨고 마침내 완전한 치유가 이루어졌다.

우리가 치유를 위해 기도할 때 약간 좋아지는 정도에 그쳐서 계속 기도해야 하는 경우도 있다. 성령의 능력과 온전히 연결되신 예수께 이런 사례가 있었다면, 우리도 같은 상황을 예상해야 한다.

존 윔버는 과장 광고나 조작이 아닌 성령의 능력으로 나타난 초자연적 치유라는 놀라운 유산을 남겼다. 어떻게 그런 일이 일어났느냐는 질문에 그는 이렇게 대답했다. "우리는 치유를 위해 끈질기게 기도했고 많이 실망했습니다. 아홉 달인가 열 달 동안 계속 기도하여 마침내 한 건의 치유가 이루어졌습니다! 그다음에는 두 배나 많이 두 배나 오랫동안 기도했고 마침내 또 한 명이 치유되었습니다! 그 시점에 수문이 열렸고, 우리가 끈질기게 구했던 치유가 일상적인 일이 되었습니다."[16]

5. 치유와 고통은 모두 구원의 속성을 지닌다

앞으로 한 장을 통째로 할애하여 고난의 구속적 능력에 대해 다룰 예정이므로 여기서는 이 정도로 간단명료하게 말해 두자. 예수님은 기적적인 치유자이셨지만, 그분의 가장 효과적인 치유 행위는 고난을 당하고 결국 십자가에서 죽으심으로 이루어졌다. "그가 채찍에 맞으므로 우리는 나음을 받았도다."[17]

처음부터 끝까지 기적적인 치유로 가득 차 있는 성경은 구속적 고난으로도 가득 차 있다. 목사이자 활동가인 케네스 리치는 육체적 치유를 위해 기도할 때 십자가를 들라고 조언한다. 십자가는 예수님의 상처가 우리에게 완전한 치유를 가져다준다는 사실을 떠올려 주는 상징물이기 때문이다.[18]

예수님이 계시하신 하나님은 우리의 개별적 사연과 질문에 만족스러운 답을 주시지 않는다. 그러나 예수님은 우리와 함께 고난을 당하셨고 지금도 당하시며, 고난이 어떤 희생을 요구하는지 친히 아시고, 나의 고난이나 당신의 고난이 조금도 헛되지 않게 하시겠다고 단호하게 약속하시는 하나님을 보여주셨다.

6. 치유 기도는 결코 의학을 대체하지 않는다

나는 누구에게도 의학적 치료 대신에 초자연적 치유를 추구하라고 권하지 않는다. 성경에는 그런 전례가 없으며, 잘 정립된 치유 신학에는 의학적 치료가 포함된다. 하나님은 대체로 의학을 통해 치유하시고, 의학 없이(또는 의학의 한계를 넘어서) 치유하시는 경우는 가끔 있는 일이다. 의학적 치료와 성경적 치유를 대립시키는 것은 왜곡된 신학이다.

지금까지 초자연적 치유에 대한 성경적 요소들을 살펴보았다. 그러나 이것은 치유의 비결이 아니다. 이 세상에서 기적적인 치유라는 하나님 나라의 놀라운 표적을 맛본 사람은 많은 실망도 함께 경험한다. 우리는 표적을 그 실체와 관련하여 적절한 관점에서 바라보면서 치유를 위해 기도할 수 있다. 예수님이 계시하신 하나님은 우리가 완벽하게 이해할 수 있는 분은 아니지만, 완벽하게 신뢰할 수 있는 분임을 믿으면서 말이다.

10. 증인

> 오직 성령이 너희에게 임하시면 너희가 권능을 받고 예루살렘과 온 유대와 사마리아와 땅 끝까지 이르러 내 증인이 되리라.
> 행 1:8

멜라니는 전화를 끊고 나서 아무 말도 할 수 없었다. 제일라의 목소리에서 그녀가 받은 충격이 느껴졌다. 아니, 그 이상이었다. 소식을 전하는 목소리는 겁에 질려 있었다. 어머니가 약물 과다 복용으로 사망했다는 내용이었다. 제일라와 동생들은 갑자기 아동보호국의 관리 대상이 되었다. 그리고 평생 단 하루도 떨어져 자 본 적 없는 네 아이들이 순식간에 서로 다른 위탁가정으로 흩어졌다. 맏이인 열여섯 살의 제일라는 단호하고 강인한 태도를 보이며 늘 어른처럼 행동했었다. 그러나 그날의 충격은 제일라를 아이로 되돌려 놓았다. 어찌할 바를 모르고 겁먹고 외로운 아이로.

그 전화를 받기 몇 달 전, 멜라니는 도심 멘토링 프로그램에서 자원봉사를 하던 중에 제일라를 만났다. 멜라니와 남편 레이는 그 후 몇 주에 걸쳐 제일라의 어머니와 세 동생도 알게 되었다. 멜라니와 레이는 기도로 성령의 인도를 받아가며 제일라 가족의 실질적, 재정적인 어려움을 돕고 주거를 지원하는 식으로 그들의 삶 전체를 섬기기 시작했다. 레이는 내슈빌에 주거용 건물을 몇 채 소유하고 있었는데, 정부 지원 주택에서 살던 제일라 가족은 결국 레이가 소유한 다세대 주택으로 이사했다. 그들은 잘 지내는 듯 보였다. 모든 일이 동화처럼 펼쳐지고 있었는데, 그날의 전화 한 통으로 모든 것이 달라졌다.

멜라니는 충격에 휩싸였다. 그녀와 레이는 어찌할 바를 몰랐다. 아이들이 걱정되었고 펼쳐지는 과정이 혼란스러웠다. 목소리를 낼 수 없는 네 아이들의 처지를 누가 대변해 줄지 염려가 되었다. 멜라니를 말없이 바라보던 레이는 고개를 숙이고 두 손으로 머리를 감싼 채 기도하기 시작했다. 성령께 도움과 지혜와 인도를 구했다.

그 기도는 놀라운 구원이 펼쳐질 미끄러운 경사로와도 같았다. 몇 달 후, 레이와 멜라니는 네 아이의 위탁부모가 되었고 공식 입양 절차의 고된 과정을 치르고 있었다. 그들의 삶이 공허했던 것은 아니었다. 의미나 목적을 찾고 있던 것도 아니었다. 순진하게 구원자 콤플렉스에 휘둘린 것도 아니었다. 그들은 갑작스러운 슬픔과 긴박한 필요라는 절박한 소란 속에서 성령의 속삭임에 인도함을 받았다.

어떤 의미에서는 레이의 기도가 그들 부부의 계획을 완전히 망쳐 놓았다고 말할 수 있을 것이다. 이 모든 일은 이미 자녀를 모두 독립시킨 후 인생의 다음 단계로 넘어가 둘이서 살아가는 부부에게 일어났다. 중년에 정신없이 사느라 미뤄두었던 주말여행을 즐기며 속도를 늦추고 느긋하게 살게 될 줄 알았던 단계에서 활기찬 네 아이의 부모가 되었다. 많은 친구들은 그들이 미쳤다고 생각했(고 지금도 그렇게 생각한)다. 누가 알겠는가? 그들은 미쳤는지도 모른다.

하지만 다른 의미에서는 그 기도가 그들의 목숨을 구했다고 말할 수 있다. 그 기도로 인해 문화적 규범이 아닌 성령의 초청에 따라 그들의 계획이 세워졌다. 토머스 머튼은 성령께 도움을 요청하는 것이 위험한 일이라고 했다. 성령이 우리에게 죽음을 가르치시기 때문에 그렇다고 했다.[1] 그리고 예수님은 자신에 대해 죽는 것, 목숨을 잃는 것이 목숨을 구하는 유일한 길이라고 말씀하셨다. 따라서 성경적 상상력을 발휘해 보면, 레이 부부의 '삶을 뒤흔든 선택'은 예수님 안에서 우리에게 약속된 충만하고 자유롭고 풍성한 삶으로의 또 다른 초대였다고 할 수 있다.

그런데 말이다. 레이와 멜라니에게 그 선택은 일종의 죽음처럼 느껴졌다. 몇 주가 지나고 몇 년이 흐르면서 수많은 부조화와 의견충돌이 발생했다. 세대차와 문화적 차이를 넘기 위해 서로서로 배워야 했다. 모든 단계가 어려웠다. 객관적으로 말해, 자녀를 독립시킨 부부가 누릴 수 있다고 하는 삶, 해변 별장 발코니에 발을 올려놓고 마티니를 저으며 쉬는 삶보다는 훨씬 더 힘들었다.

그런가 하면 그것은 진정한 삶이기도 했다. 예수님을 따르는 자들만이 상속받을 수 있는 모험, 레이와 멜라니가 그 어떤 아메리칸드림과도 바꾸지 않을 모험이었다. 성령의 인도하심으로 그들은 의식적으로 추구하지 않았던 길을 걷게 되었다. 사랑 때문이었다. 그것은 극단적이고 희생적인 사랑, "기도의 모험을 감수하지 않았다면 결코 시도하지 않았을" 사랑이었다. 그리고 값비싼 사랑은 편안함, 방종, 끊임없는 휴식에서는 기대할 수 없는 방식으로 사람의 마음을 의미와 생명으로 가득 채운다.

그들은 절박한 상황 속에서 기도라는 위험한 도구로 인도를 구했고, 성령은 이 경험 많은 성도들에게 또 다른 죽음을 가르치셨다. 죽음으로써 그들이 보다 충만한 삶을 누릴 수 있게 하셨다.

가라, 그러나 기다리라

예수님이 승천 전에 제자들에게 마지막으로 나타나신 장면들은 "가라, 그러나 기다리라"는 모순된 메시지를 전하고 있는 듯하다. 그분은 대위임령[2]에서 아주 잘 드러나듯 파송의 말씀과 지시를 내리시지만, 동시에 혼자 힘으로 나서지 말고 약속된 능력의 성령을 기다리라고 당부하신다.

누가복음에 기록된 예수님의 마지막 말씀은 "너희는 위로부터 능력으로 입혀질 때까지 이 성에 머물라"는 것이다.[3] 누가의 두 번째 책인 사도행전은 같은 취지의 말씀으로 시작된다. "예루살렘을 떠나지 말고 내게서 들은 바 아버지께서 약속하신 것을 기다리라."[4]

"가라, 그러나 기다리라." 제자들은 사도행전 1장에 나오는 예수님의 승천과 사도행전 2장에 나오는 성령의 선물 사이에서 이런 어중간한 상태에 놓여 있다.

부활하신 메시아께서는 우리가 성령의 능력을 덧입기보다 언제나 자신의 능력에 의지하여 자기 힘으로 나아가려는 유혹에서 영원히 자유롭지 못할 것임을 아시는 듯하다.

"주님, 주님께서 이스라엘에게 나라를 되찾아 주실 때가 바로 지금입니까?"[5] 이것이 제자들의 질문이었다. 그들은 예수님의 마지막 말씀, 즉 그분의 성령이 그들 각 사람의 내면 깊숙이 들어갈 것이라는 마지막 설명을 중간에 끊고 그렇게 물었다. 이는 의미심장하다. 십자가와 빈 무덤을 경험한 후에도 제자들은 여전히 권력 위에 세워지고 무력으로 완성되는 정치적 나라를 상상하고 있었다. 예수님은 줄곧 다른 세상의 패러다임에서 사역해 오셨건만, 그들은 여전히 '도래할 하나님 나라'를 이 세상의 용어로 해석하고 있었다.

성령을 받기 전, 제자들의 관심사는 승리하는 국가였다. 그러나 성령을 받은 후에는 새로운 인류를 생각하게 되었다. 예수님이 인류를 위한 흠 없는 삶, 희생적인 죽음, 승리의 부활을 통해 이루신 모든 일로 인해 그들의 시야는 넓어졌고 상상력은 확장되었다.

제자들처럼 우리도 예수님보다 앞서가고자 하는 유혹에 항상 노출되어 있다. 우리는 이야기의 줄거리를 안다고 생각하고, 성령께서 힘 주시고 인도하시기를 기다리기보다는 서둘러 행동에 나선다. 성령의 능력이 아닌 인간의 의지력으로 예수님의 사역을 감당하려 하면 늘 고통스런 결과를 맞게 된다. 우리의 의도는 좋을지는 몰라도, 세상을 새롭게 하려면 인간의 상상력보다 더 큰 지혜와 인간의 노력보다 더 큰 힘이 필요하다.

　49일간의 기도 모임이 절정에 이르렀을 때, 다락방에 문을 닫고 안전하게 머물던 사도들의 무리가 성령을 처음 경험했다. 그러나 성령은 곧 그들을 아늑한 모임의 경계를 넘어 선교의 현장으로 이끄셨다. 성전 문에 앉아 있는 걷지 못하는 거지와 배고픈 과부들에게 가는 것은 그들의 생각이 아니었다. 성령께서 그들을 그리로 몰고 가셨다. 에티오피아 내시와 함께 성경을 펼치고 이방인들과 함께 예배를 드리며 사마리아인들과 함께 식사하는 것도 그들에게서 나온 생각이 아니었다. 성령께서 그들을 그 자리로 인도하셨다.

　신학자 마이클 그린은 이렇게 말한다. "보혜사(Comforter)께서는 〔사람들이〕 편안하게(comfortable) 지내게 하려고 오시는 게 아니라, 그들을 선교사로 만들기 위해 오신다.……성령은 교회의 전도에 동력을 공급하시고, 보통은 내켜하지 않는 교인들을 몰아붙여 하나님이 그들에게 안수하여 맡기신 사명인 선교를 감당하게 하신다."⁶

　어떤 사람들은 '성령 충만한'이라는 용어를 함께 모여서 아주 활발한 예배를 드리는 교회, 즉 열정적 찬양과 열광적인 예배와 은사주의를 실천하는 공동체를 가리키는 데 쓴다. 그러나 우리가 뭔가 거꾸로 이해하고 있는 것은 아닐까? '성령 충만한' 공동체는 오히려 흩어진 상태에서 예배를 아주 활발하게 드리는 공동체일 수도 있다. 성령의 생명은 그 권능으로 우리를 교회 밖으로 내보내어 이 세상에서 다른 세상의 소문을 퍼뜨리며 사는 임무를 맡긴다.

너희는 내 증인이 될 것이다

오순절 전에 예수님이 주신 마지막 지시를 요약하면 이렇다. "너희는 전체 이야기를 이해하지 못할 테고, 너희의 한 번뿐인 짧고 거친 삶을 통해 그 이야기에서 너희가 감당할 역할도 이해하지 못할 것이다. 그러나 이 한 가지만은 확실하다. 성령께서 너희에게 권능을 주시고 너희를 증인으로 삼으실 것이다."

증인(witness)은 문자 그대로 '다른 사람들이 알아야 할 중요한 장면을 보고 경험한 사람'을 의미한다. 현대 교회사의 어느 시점부터인가 '증언'(witness, 증인됨)은 '전도'와 동의어가 되었다. 증언은 예수님에 대한 좋은 소식을 전하는 일을 포함하지만, 그것은 일부일 뿐이다. 신학자 N. T. 라이트의 말을 들어 보자.

> 현대 기독교인들은 '증언'이라는 단어를 '다른 사람에게 자신의 신앙을 전하는 일'이라는 의미로 사용한다. 그러나 누가는 이 단어를 '예수님이 세상의 참된 주님이심을 다른 사람에게 전하는 것'이라는 의미로 쓰는 것 같다. 그다음에 전개된 이야기는 이렇게 기록되어 있다. "하나님 나라는 이런 방식으로 온다. 예수님은 이런 방식으로 세상을 다스리기 시작하신다. 하나님이 하늘에서와 같이 땅에서도 왕이 되실 때 바로 세상은 이런 모습일 것이다."[7]

예수님은 하늘의 통치와 질서가 강림하여 땅을 덮는 것을 '하나님 나라'라는 말로 설명하셨다. 예수님은 가르침, 기적, 희생, 이 세 가지 방식으로 하나님 나라가 땅에 임하게 하셨다.

- 예수님의 가르침은 인간의 완전함이나 성과가 아니라 하나님의 용서와 은혜를 통해 주어지는 충만한 삶을 그려낸다.
- 예수님의 기적은 하나님의 나라가 임할 때 질병, 빈곤, 억압, 자연재해, 죽음 같은 인간의 고통이 더 이상 없을 것임을 드러낸다.
- 예수님의 희생은 하나님의 나라가 임할 때 화해가 이루어질 것이고, 하나님과 인류의 연합이 회복될 것임을 의미한다.

성령은 우리를 이 위대한 진리의 증인으로 삼으신다. 삼위일체의 제삼위이신 성령을 통해 예수님의 충만한 사역이 그분을 따르는 모든 이에게 분배된다는 뜻이다. 성령은 예수님을 따르는 모든 이에게 능력을 부여하셔서, 그분의 나라가 하늘에서처럼 땅에도 임하게 하신다.

예수님은 새로운 나라의 왕으로 오신 분이다. 증인들은 예수님과 도래할 그분 나라의 통치를 받으며 이 분쟁의 세상에서 살아간다. 예수님을 증언하는 일은 색상환(Color wheel)의 끝없이 다양한 색상처럼 끝없이 다양한 방식으로 표현된다. 그러나 모든 색상이 삼원색에서 나온 것이듯, 모든 증언의 표현방식은 세 가지 기본적 표현, 즉 <u>말로 전하는 사랑</u>, <u>초자연적 사랑</u>, <u>희생적 사랑</u>의 조합이다.

말로 전하는 사랑

예수님을 따르는 자로서 살아가면서 우리가 느끼는 긴장감을 인정하는 것은 중요하다. 한편으로, 전도는 유행이 지나도 한참 지난 느낌이다. 전도라고 하면 거리 모퉁이에서 확성기를 들고 외치는 모습이나 '불신 지옥'을 써 넣은 손글씨 표지판이 연상된다. 타히티의 공용 숙소든, 에센셜오일 다단계든, 나사렛 예수든, 무언가에 대해 "전도를 받는 것"을 좋아하는 사람은 없다. 아주 열정적인 '전도자'들은 종종 '사랑을 전한다'고 하는데, 어쩐 일인지 싸우려는 사람들 같고 사랑이 전혀 느껴지지 않는다. 반면, 복음을 전하는 일은 예수께 우선순위가 높은 중요한 일이었다. 그분은 99마리 양을 두고 한 마리 양을 찾아가는 선한 목자이시며, 잃어버린 자를 찾아 구원하기 위해 온 인자이시다. 그리고 그분을 따르는 모든 이들에게 복음의 메시지를 나누는 일을 맡기셨다. 우리는 '유행에 뒤떨어진 전도'와 '예수님의 우선순위' 사이의 긴장 속에서 살아간다.

그런데 이 긴장을 푸는 데 도움이 될 만한 말이 있다. 이미 모든 사람이 나름의 복음을 전하고 있다는 것이다.

몇 주 전, 나는 동네 헬스장 정문 앞에 서서 무려 9분 거리에서 오는 리프트 택시를 기다리고 있었다. 두 남자가 헬스장 프런트 데스크에서 함께 일하고 있었다. 두 사람의 대화로 미루어 한 명은 신입이 분명했다. 그들의 대화를 도저히 엿듣지 않을 수가 없었다. 신입 직원은 몸에 좋지 않은 중국 음식을 자신이 얼마나 좋아하는지 설명했는데, 정말로 건강해지고 싶다는 말도 했다. 그러고는 자신이 개발한 제너럴초 치킨의 새로운 가정식 조리법을 설명하기 시작했다. 그 방법은 설탕을 훨씬 적게 사용한다고 했다. 9분 후 내가 부른 택시가 도착했을 때도 그는 여전히 그 치킨 요리가 떨칠 수 없는 식욕과 건강 목표 사이에서 어떤 식으로 절묘한 균형을 이루는지 설명하고 있었다. 이것이 바로 전도다.

모두가 뭔가를 전파하고 있다. 인종차별 반대, 성 해방, 민주사회주의, 미국 민족주의, 간헐적 단식, 마음챙김 명상 앱, 신형 환각제, 냉수욕의 이점, 헬스 마니아를 위한 음식 꿀팁 같은 것들을 말이다. 그리고 내 친구 존 마크 코머의 통찰을 빌리자면, 이 모든 것이 복음이다. 이것들 하나하나는 희망이 어디에 있는지, 가장 충만한 삶은 어떻게 이룰 수 있는지, 공동체는 어디서 만들어지는지, 어떤 식으로 더 나은 사람이 될 수 있는지에 대한 메시지다.[8]

모두가 나름의 복음을 전파하고 있다. 예수님의 증인들은 예수님의 복음을 전파하는 사람들일 뿐이다. 그리고 그 복음의 내용은 대략 다음과 같다. 무한한 사랑의 창조주가 계시고, 그분은 지극히 충만한 삶을 누리게 하고자 당신을 만드셨다. 당신은 이제껏 그 삶의 몇 방울만 맛보았을 뿐이다. 그분은 당신을 속속들이 치유하고 구원하여, 마침내 당신이 그 삶 속에 푹 잠겨 헤엄치게 되기를 열렬히 원하신다. 그분은 당신이 충만한 삶과 그분과의 영원한 관계를 누리는 데 필요한 모든 것을 공급하신다. 그분은 온 세상이 천국으로 뒤덮일 때까지 멈추지 않고 일하실 것이다.

내 생각에, 이런 내용을 두고 '좋은' 소식이라고 말하는 것은 지나치게 소박한 표현 같다.

하지만 그래도 진짜 긴장이 여전히 남아 있다. 아들 행크가 일곱 번째 생일을 맞았을 때, 나는 아이와 함께 매리너스 경기를 관람하기 위해 시애틀로 일박 여행을 떠났다. 이전에 행크는 야구 경기를 보러 경기장에 가본 적이 없었다. 우리는 팝콘에 핫도그까지 경기장을 완전히 경험해 보기로 했고, 나는 아이의 성화에 못 이겨 행크가 가장 좋아하는 선수의 유니폼까지 터무니없이 비싼 값에 사고 말았다. 경기가 끝나고 나가는데 경기장 바로 밖에 가두 연단을 설치한 노방 설교자가 있었다. 우리가 지나갈 때, 그는 문맥에서 동떨어진 여러 성경 구절을 확성기로 외치며 약속과 경고를 혼란스럽게 뒤섞어 쏟아내고 있었다. 그것은 많은 사람들이 '전도'라는 말을 들을 때 떠올리는 모습이었고, '예수님에 대해 말하는' 그런 표현방식이 일반적으로 거부감을 주기 때문에, 사려 깊고 헌신적으로 예수를 따르는 이들이 전도를 두려워하고 피하는 경향이 있다.

이렇게 말하면 전도에 대한 긴장을 좀 푸는 데 도움이 될지 모르겠다. 전도의 핵심은 그냥 철저히 솔직해지는 것임을 기억하자는 것이다. 우리 대부분이 예수님에 대해 말하는 일에 알레르기 반응을 보이는데, 그것이 무언가를 팔거나 진실한 우정에 상품광고를 끼워 넣는 것처럼 느껴지기 때문이다. 그러나 전도는 그런 일이 절대 아니다. 사람들은 자신이 좋아하는 대상에 대해 늘 이야기한다. 패션, 음악, 스포츠, 다이어트 트렌드, 새해 결심, 승진이나 전직의 가능성 등에 대해서 말이다.

예수님의 사랑에 대해 말하는 것은 금요일 저녁 조촐한 회식 자리에서 직장동료들에게 배타적인 진리 주장을 설득하려 드는 일이 아니다. 자신의 영성에 대해 거론하지 않는 것이 익숙한 환경에서 하나님과 자신의 관계에 대해 더없이 솔직하게 말하는 것일 뿐이다. 영적인 삶의 성장, 어려움, 돌파구, 실천에 대해 자유롭게 나누는 것이다. 기도와 안식일과 공동체 생활에 다른 사람들을 초대하는 것이다. 상황에 휘둘리지 않고, 모든 사람 앞에서 조작의 의도 없이 정직하게 사는 것이다. 그게 전부다.

작년, 포틀랜드에 있는 우리 교회에서 몇 블록 떨어진 곳에 사는 쾅은, 통계적으로 미국에서 가장 교회가 적고 영적 관심도 낮은 도시의 심장부에서 일요일 아침마다 교회 건물로 젊은이들이 물밀듯이 밀려드는 모습을 보고 흥미를 느꼈다. 쾅과 그의 가족은 그 교회를 방문해 보기로 결정했고, 약 18개월 후 그와 아홉 살배기 딸이 그 교회에서 함께 세례를 받았다. 나는 그 모습을 보며 눈물을 흘렸다.

어느 날 오후, 쾅과 나는 동네를 산책하며 이 모든 일을 함께 되돌아보고 있었다. 그런데 그가 전날 밤 대학 시절부터 알고 지낸 직장동료와 근처 와인 바에서 만나 근황을 나눴다고 가볍게 언급했다. 두어 시간 정도 함께 시간을 보내고, 가게 문을 닫을 때가 다 되었을 때 쾅은 동료에게 말했다. "내 인생에서 정말 중요한 일이 생겼는데, 너에게 말해 주고 싶어. 난 예수님을 따르는 사람이 되었어." 그러고 나서 쾅은 자신이 예수님을 주님과 랍비로 따르는 계기가 된 일련의 희한한 사건들을 설명했다. 자신의 이야기를 들려준 것이다. 놀라운 일이 일어나진 않았지만, 친구가 거북하거나 불쾌하게 여기는 일도 없었다. 그의 반응은 존경하고 신뢰하는 사람이 "내 인생에서 정말 중요한 일이 생겼는데 말해 주고 싶다"고 말할 때 대부분의 사람들이 보이는 반응과 다르지 않았다. 예수님의 제자로서의 첫 해를 어색하게 걸어가는 한 남자가 가게 문을 닫을 시간에 친구에게 예수님의 사랑을 전했고, 브로드웨이의 작은 와인 바는 땅에 쏟아져 내린 하늘로 가득 찼다.

나는 아들과 함께 시애틀 시내에서 매리너스 경기를 보고 나오면서 설교자가 확성기를 통해 경고와 초청을 쏟아내는 것을 들었다. 곰곰이 생각해 보면, 이런 형태의 복음 전파는 듣는 사람이 예수님보다 설교자를 더 생각하게 만든다는 문제가 있음을 알 수 있다.

그러나 쾅의 이야기를 들었을 때는 정반대의 일이 일어났다. 어찌 된 일인지 쾅은 사라지고 예수님이 보였다. 예수님이 마지막 한 모금을 드시는 모습. 예수님이 계산을 하시는 모습. 예수님이 연약한 모습을 드러내며 동료에게 용감하고 솔직하게 속내를 털어놓으시는 모습이 보였다. 우리가 예수님에 대해 말하는 방식이 이렇듯 우리가 전하는 그분과 똑 닮은 모습일 때, 우리는 제대로 해낸 것이다.

작가 앨런 존스는 사막의 교모와 교부를 다룬 책에서 이렇게 말했다. "전도는 소비하기 쉽게 포장하고자 하는 욕망에 오염되었다.……예수님을 전할 때 모든 고통을 없애 주고 항상 극도로 행복하게 해주는 마약처럼 제시하지 않으면, 사람들은 그분을 잘 받아들이지 않는다. 신자가 질문해야 하는 문제는 어떻게 믿음으로 진실을 말할 것인가이다. 우리의 실제 모습과 우리가 전하는 메시지가 진정으로 희망찬 것인 동시에 단호하게 현실을 직시하는 것이 될 수 있도록 말이다."[9]

말로 사랑을 전하는 것은 도시에서 가장 붐비는 거리 모퉁이에서 확성기를 들고 소리치는 일이 아니다. 대화할 때마다 덫을 놓아 영혼의 영원한 운명에 대한 주제로 사람들을 유인하는 일이 아니다. 사랑을 전하는 것은 전적으로 정직하게 사는 것을 말한다. 기쁨과 분투와 실천과 실패 가운데 있든, 자신이 희망을 거는 안전한 지점에 있든, 삶의 다양한 환경 속에서 똑같이 온전한 자신으로 존재하는 것이다. 교회에서 예배를 드릴 때, 사무실에서 일할 때, 일상적인 일들을 처리할 때, 자녀를 키울 때, 가족을 방문할 때, 친구와 잔을 기울일 때도 자신의 온전하고 솔직한 모습을 그대로 유지하는 것이다. 그것은 "진정으로 희망찬 것인 동시에 단호하게 현실을 직시하는 방식으로 진실을 말하면서" 평범한 삶을 사는 것이다. 예수님이 왕이신 것처럼 오늘을 사는 것. 이것이 증언이다.

당신의 삶에서 진실하지 못한 부분은 어디인가? 예의라는 명목으로 영성을 따로 구분해 놓는 지점은 어디인가? 당신은 그 부분을 숨김으로써 누구를 사랑하고 있다고 생각하는가? 사랑 때문에 신앙에 대해 분명하게 말하는 일이 처음에는 두려울 수 있지만, 결국에는 그로 인해 삶이 더 자유롭고 활기차게 될 것이라고 부드럽게 격려하고 싶다.

초자연적 사랑

사도 베드로는 예수님의 삶과 사역을 요약하며 이렇게 말했다. "요한이 그 세례를 반포한 후에 갈릴리에서 시작하여 온 유대에 두루 전파된 그것을 너희도 알거니와 하나님이 <u>나사렛 예수에게 성령과 능력을 기름 붓듯 하셨으매</u> 그가 두루 다니시며 선한 일을 행하시고……고치셨으니."[10] 성경에 따르면, 예수님의 기적적인 사역은 성령의 능력으로 이루어졌다. 이것은 중요한 기록이다. 성경은 예수님이 보여 주신 것과 동일한 능력이 그분에게 주어진 것과 동일한 분량으로 우리에게도 약속되었다고 주장하기 때문이다.

우리는 초자연적인 백성이다. 기적의 능력을 발휘하여 예수님의 초자연적 사역을 수행하고, 다함이 없는 용서를 베풀고, 자신의 연약함을 드러낼 능력을 부여받은 자들이다.

독일 신학자 위르겐 몰트만은 이렇게 말했다. "예수께서는 귀신을 쫓아내고 병자들을 치유하심으로써 창조세계에서 파괴의 세력들을 몰아내시고 상처입고 병든 피조물들을 고치고 회복시키셨다. 이런 치유가 증언하는 하나님의 주권은 창조세계를 건강한 상태로 회복시킨다. 예수님의 치유는 자연 세계에서 이루어진 초자연적 기적이 아니다. 그것은 부자연스럽고 귀신들리고 상처받은 세계에서 진정으로 '자연스러운' 유일한 것이다."[11]

내가 초자연적이라고 말하는 상태는 하나님 나라의 자연스러운 질서에 따라 사는 삶이고, 그것이 바로 증언이다. 예수님이 왕이신 것처럼 이 세상에서 살아가는 것이다.

예수님의 초자연적 사역은 때때로 성전에서 이루어졌다. 하지만 복음서의 예수님과 사도행전의 교회 역사에서 볼 수 있는 초자연적 사건들은 분명히 거의 대부분 교회 벽 너머 일상의 맥락에서 일어났다. 개인적으로, 내가 성령의 능력을 가장 생생하게 경험한 모든 순간은 '야생'에서 이루어졌다. 교회 안에서의 성령 사역은 훌륭하지만, 집고양이처럼 길들여지고 포근한 상태다. 그러나 도시에서 펼쳐지는 성령 사역은 야생적이다. 그것은 스라소니처럼 무섭지만, 스라소니가 집고양이보다 훨씬 더 강력하다.

최근 커스틴은 친구들과 함께 노천카페에 앉아 있다가 스탠이 지나가는 것을 보았다. 그는 우리가 아이들 학교에서 알고 지내는 학부형이다.

"스탠, 어떻게 지내요?" 그녀가 물었다.

고개를 든 그는 살짝 놀란 표정이었다. "어, 별로 안 좋습니다." 놀란 탓인지 그는 본능적으로, 어쩌면 무심코 솔직하게 대답했다. 바로 그날 아내가 그의 곁을 떠났기 때문이다. 그날 밤 집에는 잠자리를 챙겨야 할 아이들도 없었던 터라, 그는 무엇을 해야 할지 모르는 상태로 밖으로 나와 걸으면서 잔해만 남은 자신의 인생을 돌아보고 있었다.

커스틴은 스탠에게 함께 앉자고 청했고, 그는 그렇게 했다. 커스틴은 이런저런 질문을 던지며 스탠이 그의 속도로 상황을 나누고 생각을 정리할 수 있게 도왔다. 그녀는 내내 마음속으로 기도하고 예언적으로 경청하면서 초자연적으로 반응했다. 스탠에게 필요한 것은 무심한 듯 절제된 믿음이나 길들여진 사랑의 표현이 아니었기 때문이다. 그에게는 발톱을 가진 사랑, 무섭지만 강력한 초자연적 사랑이 필요했다. 안락의자에 가만히 앉아 있는 사랑이 아니라, 그를 추적해 잡아서 땅에 쓰러뜨리는 사랑이었다. 그리고 바로 이런 이유로 우리는 성령의 충만을 입은 것이다. 그분의 증인이 되기 위해서 말이다.

어려움에 처한 스탠을 예수님의 초자연적인 사랑으로 보듬기 위해서 커스틴은 적어도 본인에게는 부자연스럽게 느껴지는 일을 해야 했다. 하나님의 나라가 현실이라면, 커스틴에게 부자연스럽게 느껴진 일이야말로 우리의 부자연스럽고 귀신들리고 상처 입은 세상에서 유일하게 자연스러운 일일 터였다. 우리가 예수님의 증인으로 이 세상에서 살아가려면 지금의 편안한 영역 너머에서 편안함을 느껴야 한다.

증인이 되는 데는 단 한 가지 간단한 조건이 있을 뿐이다. 눈을 뜨는 것이다. 범죄 현장에 있었더라도 사건이 발생했을 때 잠들어 있었다면 증인이 아니다. 초자연적 사역은 이렇게 시작하면 된다. 매일 보이지 않지만 세상에 침투하는 그분의 나라를 보게 해달라고 하나님께 기도하라. "오늘 사무실에서, 학교에서, 저녁 독서모임에서, 아이를 데리러 오후에 어린이집에 갈 때, 아침에 이웃들과 함께 강아지 공원에서 노닐 때 제 눈을 열어 주소서." 평범한 삶을 초자연적 자세로 대하라. 천국을 지배하는 법칙에 따라 살아가라.

우리는 초자연적인 백성이고, 증언은 이 사실을 발견하고 체현하는 여정이다. 이 부분을 위대한 신비가인 아빌라의 성 테레사처럼 잘 말한 사람은 없다. "그리스도는 이제 이 땅에 우리 몸 외에는 몸이 없으시다. 그리스도는 우리의 눈으로 이 세상을 자비롭게 바라보신다. 그분은 우리의 발로 걸어가 선을 행하신다. 우리의 손으로 온 세상에 복을 내리신다."[12]

희생적 사랑

예수님의 몸은 기적의 능력을 담는 그릇이었지만, 그 몸이 가장 강력하게 쓰이게 만든 것은 기적의 능력이 아니라 겸손한 희생이었다.

내 친구 마이크가 특별히 힘든 한 주를 보냈다. 며칠 밤을 늦게까지 일해야 했고, 집에는 돌봐야 할 신생아가 있었으며, 그의 시간을 요구하는 일이 끝도 없이 이어졌다. 그래서 금요일 저녁에는 부담 없이 쉬려고 수요일에 좋아하는 식당을 예약하고 베이비시터까지 구해 놓았다.

그러나 일은 그의 계획대로 되지 않았다. 마이크는 중독에서 회복 중이고 12단계를 실천하고 있다. 그는 후원자와 함께 12단계 중 열두 번째 단계를 밟고 있는데, 그 단계의 핵심은 '타인을 섬겨야 한다'는 것이다. 그는 정해진 기간 동안 어떤 섬김의 요청을 받든지 다

수락하기로 약속한 터였다. 그런데 이번에 들어온 요청은 특히 편치가 않았다. 하필 길고 힘든 그 주에 중증 정신장애를 가진 환자들이 있는 지역 병원에서 그의 이야기를 나누어 달라는 초청을 받았던 것이다. 그것도 미리 일정을 잡아둔 금요일에 말이다.

그렇게 해서 마이크는 그가 가장 좋아하는 레스토랑의 촛불 켜진 구석 자리에서 가장 좋아하는 메뉴를 먹는 대신, 형광등 아래 리놀륨 테이블에 앉아 정신질환이 너무 심해서 제대로 말도 못 하는 낯선 사람과 마주 앉아 으깬 완두콩과 정체불명의 고깃덩어리를 먹게 되었다. 그 남성과 함께하는 시간은 주로 눈맞춤, 가끔 가벼운 신체 접촉, 그리고 일방향의 대화로 채워졌다.

그다음 주 토요일 아침에 마이크는 이 모든 일을 나에게 전하며 말했다. "이상한 게 뭔지 아세요? 어찌된 일인지, 그 사람과 함께 그 병원식당에서 식판으로 식사한 일, 그러니까 필요하고 원하는 거라곤 함께 있어 줄 사람이 전부였던 사람과 함께한 일이 내 영혼을 확장시키고 원기회복과 활력을 안겨 주었어요. 내가 원했던 화려한 저녁 식사로는 그런 것을 절대 경험할 수 없었을 겁니다."

그는 고통받는 사람들에게 자신의 섬김이 필요할 거라고 생각하면서 병원으로 갔지만 실제로는 반대였다는 것을 발견했다. 오히려 마이크에게 그 고통받는 남자가 필요했다. 왜냐하면 그와 함께 있으면서 예수님을 만났기 때문이다.

예수님은 유월절 전날 저녁 식사 때 수건을 들고 제자들의 발을 씻기면서 희생적 사랑의 모범을 보이셨다. 그리고 그다음 날 오후에 십자가에서 희생적 사랑을 실천하셨다.

요즘에는 초대교회의 기적적 사역이 자주 관심을 독차지하지만, 예수님 당시에 세상을 뒤흔든 이 새로운 공동체의 충격적인 부분은 희생을 감수하려는 그들의 의지였다. 초자연적인 사랑의 표현은 항상 더 많은 사람들의 시선을 사로잡는다. 하지만 희생적 사랑의 행위는 대부분 알아 주지 않는다. 왜냐하면 희생이 당장에 눈에 띄는 영향을 미치는 경우는 드물기 때문이다. 희생적 사랑에는 대단한 파장도, 즉각적인 결과도, 측정 가능한 보상도 없다.

그러나 겸손하고 은밀하고 희생적인 사랑이야말로 우리가 예수님의 증인으로 살아갈 수 있는 방법이다. 그 사랑을 실천할 때 완전히 거꾸로 된 일이 일어난다. 온갖 엉뚱한 곳에서 추구했던 만족과 충족을 발견하게 되는 것이다.

영어단어 'witness'(증인)는 그리스어 단어 '마르투스'의 일반적인 번역이고, 마르투스는 '순교자'로도 번역할 수 있다.[13] 예수님의 증인이 되는 일은 그분과 연관되어 생명을 잃는 순교자가 되는 것과 사실상 같은 의미였다. 박해가 아니더라도, 자신을 희생하는 죽음(일종의 순교)은 예수님의 증인으로 사는 데 있어서 언제나 중심이 되어 왔다. 예수님은 이 '거꾸로 된 나라, 죽음으로 살아나는' 나라의 첫 증인, 첫 순교자시이다. 그리고 이제 그분은 우리에게 그분처럼 되라고 말씀하신다.

한 번뿐인 우리의 짧은 인생이 저물어갈 때, 무엇보다 중요해지는 것은 우리의 일이나 업적, 평판이 아닐 것이다. 이 모든 것도 중요하지만, 가장 중요한 것은 우리가 매일 함께 살아온 사람들을 어떻게 사랑했는가다. 우리의 모든 이야기는 사랑의 저울에 달려 측정될 것이다.

그 저울로 달 때 가벼운 것은 무엇이고 무거운 것은 무엇일까? 오늘 그 기준에 따라 최선을 다해 살아가라. 그것이 증언이다.

일생일대의 거래

멜라니는 제일라의 목소리에서 두려움을 느꼈다. 제일라는 순식간에 벌어진 어머니의 죽음, 동생들과의 생이별, 새집 적응을 동시에 감당해야 하는 16세 소녀였다. 멜라니와 레이는 어떻게 도와야 할지, 이 혼란에 어떤 식으로 질서를 부여할지 몰랐다. 그러나 성령께서는 혼란을 향해 말씀하시고 질서뿐만 아니라 생명까지 가져오신다. 그들은 기도하며 성령을 기다렸다. 그리고 그 대가로 많은 희생을 치러야 했다.

피트 그레그의 지혜로운 말처럼, "예수님을 따르는 일이 쉽다고 말하는 사람은 다 거짓말쟁이다. 그분도 친히 길이 좁다고 말씀하셨다."[14] 레이와 멜라니는 바로 그 자리에 있다. 그들은 랍비의 뒤를 따라 좁은 길을 걷고 있다. 그 선택으로 그들은 큰 대가를 치러야 했다. 그러나 그로 인해 그들은 증인이 되었다. 설령 그 좁은 길을 더 넓고 편안한 길, 더 쉽고 예측 가능한 이야기로 바꿀 기회가 주어진다 해도 그들은 기존의 선택을 결코 철회하지 않을 것이다.

그레그의 말은 이렇게 이어진다. "그리스도를 위해 포기하는 것이 무엇이건—그것이 부, 인기, 영광, 심지어 우리의 목숨이라 해도—그 대가로 얻을 보상에 비길 수 없다. 예수님을 따르기 위해 지불하는 대가가 무엇이든, 그것은 인생에서 가장 놀라운 '거래'를 선사할 것이다!"[15]

레이와 멜라니는 특별하지 않다. 그들은 증인일 뿐이다. 그리고 그것은 성령께서 우리 모두에게 제안하시는 바다. 모든 것을 포기할 때 얻을 수 있는 인생 최고의 거래가 여기 있다.

실천.　　　　친교를 추구하는 섬김

　예수님은 그분을 따르는 각 사람을 증인이라 부르신다. 그분은 성령을 통해 그들에게 권능을 부여하여 증인이 되게 하시는데, 이 '증인'의 정체성이 특정한 한 가지 방식으로만 표현된다고 생각해서는 안 된다. 증언의 표현방식은 각 개인의 성격, 은사, 환경, 기회에 따라 무한히 다양하다.

　그럼에도 우리에게는 삶 전체에 증언이 스며들게 하는 지속 가능하고 규칙적인 실천이 있어야 한다. 안식일이 우리가 매일을 살아가는 방식을 규정하는 주 1회의 실천이듯, 저녁 성찰기도가 모든 순간에 하나님의 속삭임을 감지하기 위한 실천이듯, 봉사라는 구체적이고 측정 가능하고 시간이 정해진 실천은 우리가 언제 어디서나 증인으로 살아가도록 돕는다.

　당신이 사는 도시나 지역 사회에서 어려운 이들을 위해 정기적으로 봉사할 수 있는 곳을 찾으라. 여성 보호시설에서 자원봉사하고, 위탁 부모가 되고, 지역 난민에게 지원과 돌봄을 제공하는 일도 좋다. 당신이 지역 사회에서 어려운 이들을 위해 정기적으로 봉사하지 않으면, 예수님의 제자로서의 삶에서 필수적인 요소가 빠져 있는 것이며, 하나님이 주신 정체성인 증인으로서 성장할 가능성이 매우 낮아진다.

　봉사의 리듬을 확립한 후에는 가족됨을 추구하는 봉사를 꼭 실천하라. 가족됨은 예수님의 정의관이 다른 모든 정의관과 구별되는 지점이다. 대부분의 세속적 정의관에서는 필요가 채워지는 것으로 정의가 완성된다. 빵이 남는 사람들이 빵이 부족한 사람들에게 나누어 주는 것이다. 이것은 좋은 일이지만, 여기서 끝나면 시혜자와 수혜자의 역할이 그대로 유지된다. 예수님의 정의관에서는 필요를 채우는 것이 아니라 가족의 회복으로 정의가 완성된다. 풍족한 자들이 부족한 자들에게 풍족하게 나누어 주는 것으로 정의가 시작될 수 있지만, 궁극적인 목표는 풍족한 이들과 가난한 이들이 예수님의 식탁에 동등한 존재로 앉아 함께 식사하는 것이다.

우리는 왜 다른 사람들을 섬기는가? 반드시 효과를 기대해서가 아니다. 한 번이라도 섬김을 실천해 본 사람이라면 다 알다시피, 섬김의 결과는 제각각이다. 우리가 섬기는 이유는 그 대상이 두렵고도 놀랍게 만들어진 존재이기 때문이다. 타인을 위해 자신을 내어주고 그들의 고통에 동참하는 것, 그 자체가 우리의 보상이다.

사람의 행동에는 두 가지 유형이 있다. 목적지향 행동과 신념기반 행동이다. 목적지향 행동은 원하는 목표를 지향하여 이루어지고, 이 동기가 서구 문화를 지배하고 있다. 시간, 돈, 노동을 투입한 뒤 그 대가로 뭔가를 얻으려는 것이다. 반면에 신념기반 행동은 원하는 목표를 이루기 위해서가 아니라 신념에 기반하여 이루어진다. 내가 시간, 돈, 노동을 투입하는 이유는 결코 다 내어줄 수 없을 만큼 많은 선물을 이미 거저 받았기 때문이다.

하나님 나라에서 섬김의 일은 신념기반 행동이며, 따라서 결과는 제각각일 것이다. 그러나 섬김은 언제나 그 자체로 값진 일이다.

11.   구속적 고난

> 너희는 다시 무서워하는 종의 영을 받지 아니하고 양자의 영을 받았으므로 우리가 아빠 아버지라고 부르짖느니라. 성령이 친히 우리의 영과 더불어 우리가 하나님의 자녀인 것을 증언하시나니 자녀이면 또한 상속자 곧 하나님의 상속자요 그리스도와 함께한 상속자니 우리가 그와 함께 영광을 받기 위하여 고난도 함께 받아야 할 것이니라.
>
> 롬 8:15-17

"빈속으로 있으면 안 돼요. 그래놓라 바 몇 입이라도 드실 수 없겠어요?" 로빈이 애원하듯 말했다.

나는 깜빡이는 커서와 빈 화면을 쳐다보고 있었다. 무릎 위에 노트북이 펼쳐져 있었다. 병실이 계속 빙빙 도는 듯 어지러웠으니, 단어들을 의미 있는 문장으로 엮어낼 정도로 제대로 생각하는 일은 어림도 없었다.

로빈은 오늘 내 간호를 담당한 훌륭한 간호사다. 오늘은 화학요법 5일 차다. 속이 너무 메스꺼워서 음식을 먹을 수가 없는데, 빈속이다 보니 쇄골 바로 아래 가슴에 설치한 포트를 통해 조금씩 투여되는 독성 약물 칵테일에 몸이 반응하고 있다. 나는 독성혼합용액을 투여받고 있다. 그 위험성 때문에 내 동맥으로 바로 흘러드는 수 리터의 액체가 담긴 비닐봉지를 다루는 간호사는 의료용 방호복으로 온몸을 감싸야 한다. 이 약물은 나를 천천히 죽이고 있지만, 다행히도 나를 빠르게 죽이는 암을 먼저 죽이고 있다.

진단을 받기 몇 주 전, 나는 포틀랜드컨벤션센터에서 수천 명을 대상으로 워크숍을 진행했다. 거기서 우리는 기적적인 치유를 위해 기도했고, 예언의 은사를 연습했으며, 이후에 나타난 기적적인 사건들을 통해 드러난 성령의 능력을 함께 기뻐했다. 나는 하나님 백성의 기도를 통해 치유하시는 성령의 능력이라는 주제로 워크숍을 이끌었는데, 내 위 속에서 두 개의 악성 종양이 최종단계에 이르도록 자라서 공격적인 화학요법 치료가 당장 필요한 상황이 된 줄은 전혀 모르고 있었다.

지금 나는 화학요법의 영향이 심신에 번져오는 것을 느끼며 구속적 고난에 대해 쓰고 있다.

그래놀라 바 한 입을 억지로 씹어 삼키면서, 오늘 이처럼 아픈 것이 사실 엄청난 선물임을 인식한다. 한 세대 전이었다면 나는 젊은 나이에 죽었을 것이다. 30대 중반에 요절했을 테고, 함께 늙어가기로 한 아내와의 약속도 못 지키고 세 어린 아들이 성인이 되는 모습도 못 본 채 떠나야 했을 것이다.

그러나 바깥 거리에 눈발이 날리는 3월 초의 금요일을 맞은 나는, (최상의 시나리오를 전제할 때) 앞으로 상당 기간 동안 정기적으로 방문하게 될 종양학과 병동에서 내가 가장 젊은 환자라는 사실도 똑똑히 인지하고 있다.

내 상황은 일반적이면서도 특별하다.

한편으로, 인간이란 고통을 겪는 존재다. 나는 짧은 인생 동안 많은 노인들과 젊은이들의 관 앞에 서서 성경을 펼쳐 들고 장례식장에 모여 애도하는 이들에게 위로를 전했다. 뜻밖의 죽음이라고 할 수는 없지만, 여전히 애석한 나이에 떠난 노인의 장례식, 그야말로 갑작스럽게 떠나 버린 젊은이의 장례식, 제대로 알 시간조차 없었던 아기의 장례식도 있었다. 나는 심각한 병을 진단받고 힘들어하는 이들과 함께 울었고, 친구의 뇌동맥류 소식에 충격을 받아 아무 말 못하고 마냥 앉아 있었으며, 기다리던 아이를 유산하고 말 못할 슬픔에 잠긴 예비 부모들과 함께 기도했다. 나는 학대, 트라우마, 비극의 피해자들을 안다. 물론 나도 그들 중 한 명이다. 고통의 경험이 모든 인간에게 공통적이라는 것은 참으로 서글픈 진실이다.

고통은 항상 우리 곁에 도사리고 있으면서 우리 발꿈치를 노리고, 때로는 우리를 땅바닥에 쓰러뜨리기도 한다. 어떤 사람들은 그렇게 쓰러져서 아예 못 일어난다. 일어난 사람들도 절뚝거린다. 고통은 우리가 하나님을 가장 열심히 찾는 자리인 동시에 하나님을 찾기 가장 어려운 자리이다. 시토수도회의 수도사 토머스 키팅은 이렇게 썼다. "어두운 밤에는……이전에 우리의 신앙과 헌신을 지탱해 주던 의식과 실천들이 우리를 저버린다. 신앙은 확인할 길 없이 하나님의 선하심을 그저 믿는 일이 된다. 우리가 신뢰하는 하나님이 어떤 존재인지도 모른 채 그분을 믿는 일이 된다. 하나님과 맺고 있다고 생각했던 관계가 사라져 버렸기 때문이다."[1]

고통은 모든 사람에게 공통적인 경험이지만 각 개인에게는 고유한 경험이기도 하다. 톨스토이의 『안나 카레니나』에 나오는 유명한 대목처럼, 우리 각 사람은 저마다의 방식으로 고통을 겪는다. 고통은 측정이나 비교의 대상이 될 수 없고 그래서도 안 된다. 고통을 불가피한 것으로 치부하거나 다들 겪는 일이라고 대수롭지 않게 넘길 수는 없고 그래서도 안 된다. 왜냐하면 역사 속 모든 사람이 고통을 겪었지만, 똑같은 고통을 겪은 이는 없기 때문이다.

이 불편한 진실에 대한 인간의 가장 자연스러운 반응은 고통을 피하려고 최선을 다하는 것이다. 고통이 무례하게 삶을 침범할 때, 우리는 그 영향을 최소화하려고 최선을 다한다. 그런데 놀랍게도 성경의 이야기는 이와는 분명하게 다른 관점을 취한다.

고난 가운데 자랑

고난에 익숙한 사도 바울은 놀라운 관점을 제시한다. "그뿐만 아니라, 우리는 환난을 자랑합니다. 우리가 알기로, 환난은 인내력을 낳고, 인내력은 단련된 인격을 낳고, 단련된 인격은 희망을 낳는 줄을 알고 있기 때문입니다. 이 희망은 우리를 실망시키지 않습니다. 하나님께서 우리에게 주신 성령을 통하여 그의 사랑을 우리 마음속에 부어 주셨기 때문입니다."[2]

고난은 많은 것이 될 수 있겠지만, 과연 자랑스럽고 영광스러운 것일 수 있을까?

내주하시는 성령의 능력은 성경 이야기에서도 신자의 삶 속에서도 기적의 경이와 고통의 비극을 긴장 가운데 함께 아우르는 것으로 나타난다. 능히 이해할 수 있다시피, 이 긴장 때문에 많은 이들이 치유기도 세미나장을 박차고 나가거나, 눈물을 쏟으며 하나님께 분노의 기도를 외치거나, 이 책과 같은 부류의 서적들을 벽에 내던져 버린다.

그렇다면 많은 이들이 참기 어려워하는 이 긴장을 신약성경의 여러 지면과 특히 바울의 여러 글에서 높이 평가하고 있다는 점은 놀랍다. 로마서 5장에서 바울이 인간이 경험하는 고통과 성령의 능력을 연결하는 모습은 그 지점에서만 나오는 특이한 사례가 아니라 그의 서신들에서 반복되는 패턴이다. 로마 교회, 고린도 교회, 빌립보 교회에 보낸 편지들에서도 동일한 표현이 거의 그대로 등장한다.[3]

그렇다면 고난이라는 불의 속에서 나타나는 성령의 능력에 대해 고대인들이 알고 있던 무엇인가를 우리가 놓치고 있는 것일까? 도대체 고난과 영광이 어떻게 연결되는 것일까? 그리고 나의 개인적인 상황에서는, '예배 막바지에 극적인 만남이 일어나는 순간'이 아니라, 병원 항암치료실에 앉아 속이 메스껍고 병실이 빙빙 도는 것 같고 시선을 집중하기가 어려운 상태로 글을 쓰고 있는 지금, 성령의 임재와 능력이 무엇을 의미하는지 묻고 싶다.

성령은 우리에게 지금 이 순간 '이미' 임한 하나님 나라 안에서 살 수 있는 부활의 능력을 채워 주신다. 그런가 하면 '아직 임하지 않은' 하나님 나라를 기다리며 겪는 고통을 감당할 구속적 인내도 부어 주신다. 성령에 대해 가장 잘 알려지지 않은 비밀은, 우리가 승리할 때만큼이나 고통당할 때도 그분의 능력이 살아 있고 활동하며 현존한다는 것이다. 사실 믿기 어려울지 몰라도, 성경이 그려내는 성령의 초상은 너무나 친밀하고 존엄하다. 그분은 자녀 중 그 누구의 그 어떤 고통도 헛되게 하지 않으실 것이다. 성령께서는 우리가 직면하는 모든 고난을 세상을 구속하기 위한 핵심 재료로 바꾸어 쓰신다.

그러나 이런 생각을 신학의 추상적 영역에서 일상생활의 실제적 영역으로 끌어내리려면 잊힌 렌즈로 성경 이야기를 바라볼 필요가 있다.

사탄, 고통을 일으킨 장본인

성경 이야기는 갈등이 아닌 연합에서 시작한다. 고대 근동 지역의 다른 창조 이야기들과 달리, 창세기는 폭력이나 고통이 아닌 선함으로 시작한다. 하나님이 창조하신 세상은 고통의 세계가 아니었다. 이 세상은 창조의 단계마다 하나님이 좋다고 여기셨고, 모든 일이 완성되었을 때 "심히 좋다"고 선언하신 곳이었다. 하나님은 하늘과 땅이 결합된 낙원에서 죽음과 슬픔과 고통 없이 살도록 사람들을 창조하셨다.

하지만 창세기의 한쪽을 넘기면 하나님의 심히 좋은 창조세계가 속이는 자에 의해 타락하는 장면이 나온다. 하나님이 하나의 이야기를 하셨고, 뱀은 다른 이야기를 했다. 인류는 뱀의 말을 믿었고, 우리가 아는 이 세상은 조상들이 거짓을 믿어서 생겨난 산물이다. 내 친구 피트 휴즈가 자주 말하는 것처럼, "어떤 이야기를 받아들이든, 그 이야기대로 살게 된다." 우리의 모든 고통은 하나님의 좋은 세상을 모든 면에서 감염시킨 저주의 결과다.

왜 우리는 관 앞에서 울까? 왜 어떤 생명은 어머니의 자궁에서 시작되어 거기서 단 하루도 살지 못하고 죽을까? 왜 인도네시아 해안에 쓰나미가 덮치고 뉴올리언스의 심장부에 허리케인이 들이닥칠까? 왜 우한의 한 사람에게서 시작된 질병이 퍼져나가 전 세계를 마비시킬까? 그 어느 것도 하나님이 원하셨기 때문이 아니라, 저주의 결과가 그지없이 멀리 다양한 영향을 미치기 때문이다.

부디 내 말을 오해하지 말기 바란다. 내 말은 모든 고통이 어느 한 개인이 지은 특정한 죄의 직접적 결과라는 말이 아니라, 에덴 밖에서 사는 일에는 결과가 따른다는 뜻이다. 죽음과 죄는 우리가 사는 세계를 감염시켰고, 모든 고통은 죄(우리가 선택한 세계)의 증상이지 하나님이 창조하신 좋은 세계의 증상이 아니다.

많은 사람들이 고통에 대해 하나님께 '왜?'라는 질문을 던지는데, 이는 중요한 질문이지만 유일한 질문은 아니다. 첫 번째 질문에 색을 칠하고 형태를 부여하는 것 못지않게 중요한 두 번째 질문이 있다. '하나님은 고통에 대해 어떻게 느끼실까?' 창세기 6장은 이 질문에 답을 제공한다. "주님께서는, 사람의 죄악이 세상에 가득 차고, 마음에 생각하는 모든 계획이 언제나 악한 것뿐임을 보시고서, 땅 위에 사람 지으셨음을 후회하시며 마음 아파하셨다."[4]

하나님은 죄의 결과를 보셨다. 사람들이 서로를 어떻게 대하는지 보셨고, 우리의 신경 회로를 흐르는 생각들과 내면의 불순한 동기, 조작, 이기적 의도를 간파하셨으며, 역사가 흘러가는 동안 이 모든 것이 초래한 고통을 보셨다. 그리고 애초에 창조세계를 만드신 것을 "후회"하셨다. 창세기 1장에 나오는 하나님의 기쁨에 비길 만한 하나님의 슬픔을 창세기 6장에서 볼 수 있다.

고통은 하나님의 마음을 아프게 한다. 내 마음이나 당신의 마음보다 하나님의 마음을 더 아프게 한다.

그렇다면 하나님의 임재와 능력이 고통받는 자들, 즉 가난한 자, 억압받는 자, 소외된 이들에게 특히 집중되는 것은 당연한 일이다. 그분은 우리 아버지시고, 자녀를 사랑하는 부모라면 누구나 위기에 처한 자녀를 신속하게 돌보는 법이다. 전하는 말에 따르면, 유명한 부흥 운동가 존 웨슬리와 찰스 웨슬리 형제의 어머니 수재너 웨슬리는 열아홉 자녀 중 누구를 가장 사랑하느냐는 질문을 받고 즉각 이렇게 대답했다고 한다. "병들고 길 잃고 상처받거나 잊힌 아이예요." 하나님은 고통받는 자녀에게 특별히 마음이 이끌리는 아버지시다.

그러나 하나님은 그저 멀찍이 떨어져서 우리의 고통을 슬퍼하거나 동정만 하시는 것이 아니다. 하나님은 그 고통 속으로 들어가신다.

예수, 고난받는 구속자

예수님의 사역은 세례를 받으실 때 성령이 비둘기 모양으로 임하시면서 시작되었다. 그런데 성령은 예수님에게 능력을 먼저 부여하여 권위 있게 가르치거나 기적적인 광경을 선보이게 하시지 않았다. 대신에 성령은 예수님을 중보적인 고난 속으로 이끄셨다. "예수께서 성령의 충만함을 입어 요단강에서 돌아오사 광야에서 사십 일 동안 성령에게 이끌리시며 마귀에게 시험을 받으시더라."[5] 성령으로 기름부음 받은 예수께서는 인류를 속이는 자와 맞서 싸워 승리하셨다.

사탄의 세 가지 시험, 즉 돌을 떡으로 바꾸라, 천사들을 동원하여 구출을 받으라, 사탄을 숭배하고 그 대가로 이 타락한 세계의 통치권을 되찾으라는 시험은 모두 지름길을 택하라는 유혹이었다. 땅을 갈고 씨를 뿌리고 기다리는 과정 없이 떡을 맛보라. 볼거리를 제공하여 단박에 인기를 얻으라. 고통 없이 창조세계를 되찾으라. 종이 되는 일은 생략하고 바로 왕이 되라. 십자가를 지지 않고 왕관을 쓰라. 예수님은 왜 지름길을 택하지 않으셨을까? 승리하시되 고난당하지 않은 하나님은 좋은 소식이 아니기 때문이다.

인간은 의미를 추구하는 존재다. 우리는 삶의 사건들을 일관된 전체, 하나의 줄거리로 통합하는 이야기들을 짠다. 고통은 우리가 만들어내는 이야기를 가장 크게 뒤흔드는 방해물이다. 심리학자 데이비드 베너는 이렇게 말했다. "결국, 우리는 고통을 견딜 만한 것으로 만들 만큼 강력한 의미가 필요하다. 그것이 모든 삶의 의미가 통과해야 할 결정적인 시험이다.……〔그것은〕고통을 감당하는 데 도움이 되어야 한다."**6**

고대인들에게 예수님에 대한 가장 충격적인 부분은, 주님이신 그분이 친히 고통을 겪는다는 점이었다.

왕좌에 앉으신 하나님? 당연히 받아들일 수 있었다.

그러나 피를 흘리는 하나님? 우시는 하나님? 슬퍼하는 하나님? 상상할 수 없는 일이었다.

하나님이 고통을 겪는다는 것이 왜 그렇게 충격적인지 이해하지만, 고통을 겪지 않는 하나님은 신뢰할 만한 신이 아닐 거라는 생각도 든다. 자신을 낮추고 이 세상으로 내려와 우리와 같은 무력감을 안고 어둠을 느낄 용기가 없다면, 그런 하나님을 어떻게 신뢰할 수 있겠는가? 그런 분이 어떻게 우리의 삶에 공감하실 수 있겠는가? 고통이 없다면, 어떻게 하나님이 우리의 고통을 담아낼 만큼 깊은 이야기를 들려주실 수 있겠는가?

오직 예수님만이 고통을 견딜 만한 일로 만드신다. 자신의 고통을 통해 그분은 고통 가운데 있는 당신과 나의 눈을 똑바로 쳐다보신다. 그분은 결정적인 승리를 거두고 계시고, 저주의 대가를 짊어지고 죄로 오염된 피조물의 실제 경험을 견디시어 승리하신다.

예수님의 고통은 십자가에서 절정을 이루었다. 그분은 성문 밖에서 십자가에 못 박히셨는데, 그곳은 고대 사회의 빈민가에 해당하는 장소였다. 치안이 미치지 않는 그곳에는 야만인, 범죄자, 병자, 약자들이 쫓겨나 살고 있었다. 그들은 인간 대접을 받지 못하고 야생의 동물처럼 혼자 힘으로 살아가야 했다. 육신이 되신 말씀, 인간의 형상을 취하신 하나님이 그 성문 밖으로 십자가를 지고 나가 일반 범죄자처럼 처형되셨다.

결국, 성문 밖에서 죽은 것은 예수님의 생명이 아니라 우리의 죄였다. 세상을 장악하던 고통의 지배력이 무덤에 묻혀 다시는 일어나지 못하게 되었다.

예수님의 고난 속에 나타난 성령의 능력

성육하신 하나님의 이야기 속 모든 순간에, 성령은 예수님의 고난을 존귀하게 높이신다. 그 고난을 대속적인 것으로 만들고, 그 고난이 온 창조세계의 구속에 강력하게 쓰이게 하신다.

누가 예수님을 광야로 몰아내어 시험을 받게 하고, 우리 중 누구도 이겨내지 못하는 시험이자 애초에 모든 고통의 근원인 그 시험을 이겨내게 했는가? 바로 성령이시다.

십자가의 잔혹함도 누르지 못한 부활의 생명을 예수님의 몸에 불어넣은 이는 누구인가? 성령이시다.

예수님은 사역 기간 내내 동일한 성령을 우리에게 약속하셨다. 고난의 정점에 가까이 다가갈수록 그 약속도 점점 잦아졌다.

성령은 고난 속에서 우리와 함께하는 위로자시고, 우리 고난을 구속하는 변호자시며, 우리의 상처를 다스리고 치유하는 과정을 이끄는 상담자시다. 성령은 우리가 예수님의 십자가를 닮은 형태의 사역을 이어가고 타인을 위해 사랑으로 고난을 겪을 수 있게 하신다.

나의 고난 가운데 나타나는 성령의 능력

지금 나는 이 책의 대부분을 집필한 카페의 바 좌석이 아니라, 기울여진 병원 의자에 앉아 있다. 약물이 내 혈관으로 똑똑 떨어지고 있고, 담요 아래서 벌벌 떨면서 평소보다 훨씬 느린 속도로 글을 입력하고 있다. 지금 이곳에서 성령의 임재와 능력은 무엇을 의미할까?

뱀의 속임수 이후, 하나님은 세상을 그분의 형상으로 재창조하시는 중이고, 우리에게는 고통에 대한 선택권이 없다. 하지만 <u>고통이 우리에게 어떤 영향을 미칠지는 선택할 수 있다</u>.

어떤 이야기를 받아들이든, 그 이야기대로 살게 된다. 그리고 우리는 구속적 고난의 본으로 그리스도의 삶만 받은 것이 아니라, 우리를 예수님처럼 고난받는 구속자로 만드시는 성령도 받았다. <u>나는 성령으로 충만함을 받아 내 고통이 구속적인 일, 심지어 영광스러운 일이 되는 은혜를 누리고 있다.

그런데 그 일은 실제로 어떻게 이루어질까? 책에서 고난에 대해 읽을 때가 아니라 현실에서 고난을 겪고 있을 때, 고난이 어떻게 영광을 만들어낼까? 진단, 상실, 방해, 배신 같은 것들이 어떻게 영광과 이어질 수 있을까? 고난에는 본질적으로 고귀한 요소가 없다. 때때로 고통은 그저 아프고 그저 슬프다. 슬픔은 그저 견디는 수밖에 없다. 우리 삶의 나쁜 부분을 감성적으로 미화한다고 해서 그 부분이 좋은 것이 되지는 않는다. 그것은 여전히 단순명료하게 나쁘다.

그러나 성령은 세상을 새롭게 하는 일에 우리 삶의 좋은 것과 나쁜 것 모두를 사용하신다. 따라서 성령이 우리의 경험을 존귀하게 만드시는 방식뿐 아니라, 참혹한 고통을 구속의 창조적 능력으로 바꿔서 사용하시는 방식도 가능한 한 드러내고 밝혀야 한다. 고난은 영광과 연결되어 있다. 왜냐하면 고난은 이 혼란스럽고 부패한 세상에서 예수님처럼 될 기회를 다른 무엇보다 많이 제공하기 때문이다. 성령은 우리가 정상에 오른 순간들뿐 아니라 사망의 음침한 골짜기에 있을 때도 (종종 가장 깊이 있게) 일하시며, 우리가 받아들인 고난을 사랑과 긍휼과 감사와 탄식으로, 궁극적으로는 구속으로 바꾸신다.

사랑

고난은 우리의 약함과 연약함을 드러낸다. 그리고 자신의 연약함을 다른 이들 앞에 내어놓는 일 자체가 사랑의 행위인 동시에 사랑받을 기회가 된다.

3년 동안 제자들은 예수님이 항상 활동적으로 일하시는 분이라고 생각했다. 예수님은 친구 없는 자들과 친구가 되고 기득권 체제를 흔드셨으며, 5천 명을 먹이고 맹인의 눈을 열어 주시고, 낯선 이들을 환영하고 군중을 가르치셨다. 예수님은 예루살렘에서 이루실 사명을 향해 부싯돌 같은 굳은 결의로 나아가셨다. 그리고 이 활동들을 통해 사랑을 베푸셨고 다른 이들의 사랑을 받으셨다.

그러나 그분의 마지막 24시간 동안에는 이런 흐름에 분명한 변화가 있었다. 모든 복음서 저자는 이 대목에서 서사의 진행 속도를 크게 늦춘다. 예수님의 초자연적 활동은 의도적 수동성으로 대체된다.⁷ 그분은 체포되고, 심문을 받고, 채찍당하고, 조롱받으셨다. 다른 사람의 도움을 받아 십자가를 지고 골고다로 가셨다. 그리고 십자가에 못 박히셨다. 3년간 사랑의 힘을 발산하는 등대였던 예수님은 이제 연약함 속에서 같은 사랑을 나누셨다.

예수님은 십자가에서 승리하는 약함을 보여주셨을 뿐만 아니라, 십자가로 가는 여정에서 고난받는 약함도 보여주셨다. 그렇게 하심으로 사랑을 위한 자리를 내셨다. 약한 예수님이 없었다면, 베드로와 야고보와 요한은 겟세마네에서 친구로 함께 기도하자는 초청을 받지 못했을 것이다. 그분의 연약함이 없었다면, 다른 제자들이 대부분 흩어졌을 때 십자가 앞에 모여 자리를 지킨 여성들의 사랑과 헌신을 볼 수 없었을 것이다. 예수님의 연약한 상태가 길어진 덕분에 마리아는 자신을 걱정하는 아들의 마음을 들을 기회를 얻었다. 그 자리에서 예수님은 제자 요한에게 과부인 어머니 마리아를 그의 어머니처럼 돌보라고 부탁하셨다.

예수님의 약함은 다른 이들에게 사랑을 내어주신 일인 동시에, 다른 사람들이 그분이 강하실 때는 할 수 없었던 방식으로 그분을 사랑할 수 있게 기회를 열어 주는 일이었다.

지금의 나는 이 부분에 공감할 수 있다. 나는 어쩌면 지나치다 할 만큼 사명에 집중하는 사람이다. 그러나 이 약함의 시기에 새로운 방식으로 사랑하고 사랑을 받는 법을 배우고 있다. 내가 강할 때 함께 걸어온 사람들, 눈이 휘둥그레지고 경이로운 사명의 모험을 함께한 사람들이 약해진 나를 전과 매우 다른 방식으로 사랑하고 있다. 모건은 내 몸의 고통 때문에 나보다 더 크게 울면서 나를 안아주었다. 베서니, 개빈, 케이시, 재린은 각각 독특한 선물을 건넸는

데, 그것들은 내가 긴 어두운 날들에 소망을 붙잡도록 도와주었다. 케이트, 브리, 사라는 우리 가족을 위해 식사를 준비해 주었다. 크리스천, 인카, 캐런은 내가 첫 번째 치료 주기를 마치면서 축하 자리를 마련하도록 도와주었다. 애슐리는 요청하지도 않았는데, 내가 힘이 없어서 하지 못하는 정원 일을 맡아 주었다. 앤드루는 체력이 약해진 내가 혼자서 조립할 수 없었던 아들의 생일선물을 함께 조립해 주었다. 커스틴은 이 여정의 모든 순간을 함께해 주었다. 그리고 지금 내 곁에는 피터가 앉아 있다. 그는 기도할 힘이 없는 나를 위해 항암주사실에서 시편을 넘겨 주고 읽어 주고 그 내용으로 기도해 준다.

바울은 "소망이 우리를 부끄럽게 하지 아니함은 우리에게 주신 성령으로 말미암아 하나님의 사랑이 우리 마음에 부은 바 됨이니"라고 말한다.[8] 성령의 능력에 대한 이 말씀은 자주 인용되는 참으로 옳은 내용인데, 우리는 거의 항상 문맥에서 따로 떼어서 이해한다. 그러나 바울은 성령으로 충만한 이 사랑의 부어짐을 우리의 고난이라는 맥락 속에 배치했다는 것을 기억할 필요가 있다. 고난은 우리의 약함을 드러내고, 우리는 그 약함을 다른 사람들 앞에 사랑으로 공개할 수 있으며, 그 약함을 통해 사랑을 받을 수 있다. 하나님이 성령을 통해 우리 마음에 사랑을 부어 주시는 방식은, 마치 만화경을 돌리는 것처럼 아름답고 다채롭다. 그러나 고난으로 드러난 우리의 연약함이야말로 성령이 경험적이고 변혁적인 사랑으로 우리를 가장 깊이 만나시는 자리다.

긍휼

고난을 적절히 견디면 긍휼의 마음을 품게 된다. 긍휼은 히브리 성경에서 야훼의 성품을 묘사할 때 자주 쓰이는 용어다. 실제로 긍휼에 해당하는 영어 단어 'compassion'의 어원을 살펴보면, 문자적으로 '함께 고통을 겪는다'는 의미다. 타인을 긍휼히 여기는 것은 그의 고난에 자청하여 참여하는 것이다.

고난의 초기 단계에는 자기 상황밖에 안 보인다. 일종의 터널 시야가 만들어지는 것인데, 이것은 정상적인 반응이다. 하지만 시간이 지나면 우리 중 일부는 자신의 고난을 넘어서서 고난을 통해 다른 사람들을 보게 된다. 자신의 고난이 다른 사람들의 고난에 대한 긍휼의 마음으로 재구성되는 것이다. 이런 긍휼은 고난 이외의 다른 식으로는 만들어질 수 없다.

나는 목회 사역 초기에 팀 켈러 박사와 함께 그룹 멘토링 프로그램에 참여하는 행운을 얻었다. 어느 목요일 오후, 그는 일행과 [맨해튼] 어퍼웨스트사이드의 지하철역으로 나란히 걸어가기에 앞서, 무리 중 몇 명에게 자신의 암 투병 경험을 솔직하게 들려주었다. "암 진단을 받고 나니, 지난 세월 내가 목회한 교인들 중에서 암을 겪은 모든 분들이 계속 생각납니다. 내가 그들에게 무례하게 굴었던 것은 아닙니다. 암이 워낙 흔한 병이다 보니 그에 대해 많이 생각하지 않았을 뿐이지요. 하지만 이제 그 질병으로 내 목숨이 위태로워지고, 각종 치료를 받으면서 약물의 부작용을 느끼게 되니까, 이렇게 고통스럽고 개인적이며 장기적인 시련을 일상적인 일처럼 대했다는 것이 믿기지가 않습니다."

어머니를 여의면 어머니를 여읜 사람에게 공감하게 된다. 유산과 불임을 경험하면 같은 경험을 한 사람에게 공감하게 된다. 양극성 장애 진단을 받으면 정신질환으로 고통받는 사람에게 마음이 부드러워진다. 집세가 모자라 라면으로 끼니를 때우면 가난한 사람을 대하는 마음이 누그러진다. 고난에는 연대가 내재되어 있고, 그것이 긍휼의 마음을 이끌어낸다.

고통은 결코 달갑지 않은 침입자다. 하지만 고통이 일단 문을 부수고 들어오면 우리에게 초대장을 건넨다. 긍휼의 눈으로 세상을 바라보고, 타인의 고통에 동참함으로써 그리스도의 영광에 참여하라는 초대장이다. 좋든 싫든 우리는 세상의 고난에 함께하게 될 것이다.

고난은 고르게 분배되지 않는다. 고난을 받는 방식이 다 다르고, 그 정도도 다르다. 세상의 고난에 함께함으로써 우리는 비뚤어질까, 아니면 부드러워질까, 마음이 닫힐까, 아니면 열릴까?

이 지점에서 우리는 성령을 만난다. 고난의 초대에 응하여 함께 고난받음, 즉 긍휼이 커질 때 성령을 만나는 것이다. 성령은 우리가 자발적으로 타인의 고통 속에 들어가 그 고통을 나누어 짊어짐으로 그들의 아픔을 덜어낼 능력을 주신다. 타인의 고난을 위한 우리의 기도는 새로운 깊이와 절박함을 띠게 된다. 창조적 힘이신 성령은 우리의 기도에 신적 능력을 불어넣으시고, 우리의 고난을 타인을 위한 구속의 도구로 바꿔 주신다.

감사

고난은 우리 삶에서 진짜와 가짜를 드러내는 저울이다. 진단 결과나 인생을 뒤바꿔놓는 전화 한 통은 삶의 자잘한 염려들이 생각했던 것만큼 무거운 짐이 아님을 드러낼 수 있다. 반대로, 동일한 진단 결과나 전화를 받고 나서 평소 당연시하고 하찮게 여기던 것들이 실제로는 인생의 소중한 보물임을 깨닫게 될 수도 있다. 사랑하는 사람과 나누는 대화, 다음날 아침 배우자 곁에서 깨어나는 것, 밤에 아이에게 이불을 덮어 주는 일, 친구의 익숙한 포옹 등 별 생각 없이 하던 일들이 더없이 소중한 것으로 갑자기 바뀐다.

영국의 싱어송라이터 닉 케이브는 두 아들을 잃었다. 아들 제스로는 31세에 호주 멜버른의 한 모텔 방에서 죽은 채 발견되었고 원인은 밝혀지지 않았다. 또 다른 아들 아서가 15세에 영국 브라이튼의 집 근처 절벽에서 떨어져 비극적으로 사망한 지 7년 만의 일이었다. 슬픔은 케이브의 회고록에서 주요한 주제로 등장하는데, 그 책에서 그는 이렇게 적고 있다.

> 가끔 아서가 살아 있을 때와 떠난 후에 나에게 준 것들을 애써 떠올려 본다. 이것

은 때때로 나를 엄습하는 절망 속에서 의미를 찾는 방법이라고 할 만하다. 진실을 말하자면, 아서의 죽음은 결국 나를 움직이는 동력이 되었고, 수년간 수지와 나는 삶에서 매우 아름답고 의미 있는 일들, 진정 아름다운 일들을 경험했다. 그리고 여러 면에서 그 일들이 어디에서 나왔는지 화약 흔적을 좇듯이 되짚어 보면 곧장 아서의 죽음으로 이어진다. 이것이 상실과 슬픔의 중심에 있는 비밀스럽고 끔찍한 아름다움이다. 물론 아들을 다시 볼 수 있다면 우리는 그 모든 것을 기꺼이 반납하겠지만, 그런 우주적인 거래는 있을 수 없다.……그 사실에 비추어 볼 때, 우리는 감사가 단순하고 필수적인 행위임을 깨닫게 된다.[9]

삶의 가장 귀한 선물들이 툭하면 일상적인 것으로 치부된다. 과제를 끝내거나 회의를 하나 더 진행하거나 내일의 발표를 준비하느라 그 귀한 것들이 한편으로 밀려나기 십상이다. 편안한 시절이 이어지면 우리는 생각이 산만해져서 가장 귀한 보물들을 점차 뒷전으로 미뤄 두는 지경에 이른다. 하지만 깊이 생각하면서 고난을 감당하면, 삶의 우선순위를 정확히 가늠하고 진정 중요한 것들에 감사하는 마음을 갖게 된다.

탄식

바울은 "모든 피조물이 이제까지 함께 신음하며, 함께 해산의 고통을 겪고 있다"고 말한다. 그리고 더 나아가 "첫 열매로서 성령을 받은 우리도 자녀로 삼아 주실 것을, 곧 우리 몸을 속량하여 주실 것을 고대하면서, 속으로 신음하고 있"다고 밝힌다.[10]

피조물이 신음하고 우리도 신음한다. 신음은 고통의 표현이지만, 우리가 이생에서 내뱉는 신음은 산통(産痛)의 표시다. 이 고통은 매우 실제적이지만 매우 좋은 징조이기도 하다. 출산하는 여성이 신음하게 하는 진통은 결국 아이의 출산이라는 결과로 이어진다. 이와 비슷하게, 성령으로 충만한 이들은 성령의 새 생명을 품고 있고, 이는 이 세상에서 우리가 경험하는 고난, 즉 "함께 신음하며 함께 [겪고 있는] 해산의 고통"이 새 생명의 약속을 가리킨다는 뜻이다. 그 약속이 이루어지고 고통 없는 세상이 오면 하나님이 우리 눈에서 모든 눈물을 닦아 주시고, 그분의 사랑의 임재로 우리를 보호하시며, 우리가 이제껏 느낀 모든 고통을 구속해 주실 것이다.

고난은 우리의 영적 삶에 레코드판 홈집처럼 작용하여 하나님과의 대화가 갑자기 중단되고 침묵이 흐르기도 한다. 하나님이 갑자기 알아볼 수 없고 이해할 수 없는 분이 되면서, 신뢰할 수 있는 분이라는 확신이 사라지기 때문이다. 고난으로 인해 우리의 기도 생활이 침묵으로 바뀔 조짐이 보일 때도 성령은 여전히 활동하신다. 바울은 로마서 8장에서 이렇게 말을 잇는다. "이와 같이 성령도 우리의 연약함을 도우시나니 우리는 마땅히 기도할 바를 알지 못하나 오직 성령이 말할 수 없는 탄식으로 우리를 위하여 친히 간구하시느니라. 마음을 살피시는 이가 성령의 생각을 아시나니 이는 성령이 하나님의 뜻대로 성도를 위하여 간구하심이니라."[11] 우리 안에 내주하시는 성령은 고난 중에도 우리를 통해 우리를 위해 기도하신다.

지금까지의 삶이 모두 멈춰 설 만큼 너무나 고통스러운 일을 겪고 나면, 우리는 하나님께 무슨 말을 해야 할지 모른다. 하나님이 그 일을 미리 막아 주셨다면 무엇이든 아낌없이 바쳤겠지만, 그분은 막지 않으셨고 우리는 크고 성나고 고통에 찬 신음소리만 내뱉을 따름이다. 그런데 우리 안에 계신 성령께서는 어떤 식으로든 분명하게 현존하시고 역사하시기에 그 신음을 우리에게 정말 필요한 것들을 구하는 요청으로 번역해 주신다. 가장 깊은 고난 속에서 성령은 우리를 아버지의 임재 안으로 이끄시고, 말로 표현할 수 없는 우리의 신음이 그분과의 교제가 되게 하신다.

성령의 탄식이란 우리 내면 가장 깊은 곳, 고통과 상실과 소외와 슬픔 속에 임하시는 하나님을 인정하는 표현이다. 고난의 상황은 종종 처음에는 하나님의 부재 경험으로 느껴지지만, 같이 경험하지 않고는 설명하기 어려운 신비로운 방식으로 우리가 하나님의 임재와 사랑을 가장 선명하게 느끼고 감지하는 기회로 변모될 수 있다. 우리에게는 고난을 회피하지 않으신 하나님이 계시기에, 고난은 우리가 그분의 사랑을 가장 개인적으로 깊이 깨닫는 도가니가 될 수 있다.

성령은 기적적인 개입이나 정상에 오른 순간에만 임재하고 강력히 역사하는 분이 아니시다. 그분의 탄식은 충격받은 병실에서, 과밀한 보육원에서, 퇴거 통지서를 열어 보는 순간에, 자살자의 유서를 읽을 때 들려온다. 물론, 성령의 능력은 나사로가 무덤에서 나올 때 곳곳에서 터져 나온 놀라움의 탄성으로 나타나기도 한다. 그러나 동일한 성령의 능력이 모든 고통이 끝나고 모든 것이 바로잡히며, 왕이신 예수께서 약속하신 완전한 구원이 임하기를 구하는 슬퍼하는 자들의 울부짖음과 흐느낌과 의분 가운데서도 들려온다.

구속

내 무릎에는 상처가 하나 있다. 열두 살 때 7월의 습한 어느 날, '깃발 잡기' 놀이에서 이기려고 이웃집 개울가에서 전속력으로 달리다 미끄러져 생긴 상처다. 왼쪽 눈 바로 위에 또 다른 상처가 있다. 9살 때 여름성경학교에 참석해 간식을 받으려고 줄을 섰는데, 뒤에 있던 남자애가 장난으로 미는 바람에 넘어지면서 탁자 모서리에 부딪쳐 생긴 상처다. 세 번째 상처는 오른쪽 쇄골 바로 아래에 있다. 36세에 생명을 위협하는 뜻밖의 암 진단을 받고 첫 번째 화학요법 치료를 진행하기 위해 삽입한 포트 자국이다. 세 개의 상처는 전혀 다른 세 이야기를 들려준다.

어린 시절, 거의 다 먹은 네오폴리탄 아이스크림 통을 옆에 두고 부모님의 침대에 누워 아빠와 함께 「왈가닥 루시」 재방송을 보던 밤들을 기억한다. 아빠는 베개를 여러 개 쌓아 머리에 베고 누우셨다. 나는 아빠 발치에서 팔꿈치를 매트리스에 대고 엎드린 채 두 손으로 턱을 괴고 있었다. 그렇게 아빠의 발이 가까이 보일 때면 나는 아빠 발가락에 돋은 굳은살에 자꾸만 눈이 갔다. "여기 피부는 왜 이렇게 딱딱해요, 아빠? 새끼발가락이 칼날처럼 뾰족해요."

최근에 그때 일이 불쑥 떠올랐다. 여섯 살배기 아들 사이먼이 거의 똑같은 순간에 똑같은 질문을 했던 것이다. 세월이 흐르고 수많은 걸음을 뒤로 한 채, 내가 아버지와 자리를 바꾼 셈이었다. 이제는 내 발이 제각각 사연이 담긴 여러 상처를 지니고 있었다.

어린 시절, 나는 할아버지의 턱에서 목까지 이어진 처진 피부에 자꾸만 눈이 갔다. "왜 여기에 남는 피부가 있어요, 할아버지? 누가 잡아당긴 거예요?" 할아버지는 분명 그 질문이 마음에 드셨을 것이다. 이마와 눈가에 만들어지는 주름은 지난날들의 이야기를 들려주는데, 수천의 날들과 그보다 더 많은 순간들이 모여 인생을 이룬다. 아무리 보톡스를 맞아도 우리의 얼굴이 그 긴 이야기를 들려주는 것을 막을 수 없다.

우리가 몸에 지닌 상처들은 모두 이야기꾼이다. 주름은 우리가 살아온 날들과 견뎌 온 날들의 이야기를 들려준다. 굳은살은 푸른 초장과 사망의 골짜기를 지나온 걸음들을 이야기하고, 흉터는 우리가 느낀 상처, 견뎌 온 고통, 쏟은 눈물, 흘린 피의 이야기를 들려준다.

존 던은 16세기에 런던 중심부의 세인트폴대성당 사제였다. 그는 문학적 거장이자 영향력 있는 시인이기도 했다. 하지만 그의 가장 유명한 작품은 사후에 『비상시의 기도문』이라는 제목으로 출판된 개인 일기다. 던은 선페스트가 유럽 전역을 휩쓸어 유럽 인구의 최대 50퍼센트를 죽음에 이르게 한 팬데믹 기간에 세인트폴대성당 교구민들을 돌보았다. 던은 죽음이 얼마 남지 않은 듯한 상태로 몇 달간 침대에 누워 있었고, 그 사이에 교인들은 흩어지고 격리되었다.

나의 암 진단 소식이 전해지자, 한 친구가 『비상시의 기도문』 최신판을 선물했다. 나는 던의 기도문을 내 고난의 여정을 이끄는 지침으로 삼았다. 『비상시의 기도문』에는 일기 전체의 전환점이 되는 유명한 대목이 있다. 던은 병상에 누워 밖에서 울리는 장례식 종소리를 듣는다. 그는 그 소리가 자신을 위한 것이라고 상상하며, 자신의 장례식을 떠올린다. 그 과정에서 고난과 맞서 싸우며 상황이 나아지기를, 그 상황에서 벗어나거나 상황이 바뀌기를 갈망하던 태도가 바뀌어 고난에 순응하는 자리로 나아간다. 그의 기도도 달라진다. 기도문의 전반부가 전부 고통을 없애 달라는 간구라면, 후반부는 고통을 구속해 달라는 간구다.

내 여정도 그리 다르지 않다. 화학요법 초기에는 치료 횟수를 헤아리고 부작용을 관리하면서 진단 이전의 삶을 어떻게든 유지하려 노력하고, 매일매일 이전의 삶이 돌아올 것을 기대했다. 그러나 화학요법이 진행될수록 치료의 끝이나 결과에 대해 덜 생각하게 되었고, 그 대신에 이 광야 같은 시기를 지난 후에 내가 어떤 사람이 되어 있으면 좋겠는지를 더 생각하게 되었다.

16세기에 십자가의 요한은 이렇게 말했다. "가장 좋은 열매는 춥고 메마른 땅에서 자란다." 내 여정의 어느 시점부터 나는 고난에서 벗어나려는 몽상을 그만두고, 고난이 나를 빚는 과정에 나를 맡겼다. 고통을 없애 달라고 기도하기를 멈추고, 고통이 구속되기를 기도하기 시작했다.

필립 얀시는 존 던의 『비상시의 기도문』을 현대적으로 재해석한 책을 펴냈다. 파킨슨병을 앓고 있고 그 영향을 점점 더 짙게 느끼는 얀시는, 질병에 시달렸던 던의 삶을 숙고하는 글의 결론에서 자신의 인생을 돌아보았다.

글쟁이로 살아오면서 여러 미국 대통령, 록 스타, 프로 운동선수, 배우, 기타 유명인들을 인터뷰했다. 그리고 인도의 한센병 환자들, 중국에서 신앙 때문에 투옥된 목사들, 성적 인신매매에서 구출된 여성들, 희귀 유전 질환을 앓는 자녀를 둔 부모들, 파킨슨병보다 훨씬 상태가 심각한 질병을 앓는 많은 사람들을 취재하여 소개했다. 이 두 집단을 비교해 보면 다음과 같은 점이 눈에 띈다. 일부 예외를 제외하면, 고통과 실패를 경험한 사람들이 성공과 쾌락을 누리는 사람들보다 주어진 삶의 환경을 더 잘 관리하는 경향이 있다는 것이다. 제거된 고통보다

구속된 고통이 나에게 더 인상 깊게 다가온다.[12]

고난을 선택하는 사람은 없지만, 고난의 도가니를 거치고 변하지 않는 사람도 없다. 우리는 고난을 겪을지 말지, 어떻게 겪을지 선택할 수 없다. 그저 우리 삶에 갑자기 침입한 고통이 우리를 더 나은 존재로 만들 것인지, 아니면 더 못한 존재로 만들 것인지 우리의 반응을 통해 선택할 뿐이다. 심리학자 커트 톰슨은 이렇게 말했다. "우리는 하나님을 더 닮아간다는 것이 더 강력해지고 고통으로부터 보호받는 것을 의미한다고 생각한다. 그러나 실제로는 고난 가운데 있을 때, 그리고 연약한 공동체 안에서 그 고난을 견뎌낼 때……점점 더 하나님을 닮아간다."[13]

깃발 잡기 놀이를 하다가 이웃집 개울에서 넘어진 나는 그 따스한 7월 오후의 남은 시간을 응급실에서 보냈다. 해가 질 무렵, 나는 이웃집 뒷마당으로 돌아가 새로 꿰맨 자국을 자랑했다. 아이들이 모두 모여 서로의 흉터를 비교하면서 고통을 견딘 무용담을 나누었다.

예수님이 부활 후에 제자들에게 나타나신 장면은 소년들이 흉터 이야기를 주고받는 광경과 비슷했다. "내 손, 내 발을 봐라. 내 흉터를 만져 봐라. 치유된 이 상처 위에 손을 얹어 봐라. 내가 느낀 상처, 견뎌낸 고통, 흘린 눈물, 쏟은 피에 손을 대 봐라." 예수님의 기적적인 사역이 소개한 하나님은 고통을 제거할 능력과 긍휼을 지닌 분이다. 반면, 예수님의 희생적 죽음이 소개한 하나님은 고통을 없애 주지는 않더라도 항상 그것을 구속하시는 분이다. 예수님의 흉터 때문에, 내 모든 고난과 당신의 고난도 흉터가 된다. 상처는 치유되고, 고통에서 독침이 사라지며, 눈물이 씻기고, 출혈이 멈춘다. 예수님 때문에 모든 고통, 모든 고난이 구속된다. 내가 이웃집 개울가의 어린 소년처럼 흉터를 내밀고 이렇게 말하기만 한다면 말이다. "예수님, 이거, 제 손과 발입니다."

* * *

애런 쿠쉬너는 유아기에 매우 희귀한 병을 진단받았다. 키가 90센티미터를 넘지 못하고 머리카락이 나지 않는 병이었다. 가장 안타까운 부분은 어른이 될 때까지 살 수 없다는 것이었다. 애런은 14살에 사망했다.

애런의 아버지 헤럴드는 유대교 랍비인데, 아들로 인한 슬픔의 경험을 되돌아보며 이렇게 말했다.

> 애런의 삶과 죽음 덕분에 나는 더 섬세한 사람, 더 지혜로운 랍비, 더 깊이 공감하는 상담자가 되었다. 애런이 없었다면 결코 그렇게 되지 못했을 것이다. 그러나 아들을 되돌려 받을 수만 있다면, 그 모든 개선을 당장이라도 포기할 것이다. 선택할 수만 있다면, 그동안의 경험으로 인해 얻은 영적 성장과 깊이를 포기하고 15년 전의 나로 돌아갔을 것이다. 도울 수 있는 사람들이 한정적이었던 평범한 랍비이자 무심한 상담자였지만 밝고 행복한 소년의 아버지였던 시절로 말이다. 하지만 나는 선택할 수 없다.[14]

누구도 받을 수 없는 그런 선택권이 주어진다면, 아마 다들 같은 선택을 내릴 것이다. 고난을 통해 우리 성품이 예수님의 형상으로 벼려질 수 있다는 것은, 고난 중에 성령에 힘입어 누릴 수 있는 귀한 특권이다. 그러나 그것이 매우 실제적이고 좋기는 하지만, 그것만으로 여전히 부족하다. 사랑, 긍휼, 감사, 탄식 모두 훌륭하지만, 그것만으로는 여전히 충분하지 않다. 그래서 성경 이야기는 현재의 고난을 값지게 만드는 데서 그치지 않고, 미래에 그 고난이 결정적으로 사라질 것을 약속한다.

> 보라, 하나님의 장막이 사람들과 함께 있으매 하나님이 그들과 함께 계시리니 그들은 하나님의 백성이 되고 하나님은 친히 그들과 함께 계셔서 모든 눈물을 그

눈에서 닦아 주시니 다시는 사망이 없고 애통하는 것이나 곡하는 것이나 아픈 것이 다시 있지 아니하리니 처음 것들이 다 지나갔음이러라."[15]

고난은 하나님의 은혜의 선물을 받아들이는 사람들을 정복하지 못한다. 최종 발언권을 갖지 못한다. 창조세계에 퍼진 저주는 결국 최종적으로, 영원히 제거될 것이다. 그것이 이야기의 결말이고, 그렇게 해서 예수님의 승리가 완전히 실현될 것이다. 하지만 우리는 아직 결말에 이르지 않았다. 우리는 여전히 줄거리 한가운데에 있기에 갈등의 결과를 고스란히 겪으며 살지만, 간간이 승리의 열매도 맛본다.

하나님은 우리를 고통으로부터 보호해 주겠노라 약속하지 않으신다. 오히려 우리가 고통을 겪게 될 거라고 확언하신다. 그러나 고통의 모든 순간을 구속하겠다고 분명히 약속하신다. 결국 고통이 최후의 승자가 되지 못할 것이라는 데서 그치지 않으신다. 위대한 이야기꾼이신 그분은 우리가 이생에서 겪는 모든 고통을 구속의 태피스트리에 짜 넣을 것이라고 약속하신다. 모든 상심, 외로움, 버림받음, 시련, 비극이 구속되고, 구속의 통로가 되는 창조적 힘의 한 부분으로 빚어질 것이다. 하나님은 산산이 깨어진 타락의 조각들을 가지고 약속된 천상의 도성을 건설하고 계신다.

기적적 능력과 구속적 고난은 모두 성령의 역사다. 그리고 둘 다 하늘이 땅에 임하게 한다. "내가 바라는 것은, 그리스도를 알고, 그분의 부활의 능력을 깨닫고, 그분의 고난에 동참하여, 그분의 죽으심을 본받는 것입니다. 그리하여 나는 어떻게 해서든지, 죽은 사람들 가운데서 살아나는 부활에 이르고 싶습니다."[16] 부활에 이르기 전까지, 고난은 성령 충만한 우리가 받는 유산의 일부다.

성령은 우리에게 고난을 피할 힘을 주시지 않는다. 고난을 견디고 심지어 구속의 레시피에서 쓰일 핵심 재료로 전환할 힘을 주신다. 당신과 내 안에 살아 계신 하나님의 성령이 고난을 견딜 만하게 만드신다.

실천.   애통

애통은 고난 가운데 성령과 함께 탄식하는 일이다. 나의 고통이든 타인의 고통이든 상관없다. 애통은 개인적, 공동체적으로 실천하는 적극적 탄식이다. 성경에서 반복되는 문구인 "여호와여, 어느 때까지니이까"에 이 애통이 담겨 있는 경우가 많다. 본질적으로 애통은 완전한 구속을 구하는 다음과 같은 외침의 단축형이다. "언제까지 하나님 나라를 겨자씨만큼만 맛보고 살아야 합니까? 그 온전한 현실은 어느 때까지 기다려야 합니까? 이 고통을 어느 때까지 견뎌야 합니까? 왕이신 예수님이 이 고통을 언제 끝내 주시렵니까? 불의, 억압, 고통으로 가득 찬 세상, 절반만 구속된 세상에서 하나님의 백성이 어느 때까지 고통받아야 합니까?"

애통은 성경 곳곳에 퍼져 있고 하나님 백성의 기도서인 시편의 약 40퍼센트를 차지하지만, 현대 교회에서는 애통이 대부분 사라졌다. 이로 인해 많은 현대 신자들은 고난이 닥칠 때 하나님께 어떻게 말해야 하는지 모르는 상태가 되었다. 그리고 성령과 하나님의 성도가 역사적으로 가장 큰 소리로 탄식하던 바로 그 상황에서 우리는 침묵하게 되었다.

그렇다면 애통이 왜 중요할까? 고난에 대해 기도하고 노래하고 싶어 할 사람이 어디 있단 말인가? 애통이 중요한 이유는 고난에 이름을 붙이고 얼굴을 부여하기 때문이다. 고통에 이름과 얼굴이 없으면, 자신의 고통 속에서 성령과 함께 탄식하거나 타인의 고통에 동참할 수 없다. 헤럴드 S. 쿠쉬너가 단순하면서도 현명하게 말한 것처럼, "눈물을 흘린 눈으로만 볼 수 있는 것들이 많다."[17]

애통의 출발점은 나의 현재와 하나님이 약속하신 미래 사이의 간극을 점검하는

것이다. 애통한다는 것은 내가 여전히 기다리고, 사랑하는 사람이 기다리고, 우리 세계가 여전히 기다리는 구속을 기꺼이 바라보고 그 구속의 모습을 구체적으로 밝히는 것이다.

우리가 기다리는 구속의 모습을 더없이 정직하게 밝힐 때, 우리는 단순히 반응하는 수준을 넘어 성숙해진다. 이것이 애통의 기도가 종종 시편에서 시와 노래로 표현되는 이유다. 시와 곡조에 담아내려면 깊이 고민하고 시간을 들여 쓰고 예술적으로 다듬어진 숙고를 거칠 수밖에 없기 때문이다. 애통은 알아들을 수 없는 불평의 외침으로 시작할 수 있지만, 그것으로 끝나지 않는다. 애통은 고통이 있는 자리에 하나님의 구속이 속히 임하기를 요청하는, 잘 다듬어진 지극히 솔직한 간구다.

전 세계적 차원에서, 전쟁으로 파괴된 나라들, 무력한 난민들, 빈곤한 마을들을 위해 애통하라. 지역적 차원에서, 구조적 불평등, 불의, 놀랍고 경이롭게 만들어진 사람들에게 영향을 미치는 문제들에 대해 애통하라. 그런 문제들은 새로운 정책만으로는 해결될 수 없다. 개인적 차원에서, 자신의 질병, 외로움, 학대, 고통에 대해 애통하라. 이렇게 기도하면 안 될 것 같은, 바로 그런 방식으로 기도하라. 그런 방식으로 충분히 오래, 충분히 천천히 기도하여 현재의 고통과 미래를 향한 갈망을 표현하는 언어를 빚어내라. 이것이 애통이다.

신학자이자 작가인 라숭찬은 성경적인 애통에 두 가지 유형이 있다고 지적한다. 추도사와 병문안이다. 추도사는 장례식에서 전하는 말로, 이 세상에서는 소망이 없는 애통이다. 추도사는 슬픔을 적절히 자리매김해 줄 뿐이다. 주로 예레미야애가에서 이것을 찾을 수 있다.

병문안은 치유의 가능성이 있기 때문에 소망이 있는 슬픔이다. 병원에서 고통받는 사람을 방문할 때, 우리는 부인할 수 없는 고통에 직면하고 맞닥뜨리게 된다. 그러나 아직 환자의 심장이 뛰고 숨이 남아 있으므로 그곳에서 추도사는 적절하지 않다. 우리는 치유의 소망을 담아 다양한 방식으로 애통할 수 있고, 주로 시편에서 이런 애통을 찾아볼 수 있다.[18]

예수님 덕분에, 믿는 자의 모든 애통은 결국 병문안에 속한다. 우리 안에 계신 성령의 탄식은 소망을 품은 애통이다. 약속을 지키시는 구속자가 계시므로, 우리는 이 세상에서 슬퍼하고 울부짖고 탄식하되 소망을 품고서 그렇게 한다.

12. 사랑의 길

> 사랑을 추구하십시오. 신령한 은사를 열심히 구하십시오.
>
> 고전 14:1 (새번역)

나의 친할머니(에블린)는 아흔한 살이 되셨다. 다섯 자매 중 넷째로 태어난 할머니는 세 살 때 어머니를 여읜 탓에 어머니에 대한 기억이 거의 없으셨다. 할머니의 아버지는 제2차 세계대전에서 싸웠는데, 미군이 경험한 가장 치열한 몇몇 전투에 투입되었다. 전쟁에서 돌아왔을 때는 입대할 때만 해도 없던 음주 문제를 안고 있었다. 아버지의 상태가 심각했기에 할머니는 열세 살에 집을 나와 언니와 함께 살게 되었다. 그리고 스무 살에 내 할아버지(테디)와 결혼했다. 할머니는 켄터키 시골의 담배 농장에서 여섯 자녀를 키우셨다. 농장은 할머니가 태어난 집에서 30킬로미터 정도 떨어진 곳에 있었다. 할머니는 생계를 꾸리기 위해 인근 셔츠공장에서 30년 넘게 매일 하루 종일 단추와 솔기를 꿰매는 일을 했다.

할머니는 거의 여행을 하지 않으셨다. 미국을 벗어난 적이 없고 바다에 발을 담가 본 것도 두어 번이 전부였으며, 본인이 태어난 작은 지역 너머의 세상은 거의 보지 못했다. 평생을 반경 30킬로미터 이내에서 사셨고, 그중 마지막 70년은 축구장 몇 개 크기의 켄터키 농장 땅에서 보냈으며, 오늘 아침도 그곳에서 맞이하셨다.

나는 할머니의 스무 명 넘는 손주 중 하나다. 미국의 5개 주를 옮겨 다니며 16채의 집에서 살아 보았다. 세계의 세 대양에 발을 담가 보았고 다섯 대륙과 여러 나라를 다녔다. 그런데 내 나이는 할머니가 셔츠공장에 다닌 세월보다 고작 몇 년 더 많다. 우리 문화의 정의에 따르면, 이 모든 경험의 차이로 인해 나는 '교양인'이 되고, 할머니는 그와 다른 존재가 될 것 같다.

하지만 궁금하다. 무엇이 사람을 깊이 있게 만드는 것일까? 인간의 영혼은 어떤 조건에서 성장할까?

모두 한자리에 모여

죽으셨던 예수님이 제자들이 모두 함께 숨어 있던 방에 나타나셨다.

"랍비님, 정말 당신이십니까?" 그들은 물었을 것이다.

예수님은 대답하셨다. "내가 맞다. 내가 너희에게 약속한 생명은 이제 너희 것이다. 그러나 그것을 너희와 온 세상에 내어 줄 완벽한 순간을 보고 있다. 예루살렘으로 가서 기다려라."

제자들이 예수님과 그 대화를 나눈 지 이제 50일이 다 되었고, 고만고만하고 별 볼 일 없는 기다림의 날들이 이어지면서 부활 주일 저녁에 느꼈던 감격은 사그라졌다.

50일째 되는 날 아침, 그곳에 베드로가 있다. 여전히 영혼의 프라이팬 위에서 가끔씩 부끄러움이 지글대는 것을 느낀다. 예수님을 모른다고 했던 그를 예수님은 용서하셨지만, 베드로는 자신이 처참하게 실패하는 광경을 지켜본 모든 사람과 함께 그곳에 있기 때문이다.

거기에는 마리아도 있다. 내 생각에 그녀는 원망하는 마음과 싸우고 있을 것 같다. 따지고 보면, 주변에 있는 모든 사람이 그녀의 아들을 저버리지 않았던가. 고난의 첫 기미가 보이자마자 하나같이 달아났던 이들이다. 마리아는 아들을 기다릴 수 있지만, 그들이 정말 그녀 옆에서 예수를 기다릴 자격이 있을까?

야고보도 있다. 그는 여전히 소망을 품고 있지만, 그간의 모든 일이 진짜일까 싶은 마음도 있다. 그들은 정말 예수님을 본 걸까? 자신들이 보고 싶었던 것을 본 것은 아닐까? 그 경험은 정말 하나님이 주신 것이었을까? 감정적 열정과 집단사고의 조합은 아닐까? '그것을 믿을 수 있을까? 예수님을 신뢰할 수 있을까? 아니라면 이제 어디로 가야 할까?'

기다림은 우리에게 이러한 영향을 미친다. 그리고 바로 그 예루살렘 다락방에서 이제 곧 큰일이 일어날 참이었다.

종종 우리가 상상하는 성령의 초자연적 능력은 특별한 장소 또는 깨달음을 얻은 신비가들 사이에서 추구하여 발견하는 어떤 것이다. 그러나 내가 볼 때 성령은 항상 하나님의 방식이었던 절제된 스타일로 자신을 드러내신다. 야곱이 가문의 땅으로 돌아와 자정에 벌인 씨름 한판, 다른 면에서는 평범했던 날 모세의 일터에 등장한 불붙은 떨기나무, 별 볼 일 없는 마을의 고요한 밤에 누군가를 누인 구유처럼 말이다.

오순절의 사건들도 같은 형식을 따른다. 교회는 예루살렘 도심의 평범한 다락방에서 탄생했다. 서로의 버릇과 특이한 점들이 거슬릴 정도로 오랜 시간 함께한 익숙한 인물들이 모여서 다른 면에선 특별할 것 없는 기도 모임을 진행한 지 50일째 되던 날의 일이었다.

장관이 펼쳐진 후 남겨진 공동체

오순절 날은 그야말로 장관이었다. 불의 혀, 술 취했다고 여길 만큼 요란한 표현들, 여러 나라 말로 동시에 들리는 설교, 수천 명의 세례. 그러나 지켜보는 세상을 진정으로 움직인 것은 너무나 강력했던 장관이 아니라 그 뒤에 남겨진 공동체였다.

오순절의 능력은 그것이 시작된 장소와 방식에 걸맞게 펼쳐졌다. 평범한 이들이 평범한 방에 겸손하게 모여 대부분은 기억에 남지 않지만, 가끔씩 이목을 집중시키는 기도와 예배를 드리는 가운데 펼쳐진 것이다.

오순절(성령강림절)의 주인공은 절제 가운데 자신을 드러내시고, 영적 아드레날린 중독자보다 겸손하고 충성스러운 이들의 무리를 선호하시는 듯하다. 오순절에 일어난 일은 요란하고 공개적이었지만, 이후 동일한 일이 성령을 받은 모든 이들의 공동체 안에서 계속되었고 지금도 소리 없이 계속되고 있다.

오늘날 교회에는 성령의 열매와 성령의 은사를 미묘하게 나누는 이분법이 널리 퍼져 있다. 일부 공동체는 갈라디아서 5장에 성령의 열매로 묘사된 사랑과 기쁨과 화평과 인내와 친절과 선함과 신실과 온유와 절제를 맺는, 성품 형성의 길고 느린 역사에 매료된 것 같다.[1] 다른 공동체들은 고린도전서 12장에 성령의 은사로 묘사된, 신자에게 그리고 신자를 통해 자유롭고 역동적으로 주어지는 초자연적 현상, 즉 지혜, 지식, 믿음, 치유, 기적의 능력, 예언, 분별, 방언, 방언 통역에 똑같이 매료된 것 같다.[2]

하지만 성령의 열매와 은사는 서로 충돌하는 것이 아니라 연결되어 있다. 각각을 별도로 추구하면 잘해야 불완전하고, 최악의 경우 둘 다 제 기능을 못하게 된다. 이 두 흐름이 만나 함께 흘러 강력한 힘을 만드는 지점이 바로 공동체다. 한 지역에 단단히 뿌리내린, 대부분 평범하지만 궁극적으로 변화를 일으키는 공동체 말이다.

잦은 이주의 문제

현대 교회가 오순절의 오래된 열매를 알고자 한다면 한곳에 깊이 뿌리내리고 사는 법을 배워야 한다. 하지만 우리는 이주가 잦은 삶과 거래적 관계로 이루어진 문화 속에서 살고 있고, 이런 상황은 깊이 뿌리 내린 공동체라는 오래된 방식에 우호적인 환경이 아니다. 그러므로 이 초대에 응하기 전에 어떤 저항이 따를지 인식하는 것이 중요하다.

이주가 잦은 서구 문화

미국의 저널리스트 세바스찬 융어는 아프가니스탄 전쟁을 10년 넘게 취재하며 주로 미군 부대 전초기지에서 생활했다. 그곳에서 그는 이상한 현상을 보았다. 많은 군인들이 자발적으로 돌아와 두 번째, 세 번째, 네 번째로 그곳에 배치되었던 것이다. 그와 병영에서 함께 생활했던 군인들은 평화롭고 일상적 삶으로 돌아가기를 몇 달 동안 오매불망 꿈꾸었는데 6개월 후 다시 그곳으로 돌아오곤 했다. 그들은 잠시 집으로 돌아갔다가 자발적으로 재입대를 했다. 융어는 이런 의문이 들었다. "왜 이토록 많은 이들이 평화보다 전쟁을 편안해하고, 친구 및 가족이 있는 안락한 교외 생활보다 전우들과 함께하는 힘든 병영 생활을 선호하는 것처럼 보일까?"[3]

이 의문을 따라간 끝에 나온 책이 『트라이브』다. 이 책에서 그는 미국 역사에 나타난 유사한 현상을 탐구했다. 유럽 사회에서 자라고 대양을 건너가 신세계에 유럽과 동일한 사회 질서를 세운 초기 미국 정착민들 중 놀랄 만큼 많은 이들이 자신들이 만든 사회를 떠나 미국 원주민 부족에 합류했다. 그 반대의 사례, 즉 원주민이 부족을 떠나 식민지 사회에 합류한 사례는 거의 없다.

왜 누군가는 익숙한 곳에서 안락하고 편안하게 살 수 있는데도 객관적으로 더 고된 삶, 더 거북하고 불편하고 생소한 삶을 기꺼이 선택할까? 이는 세바스찬 융어가 병영을 떠나고 싶어 하다가 정작 떠난 후에는 다시 돌아오려 하는 군인들을 보며 떠올린 것과 같은 질문이다. 그가 내린 결론은 강력한 공동체 의식과 체화된 대항문화가 안락함, 부, 편리함, 사회적 '진보'보다 사람의 마음을 더 강하게 끌어당긴다는 것이었다.

이는 한 기자가 뒤늦게 깨달은 바가 아니라, 당시에 일반적으로 볼 수 있는 인식이었다. 융어는 17세기 미국의 서부 개척지부터 전쟁으로 파괴된 20세기 중동의 상황까지 연결하면서 이런 결론을 내린다. "현대 도시나 교외에 사는 사람은 역사상 처음으로 하루 종일, 심지어 평생 동안이라도 대부분 모르는 사람만 만나고 살 수 있다. 사람들에게 둘러싸여 있으면서도 지독하고 위험천만한 고독을 느낄 수 있다. 이런 환경이 우리에게 부담을 준다는 증거는 차고 넘친다."[4] 융어의 결론은 병사들이 전쟁터로 돌아가는 이유가 유럽인 정착민들이 숲으로 돌아간 이유와 같다는 것이다. 더 끈끈한 공동체를 발견했기 때문이었다.

그의 책이 출간된 이후에도 잦은 이주는 우리 문화에서 점점 더 일반적인 일이 되어서 융어가 진단한 문제 상황을 악화시키고 있다. 우리 사회는 극도로 개인화되고 반(反)공동체적인 성향을 띠게 되었고, 우리는 인류 역사상 전례 없이 이곳에서 저곳으로, 이 도시에서 저 도시로, 이 학군에서 저 학군으로 옮겨 다니고 있다.

버지니아 대학교의 사회 심리학자 시게히로 오이시는, 잦은 이주의 영향을 연구한 뒤 이런 결론을 내렸다. "최근 연구에 따르면, 주거 이동성은 집단적 자아보다 개인적 자아를 우선시하는 일과 관련이 있다."[5] 그는 이주가 잦은 사람들이 "의무 없는 관계"를 추구하고 "의무적인 관계"는 회피한다는 것을 발견했다. 그들은 (자존감과 개별 자아의 인정을 기반으로 하는) "개인적 형태의 주관적 행복감"을 추구하고, (사회적 지원과 공동체 구축을 기반으로 하는) "대인 관계적 형태의 주관적 행복감"은 경시하고 버리는 경향이 있다.

우리의 잦은 이주 문화에 깔린 생각과 동기는 잘못되었거나, 그렇지 않더라도 최소한 불완전하다. 오이시의 연구는 서구 세계가 자아를 점점 더 높이 평가하고 자율성을 떠받들며……공동체는 점점 더 낮게 평가하고 있음을 드러낸다. 이런 생각을 실행에 옮기면, 우리는 의학적으로도 심리학적으로도 외롭고 불안하고 아프고 불안정해진다.

우리의 잦은 이주 문화는 공동체 형성을 거부한다. 여기서 논의를 멈출 수 있다면 참 편하겠지만, 우리는 그럴 수 없다. 왜냐하면 교회는 이 부분에서 대안적인 이야기를 전하는 독특한 대항문화가 되지 않기 때문이다. 교회는 이와 똑같은 문화를 그대로 반영하고 있다.

이주가 잦은 서구 교회

미국 교회의 일반적인 제자훈련 구조는 거의 개인화된 영적 훈련만을 중심으로 구축되어 있고, 잦은 이주를 수용하거나 (더 나쁘게는) 좋게 평가하거나 당연하게 여긴다. 여기서 부디 내 말을 오해하지 말길 바란다. 개인적 영성 훈련은 영적 형성에 필수적이다. 그러나 사람은 관계를 통해서 형성되는 존재이기도 하다. 나는 지금 어울리기 쉽고 활력을 주는 이들과의 관계뿐 아니라, 예수님은 우리의 '형제자매'라고 부르시지만 우리가 볼 때는 유언장에서 이름이 빠져도 상관없을 것 같은 이들과의 관계까지 아울러 말하고 있다.

공동체는 신자의 영적 형성에 필수적이고 대체불가의 부분이지만, '뿌리내림'이 일반 문화는 물론이고 교회에서도 철 지난 일로 취급을 받으면서, 집단이 사람을 형성하는 힘이 제약을 받고 있다.

신학자이자 역사학자인 칼 트루먼에 따르면, 현대 서구인들은 역사상 처음으로 자율적인 개인으로서 공동체에 참여한다. 과거에는 어떤 형태의 공동체에 참여하든 그 일은 전체를 위해 봉사하는 자기희생을 수반했다. 노동조합이든 학부모교사연합회든 시의회든 교회든, 더 큰 공동선을 위한 개인의 희생이라는 차원에서 참여했다. 오늘날에도 우리는 여전히 여러 공동체에 참여하지만, 가치의 우선순서가 역전되었다. 내가 공동체에 참여하는 것은 그 모임이 유익을 제공하기 때문이고, 공동체가 나의 개인적 필요를 더 이상 채워 주지 못하면 거기에서 탈퇴한다. 공동체가 개인을 위해 존재하는 상황이 된 것이다. 트루먼은 이렇게 말했다. "기관들은 더 이상 개인이 사회에서 각자 자리를 잡도록 다양한 실천과 훈련으로 교육하는 개인 형성의 장이 아니다. 이제 기관들은 공연을 위한 무대처럼 되었다."[6]

미국 교회는 주변의 더 넓은 문화의 가치관에 자주 포섭되고, 예수 그리스도의 제자를 양성하는 학교가 아니라 개인의 공연 무대가 되었다. 교회가 추종자들로 이루어진 군중 앞에서 지도자가 공연하는 무대가 되면, 교인석의 신도들과 무대 위의 공연자 모두가 망한다. 이것은 사회과학자가 아니더라도 충분히 알 수 있는 사실이다. 공동체 안에서의 형성이라는 확고한 가치를 상실한 교회에서는 생명의 피가 새고 있다.

이동하는 일 자체는 아무 문제가 없다. 나는 평균적인 젊은 성인 못지않게 (어쩌면 더 많이) 이사를 다녔다. 하지만 우리의 잦은 이주 문화에는 영적 위험이 숨어 있다. 만약 내가 이 위험을 인식하지 못한다면, 현대 사회가 받아들이는 가치를 교회 안에 그대로 들여오게 된다. 집단보다 개인을 높이고 교회를 여기저기 옮겨 다니느라 제대로 성숙하지 못하면서, <u>공동체의</u> 영적 여정보다 <u>자신의</u> 영적 여정을 더 중요하게 여길 위험이 생기는 것이다.

영적 변형

각 사람이 공동체 안에서 형성되는 것을 방해하는 문화와, 그 거짓 서사를 통째로 받아들이는 교회가 결합하면서 비극적인 오류로 이어졌다. 오늘날 영성 형성으로 여겨지는 많은 일이, 아이러니하게도 실제로는 공동체 안에서의 영적 형성을 저해한다는 오류다. 이 오류는 두 가지 미묘한 속임수로 나타난다. 개인화된 형태의 온전함과 고독한 방식의 영적 헌신이다.

개인화된 형태의 온전함

우리 문화는 점점 더 치료 중심의 문화가 되어간다. 대대로 공동체 안에서 이루어지던 인격 형성의 여정이 이제는 개별화된 상담과 심리치료로 외주화되고 있다. 나는 상담과 심리치료에 대찬성이다. 나도 상담으로 도움을 받았고, 거기에 삶을 형성하는 측면이 분명히 있다고 믿는다. 그러나 그것은 공동체의 역할을 보완하는 것이어야지 대체하는 것이 되어서는 안 된다.

우리 시대의 심리학이 찾아낸 위대한 돌파구는 가장 깊이 있는 치유가 상당 부분 훈련된 전문가와의 일대일 상담으로 이루어진다는 것이다. 이것은 정신 건강 치료 분야에서 이루어진 획기적이며 매우 훌륭한 발전이며, 우리의 회복에서 중요한 부분을 차지한다. 하지만 동전의 다른 면도 있다. 이 시대에는 우리가 고립된 상태에서 완전히 치유될 수 있다(또는 가장 깊이 치유될 수 있다)는 생각, 즉 공동체는 나의 치유나 당신의 치유에 필요하지 않다는 거대한 신화가 존재한다. 그러나 영성과 심리학 모두가 인정하다시피, 진실은 공동체라는 환경 안에서 사람의 가장 깊고 완전한 치유가 일어난다는 것이다.

고독한 방식의 영적 헌신

나는 매일 아침 일찍 현관 의자에 앉아 성경을 읽고 기도한다. 집에는 두 살 된 아들이 있다. 때로는 아이가 유난히 일찍 깨어 내 경건한 기도 시간을 방해한다.

여기서 독자에게 묻고 싶다. 에이머스는 내 기도의 방해꾼일까, 아니면 하나님이 아이를 통해 내 기도 속으로 들어오시는 것일까? 아들을 희생적으로 사랑함으로써 하나님을 사랑할 수 있을까, 아니면 혼자 고독하게 기도함으로써만 하나님을 사랑할 수 있을까? 에이머스를 안아 주고 아침을 차려 주고 아이 엄마가 몇 분 더 잘 수 있게 배려하는 방식으로 하나님을 사랑할 수 있을까? 아들과 함께 시간을 보내는 일로 하나님을 경배할 수 있을까? 하나님이 에이머스를 통해 나를 사랑하시고 만족감을 주시며, 내게 말씀하시고 그분으로 충만하게 채워 주실 수 있을까?

나는 그렇다고 생각한다. 사실, 내 성격과 기질을 생각하면 영적 훈련에 더 집중하여 실천하는 것보다 영적 훈련의 방해요소를 좀 더 허용할 수 있게 되는 것이 예수님의 형상으로 빚어지는 데 더 도움이 된다고 말할 수 있다.

물론 우리는 반대쪽으로 치우칠 수도 있다. 하나님과의 관계가 지나치게 타인 의존적이 되면 건강하지 않은 지경에 이를 수 있다. 그러나 대체로 이것보다는 반대쪽이 더 시급한 위험이다. 하나님과는 (다이어트나 운동 계획을 세우는 식으로) 일련의 영적 훈련을 통해 관계를 유지하고, 사람들과는 마음이 내키고 여유가 생길 때 취향에 맞는 이들과 어울리는 식이다. 마이크 메이슨은 이렇게 말했다. "많은 기독교인들은 주변 사람의 눈을 들여다보기보다는 성경을 들여다보기를 선호한다. 많은 이들이 '주님, 당신과 가까워지기를 원합니다'라고 기도하지만, 주변 사람들과 가까워지기 위해서는 아무 노력도 하지 않는다. 그러나 하나님은 다른 사람들 사이로 놓인 길을 지나야만 그분께로 나아갈 수 있게 설계하셨다."[7]

하나님과의 연합이 우리를 다른 사람들에게로 더 가까이 이끌지 않는다면, 그것은 예수님의 제자가 된 모습이 아니라 그것의 왜곡된 모습이다.

예수님은 가장 큰 계명을 묻는 질문에, 하나님을 사랑하고 다른 사람들을 사랑하라는 두 계명을 결합하여 대답하셨다. 우리는 개인적이고 사적이며 개별화된 영적 훈련을 통해 하나님을 만나고, 다른 사람들을 통해서도 하나님을 만난다. 물론, 양쪽 모두에서 하나님과의 연합이라는 같은 목표를 추구할 때만 그렇게 된다.

이 영적 훈련은 나를 공동체로 더 깊이 이끌고 있는가, 아니면 고립으로 이끌고 있는가? 이것이 모든 영적 훈련의 시금석이다. 예수님은 사회적 배경으로 볼 때 서로를 친한 친구로 선택하지 않았을 열두 명을 제자로 불러 서로 깊은 관계를 맺도록 이끄셨고, 그들이 평생 피해 다녔을 법한 사람들의 공동체 안으로 더 깊이 이끄셨다. 우리도 예수님을 따르고 있다면 같은 자리에 이르게 될 것이다.

뿌리를 내리고 머물러 있으라

"내 안에 머물러 있어라. 그리하면 나도 너희 안에 머물러 있겠다. 가지가 포도나무에 붙어 있지 아니하면 스스로 열매를 맺을 수 없는 것과 같이, 너희도 내 안에 머물러 있지 아니하면 열매를 맺을 수 없다."[8]

"머물러 있으라." 이것은 반복되는 후렴이다. 예수님은 요한복음 15장에서만 이 단어를 일곱 번 사용하신다. 원어 그리스어로는 '메노'이고, '머물다, 머물러 있다, 거하다'로 번역할 수 있다.[9] 존 마크 코머는 "내가 너희 안에 거처를 마련하는 것처럼 너희도 내 안에 거처를 마련하라"는 번역을 제시한다.[10] 이 문맥에서 예수님은 '머물러 있으라'는 말로 성령강림의 약속을 설명하신다. 연결된 본문에서 예수님은 성령을 "다른 보혜사"라 부르시고 그분을 "너희에게 보내셔서, 영원히 너희와 함께 계시게 하실" 것이라 말씀하신다. 생애 마지막 밤에 예수님은 그분을 따르는 충실한 제자들에게 이렇게 약속하신 것이다. "너희가 내 삶에서 본 것처럼, 내 영이 너희 안에 거처를 마련할 것이고 그리하여 너희 삶을 내 삶처럼 빛나게 만들 것이다." 참여의 초대, 즉 성령이 일으키시는 내적 변혁에 합류하도록 예수님이 우리를 부르시는 방식은 단순명료하다. 머물라. 거하라. 머물러 있으라. 메노.

여기에는 분명히 추상적이고 신비로운 요소가 있지만, 구체적이고 현실적인 지침을 무시해서는 안 된다. 그것은 예수님을 따르는 이들의 공동체에 뿌리를 내리고 거하라는 것이다. 성령의 열매와 은사, 성품 형성, 초자연적 나타남. 이 모두는 뿌리가 깊은 공동체의 토양에서 자란다.

사막의 교부와 교모들이 전해 준 오래된 지혜 중에 이런 말이 있다. "나무를 자주 옮겨 심으면 열매를 맺지 못하듯이, 수도사가 자주 거처를 바꾸어도 열매를 맺지 못한다."[11] 이는 바울의 갈라디아서에서 가져온 생각이다. "오직 성령의 열매는 사랑과 희락과 화평과 오래 참음과 자비와 양선과 충성과 온유와 절제니."[12]

가장 유명하고 널리 알려진 사막의 지혜는 성 베네딕투스를 통해 전해졌다. 그가 작성한 『베네딕투스 수도 규칙』은 새롭게 만들어지는 수도사 집단의 생활을 조직하기 위한 일련의 서약들이다. 당대에는 그와 같은 수도회들이 곳곳에서 생겨나고 있었다. 베네딕투스 수도 규칙의 독특한 점은 첫 번째 서약에 있다. 당시의 다른 수도원 문헌에서는 볼 수 없는 완전히 새로운 이 서약은 '정주서원(定住誓願)', 즉 정해진 한 장소에서 불완전한 사람들과 함께 뿌리를 내리고 살겠다는 급진적인 약속이었다. 한 공동체에서 구성원들의 좋은 점과 나쁜 점을 모두 받아들이며 오랫동안 함께하겠다는 내용이다.

왜 정주서원이 필요했을까? 베네딕투스의 시대가 우리 시대와 크게 다르지 않았기 때문이다. 성 베네딕투스는 정주하지 못하는 것과 '자아를 공동체보다 높이는' 영성이 온갖 방식으로 성숙을 저해하는 것을 보았던 것이다. 그는 '기로바구스'(gyrovagues)라는 이름의 수도사 집단에 대해 언급한다. 이 이름은 원(圓)을 뜻하는 '기로'(gyro)와 방랑을 뜻하는 '바구스'(vagues), 두 라틴어 단어의 조합이다. 기로바구스들은 '빙글빙글 도는 방랑자들'이었다.[13] '뿌리 없이' 예수님을 따르는 이들이었다. 성 베네딕투스는 그들을 두고 "항상 이동할 뿐 절대 정착하지 않고, 자신의 의지와 상스러운 욕망의 노예가 된 자들"이라고 말한다.[14]

현대판 기로바구스는 진실한 헌신으로 예수님을 따르지만, 이 교회 저 교회를 옮겨 다닌다. 정주서원의 핵심은 잦은 이주를 비판하는 것이 아니다. 정주서원은 영적 성숙으로 가는 길이다.

성령의 열매는 추상적으로 자라지 않는다. 당신도 나도 깊이 뿌리를 내려야 열매를 맺을 수 있다. 달아나는 쉬운 선택을 하지 않고 까다로운 사람들을 참을성 있게 대할 때 인내가 자란다. 갈등 속에서도 사람들과의 관계를 유지할 때 선량함이 자란다. 험담과 분노의 유혹을 받는 땅에서 자제가 자란다. 영적 성숙은 관계적이며 구체적이다.

예수님의 길은 본질적으로 관계를 포함한다. 공동체가 없으면 예수님을 더 닮아가는 방향으로 성장할 도리가 없어서다. 예수님의 길은 특정한 장소와 이어져 있다. 하나님 나라는 우리가 올라가야 할 추상적 유토피아가 아니라, 땅의 모든 곳에 구석구석 침입하는 현실이기 때문이다.

내가 오른뺨을 맞고 왼뺨을 돌려댈 때 하나님의 나라가 임한다. 여기에는 나를 괴롭히는 형제자매와 이웃의 존재가 전제되어 있다. 내가 듣기는 빨리 하고 말하기는 더디 할 때 하나님의 나라가 임한다. 이 말은 다른 이들의 관점이 존재한다는 것을 전제로 한다. 타인의 관점일랑 아예 무시하고 내 입장만 쏟아내고 싶지만, 공감하는 마음으로 경청하면 그 관점이 나를 개선할 것이다. 내가 도시의 번영을 추구할 때 하나님의 나라가 임한다. 이 말은 내가 예수님을 따르며 살아가는 이곳, 이 도시가 그분의 설계에 따라 번영하고 있지 않다는 뜻이다.

조지프 헬러먼은 뛰어난 저서 『교회가 가족이었던 시절』에서 이렇게 말했다.

> 영적 형성은 주로 공동체라는 맥락에서 이루어진다. 지역 교회에서 형제자매들과 연결되어 있는 사람들은 거의 어김없이 자기이해가 높아지고, 하나님 및 동료들과 건강한 방식으로 관계를 맺는 능력이 자란다. 사람들 간의 불화와 갈등 해결이라는 힘든 과정을 꿋꿋이 견디는 용감한 기독교인들이 특히 더 그렇다. 장기적인 인간관계는 기독교인의 삶에서 진정한 진보를 이루어내는 도가니다. 남아 있는 사람들이 또한 성장한다.[15]

더 나아가 헬러먼은 반대쪽 선택이 안겨 줄 즉각적인 만족을 인정한다. 불편함을 피해 달아나면 남아서 감수해야 하는 어색함이나 고통에서 즉시 벗어나게 될 것이다. 그러나 다음 공동체에서 정확히 같은 자리에 있는 자신을 발견하게 될 수밖에 없다. 수도사였던 작가 토마스 아 켐피스는 단순하지만 정신이 번쩍 들게 하는 말을 남겼다. "당신이 어디로 가든, 거기에 당신이 있다!"[16]

환멸이 들 때도 떠나지 않고 오랜 시간 함께한 건강한 교회 공동체는 닻이자 필터의 역할을 한다. 내가 하나님의 임재 속에 머물게 하는 닻이자, 내 성품을 내면에서부터 정화하는 필터다.

익명의 알코올 중독자들(AA)의 『빅북』도 같은 개념을 말한다. AA의 창립자들은 영적 경험으로만 인격 형성을 저해하는 문제(이를테면 알코올 중독)들을 극복할 수 있음을 발견했다. 그럼 경험은 어떤 식으로 이루어질까? 대규모 공동체에서의 정기적 모임, 그리고 후원자와의 깊은 관계. 영성은 본질적으로 관계적 속성을 지닌다. 가장 심오한 변화가 일어나려면 하나님이 개입하여 구원하셔야 한다. 그리고 가장 심오한 변화는 공동체 안에서 이루어진다.

그렇다면 공동체를 떠나야 할 타당한 이유가 있을까? 물론이다. 교회에 남아 있는 것이 성장을 저해하고 떠나는 것이 성장에 보탬이 되는, 유해하고 불건전한 교회도 있을까? 물론이다. 지금 나는 전체적으로 볼 때 한 공동체에 머무르지 않고 여기저기 방랑하는 것이 영성 형성에 방해가 된다는 점을 지적하고 있을 뿐이다.

영성 형성의 가장 큰 장애물이 문화 충돌이나 이념적 분열, 기술이 우리 뇌를 장악하는 것, 부가 우리의 애정을 훔치는 것 등이 아니라면 어떻게 될까? 우리를 방해하는 가장 큰 장애물이 문화와 교회가 공동으로 부추기는 '방랑벽'이라면 어떻게 될까?

우리 사회는 다음 것, 새로운 것에 중독된 미래 지향적 사회다. 남의 것이 더 좋아 보이고, 지금이 아닌 다른 날, 이곳이 아닌 다른 곳을 갈망하며 살아간다. 환경을 바꾸어 우리 삶을 손보려고 이리저리 시도한다. 환경을 바꾸면 그것의 영향을 받는 성품이 새로워질 거라고 생각한다. 일련의 환경에서 다른 환경으로 달아나는 식으로 성품을 형성하려고 한다. 하지만 예수님은 우리가 거하고 머물러 있고, 남아 있고, '메노'할 때 성품 형성이 이루어진다고 말씀하신다. 우리가 있는 '지금 여기'에 순복하고 그에 따른 복과 한계를 받아들일 때, 살아 계신 하나님의 성령이 우리를 예수님의 형상으로 빚어가신다.

능력은 사랑을 타고 흐른다

오순절은 초대교회 안에서 계속 구현되었다. 그리고 마침내 우리는 고린도전서 14장에 이른다. 이 장은 공동체 모임 안에서 성령의 은사를 적절히 사용하는 법에 대한 선언문이다. 이 장에는 표적과 기사에 대한 온갖 논의 중간에 자주 간과되는 다음 명령이 등장한다. "이와 같이 여러분도 성령의 은사를 갈구하는 사람들이니, 교회에 덕을 끼치도록, 그 은사를 더욱 넘치게 받기를 힘쓰십시오."[17]

초대교회는 예수님의 기적을 본받으면서 예수님의 사랑도 똑같이 본받았다. 서로의 고통과 상처, 짜증과 불만을 외면하지 않았고 서로의 필요를 돌아보았다. 용서하고 용서를 구하는 법을 배웠다. 서로의 가장 나쁜 면을 보고도 계속 사랑하기를 선택했다. 능력은 언제나 사랑을 섬기는 것이지, 그 반대가 아니다. 성경은 사랑 없는 능력을 가리켜 울리는 징과 요란한 꽹과리라고 말한다.[18]

성령의 나타나심을 갈망하는가? 표적과 기사를 원하는가? 초자연적인 신체 치유와 깊은 내적 치유를 원하는가? 땅을 흔드는 예언의 말씀과 영혼을 향해 속삭이는 세미한 음성을 원하는가? 중보기도의 불타는 능력과 그에 따라오는 사회 변화의 정의를 원하는가? 그렇다면 지역교회에서 가장 사랑하기 어려운 사람들을 사랑하는 일에 온 힘을 쏟으라.

성령의 능력을 원하는가? 서로의 말을 경청하라. 사려 깊은 좋은 질문을 던지고, 진심으로 귀를 기울이라. 서로에게 인내심을 발휘하라. 서로에게 시간을 내라. 다른 사람을 초대하라. 불편을 감수하면서 친구 그룹을 넓히고, 같이 점심을 먹고, 집을 활짝 개방하라.

성령의 나타나심을 간절히 원하는가? 그렇다면 서로를 사랑하는 느리고 미묘하고 의도적인 선물을 나누겠다는 야망을 품으라.

1900년대 초 로스앤젤레스의 '아주사거리 부흥운동'의 지도자이자 오순절 전통의 창시자인 윌리엄 J. 시모어는 이렇게 말했다. "오순절의 능력을 요약하면, 더 많은 하나님의 사랑이다. 오순절의 능력이 더 많은 하나님의 사랑을 전해 주지 않는다면, 그것은 모조품일 뿐이다. 오순절은 고린도전서 13장의 내용대로 사는 것을 의미한다. 그것이 기준이다."[19]

모두가 알고 있지만 잊기 쉬운 사실을 되짚어 보자. 인생에서 중요한 것은 관계라는 사실 말이다. 우리가 임종을 앞둘 때 성취나 실패, 이룬 일이나 끝내지 못한 일을 생각하진 않을 것이다. 뿌듯한 마음으로든 부끄러운 마음으로든 자신의 이력서나 은행 계좌를 살피지도 않을 것이다. 해야 할 일의 목록을 지우지도 않을 것이다. 남은 날이 얼마 안 되고 빛이 꺼져가는 시간에, 자신에게 스트레스를 주는 일을 생각하지는 않을 것이다. 우리는 사람들을 떠올릴 것이다. 그동안 함께 살아온 사람들을 생각할 것이다. 그들을 어떻게 사랑했는지 아니면 사랑하지 못했는지. 어떤 식으로 그들에게 우선순위를 부여했는지 아니면 그러지 못했는지. 그들을 더 깊이 알기 위해 무엇을 희생했는지 아니면 무엇 때문에 그렇게 못했는지를 생각할 것이다.

독자들에게 분명히 말하고 싶은 것이 있다. 오순절의 장관은 불의 혀와 거센 바람으로 나타났지만, 우리를 붙들어 주는 오순절의 능력은 겸손하고 끈기 있게 서로를 사랑하는 사람들의 공동체로 나타났다는 것이다. 만약 오순절의 능력을 추구한다면, 하늘을 바라보는 것만큼이나 자주 우리 양옆의 사람들을 바라보는 것이 좋을 것이다.

성령의 은사는 표적과 기사와 기적을 의미한다. 그리고 무엇보다 위대한 기적은 어쩌면 오랫동안 사랑의 공동체 안에서 살아가는 것인지도 모른다.

한 장소를 깊이 바라보기

래리 맥머트리는 대하소설 『론섬 도브』로 유명해졌다. 하지만 나는 훨씬 덜 알려진 그의 다른 작품에 감동을 받았다. 미국 전역을 여행한 그의 여정을 담은 회고록과 같은 책이다. 일 때문에 방문했던 장소들, 만난 사람들, 그가 본 모든 것들이 거기에 담겨 있다. 그 장대한 모험 이야기를 읽고 있으면 떠돌아다니면서 살고 싶어진다. 위대한 모험을 떠나고 싶어진다. 방랑벽에 찬사를 보내는 책이다.

그러나 그는 결국 자신의 이야기가 시작된 곳으로 되돌아간다. 그가 태어난 텍사스 동부의 작은 마을에서 아버지를 생각한다. 그 마을의 먼지 쌓인 비포장도로 너머로는 거의 나가지 않았던 아버지의 삶과 자신의 삶을 비교하며 이렇게 쓴다. "나는 많은 장소를 빠르게 둘러보았다. 아버지는 한 장소를 깊이 들여다보았다."[20]

요즘 우리는 깊이와 너비를 혼동하는 경향이 있다. 여행을 많이 다니고 많은 사람을 만나고 많은 장소를 봤다고 하면 '교양 있는' 사람이 된다. 그런 면모가 존중을 받는다. 솔직히 말해서, 나는 그런 면모가 존중받아 마땅하다고 생각한다. 여러 다양한 사람들, 장소, 사고방식과 상호작용을 할 때 깊이를 얻을 기회가 생긴다고 믿는다. 하지만 한 곳에 정착하고 살아도 깊이를 갖출 기회가 똑같이 주어진다는 사실을 우리는 보지 못한다.

사도 바울은 그리스-로마 세계의 주요 도시들을 누비는 선교 모험에 나섰고, 여러 민족 집단과 문화, 채찍질과 난파, 마음 아픈 이별과 세상을 변화시키는 설교 장면들이 흥미진진하게 펼쳐지는 한 편의 대서사시를 후대에 남겨놓았다.

바울은 그렇게 여러 곳을 누비며 예수님의 이야기를 전했지만,

정작 예수님의 삶은 바울이나 나보다는 내 할머니 에블린 씨의 삶과 더 비슷했다. 깊이 뿌리내리고 사신 것이다. 예수님은 많은 이들에게 알려지셨고, 이 마을에서 저 마을로 다니셨으며, 우리 모두를 위해 생명을 내어주셨다. 그러나 그분은 인간 특유의 관계적 역량과 한정된 시간이라는 한계를 받아들여 소수의 사람들에게만 자신을 깊이 내어주셨다. 예수님은 단순한 정주 가운데 깊이를 갖추셨는데, 나는 우리가 그런 감각을 잃어버린 것이 아닌지 의심스럽다.

방랑벽이라는 미명 아래 우리가 보물을 놓치고 있는 것은 아닐까. 우리 중에는 한 장소에서 한 무리의 사람들과 함께 충분히 깊이, 충분히 오래 파고들어 그 오래된 보물을 다시 발견하는 사람들이 있지 않을까.

한 무리의 사람들 사이에 있으면 한 장소에 오랜 시간 동안 깊이 뿌리내리는 것. 거기에는 깊이를 경험할 큰 기회가 있다.

실천.   공동체

예수님의 가장 가까운 열두 제자는 고대 이스라엘의 경제적, 이데올로기적, 정치적 경계를 뛰어넘어 관계를 맺었다. 육체노동자, 세리, 열심당원이 모두 한 무리 안에 있었다. 지파 간의 긴장, 직업적 긴장, 계급적 긴장, 정치적 긴장, 사회적 긴장이 그 안에 다 있었다. 이것이 예수님의 최측근 열두 명의 상황이었다. 이러한 의도적인 다양성의 강력한 결과를 되새기는 것은 아름다운 일이지만, 예수님이 부르신 그들은 스승을 따르기 위해 무시할 수 없는 거북함과 긴장을 이겨내야 했다.

사도들을 모태로 성장한 초대교회는 이 역설을 안고 있었다. 교회는 고대 세계의 사회적 구조를 뒤흔들 강력한 구원의 다이너마이트 같은 존재였지만, 관계적 긴장, 갈등, 분열 때문에 치유가 필요한 엉망진창의 상태였다. 그들은 환대를 베풀고 사랑을 나누고 서로에게 관대하며 희생적인 놀라운 가족이었지만, 갈등과 분리, 근친상간, 거짓 가르침, 문화적 식민화, 가난한 자들에 대한 무시 등이 일상적으로 일어나는 가족이기도 했다. 교회는 엉망진창이었다. 생동감 있고 매력적인 엉망진창이었지만, 엉망진창이 아닌 다른 것으로 오해하면 안 된다. 유진 피터슨은 이것을 간단히 정리한다. "성경에 '성공적인' 교회 공동체는 없다."[21]

교회 공동체의 이런 엉망진창 상태를 고려할 때, "예수는 좋지만 교회는 싫다"는 식의 정서가 점점 더 확산되는 것에 놀라서는 안 될 것이다.

첫째, 그런 정서의 배후에 놓인 경험과 감정은 많은 부분 전적으로 정당할 수 있다. 기독교 교회는 재정적 부패, 인종차별, 조종, 온갖 종류의 학대를 저질렀고, 자아를 드높이는 자기중심적인 왕국을 건설했다. 과거에 그랬고 전부는 아니지만 지금도 그렇다. 이것은 거시적으로 볼 때도 비극이지만, 하나님의 가족을 통해 치유가 아니라 상처를 경험한 개인들의 사연이야말로 진정한 비극이다. 만약 이것이 당신의 이야기라면, 진심으로 정말 안타깝게 생각한다. 하지만 그것은 우리가 따르는 랍비의 마음과도 다르고, 참된 교회의 본질과도 맞지 않다.

둘째, "예수는 좋지만 교회는 싫다"는 말이 주로 문제가 되는 것은 예수님 때문임을 분명히 말하고 싶다. 정말로 예수님을 좋아하는 사람이라면, 그분에게 교회는 선택사항이 아니었음을 알 것이다. 예수님은 기관을 반대하는 분이 아니셨다. 그분은 정기적으로 제자들을 1세기 유대의 두 종교 기관인 회당과 성전으로 데려가셨다. 그 기관들의 결점은 성경의 지면에 잘 기록되어 있다. 예수님은 당대의 '교회'를 정당하게 비판했지만 교회를 버리지 않으셨다. 그분은 계속해서 그곳을 찾으셨고, 회중석에 앉은 사람들과 함께 기도하셨으며, 형제자매들과 함께 말씀을 받으셨다.

예수님을 따른다는 것은 그분을 따라 치유의 공동체로 들어가는 것을 의미하지만, 그 공동체는 질병이 가득한 곳이기도 하다. 혹시 "나, 내 묵상 노트, 그리고 무선 이어폰에서 흘러나오는 잔잔한 아이슬란드 음악 플레이리스트"로 혼자서 예수님을 따를 방법을 탐색하고 있다면, 성경의 지면에서는 그런 것을 찾지 못할 것이다.

결국, 성령의 임재와 능력이 분별, 예언, 치유, 증언, 구속적 고난 같은 일반적인 성령의 은사와 표현방식으로 나타나는 적절한 자리는 지역 교회다. 성령의 능력 안에서 자라고 싶다면 공동체에 헌신하라. 지역 교회를 찾으라. 쇼핑몰 규모의 대형교회든, 수백 년 전통의 전례에 충실한 교회든, 거실에서 모이는 소박한 가정 교회든, 그 중간의 어떤 형태든 상관없다. 예수 그리스도의 제자들이 서로를 알고, 함께 위로하고 슬퍼하며, 죄를 서로 고백하는 지역 공동체에 헌신하라. 능력이 사랑을 타고 흐르는 공동체에 헌신하라.

에필로그.   곁에서 돕도록 부름받으신 분

> 내가 아버지께 구하겠으니 그가 또 다른 보혜사를 너희에게 주사 영원토록 너희와 함께 있게 하리니 그는 진리의 영이라. 세상은 능히 그를 받지 못하나니 이는 그를 보지도 못하고 알지도 못함이라. 그러나 너희는 그를 아나니 그는 너희와 함께 거하심이요 또 너희 속에 계시겠음이라.
>
> 요 14:16-17

"타일러, 의사 선생님이 방금 전화하셨어." 커스틴의 다급한 목소리가 들려왔다. "아기 심장에 문제가 있대."

나는 런던 중심부에 위치한 오래된 에티오피아 교회 지하에서 예배를 인도하고 있었다. 지난 일주일 동안 영국을 돌며 숨 가쁘게 진행한 순회 집회의 마지막 예배였다. 커스틴은 내가 아는 그 누구보다 강하고 독립적인 사람이다. 그녀가 연달아 전화를 거는 일은 손에 꼽을 만큼 드물었다. 그래서 두 번째로 전화벨이 울리고 화면에 그녀의 이름이 떴을 때, 뭔가 잘못되었구나 싶었다.

다음 날 아침 첫 비행기로 지구 반 바퀴를 날아 포틀랜드의 집으로 돌아왔다. 그리고 24시간이 채 안 되어 우리는 진료실에 함께 앉았다. 의료진은 한 시간 넘게 초음파 검사를 진행하면서 아무 말도 하지 않았다. 침묵은 으스스했다. 마치 우리를 제외한 모두가 우리에게 엄청난 충격을 안길 어떤 사실을 알면서도, 그것을 입 밖에 꺼내는 역할을 누구도 맡고 싶어 하지 않는 것 같았다.

막내아들 에이머스는 출산 예정일로부터 7개월 전에 심장질환 진단을 받았다. 그냥 고만고만한 심장질환이 아니라, 발달 중인 영아가 생존을 기대할 수 있는 심장질환 중에서 가장 중증이었다. 이 질환이 까다로운 것은 심장이 혈액에서 산소를 걸러내는 방식과 관련되어 있기 때문이었다. 자궁 안에서는 아기가 건강하게 발달하지만, 출생 순간 산소를 호흡하면서부터는 목숨이 경각에 달린 상황이 된다. 생존확률은 반반이고, 생존한 아이들도 심각한 신체적 장애 또는 인지적 장애를 입거나 두 장애를 동시에 입을 가능성이 높다.

의사는 우리에게 이 모든 내용을 설명하고 최악의 상황에 대비하라고 했다. 출생 후 며칠 안에 사망할 가능성이 높다는 것이었다. 나는 충격을 받았고 그 소식을 좀처럼 받아들일 수가 없었다. 커스틴은 침착했지만, 진료 시간 내내 말이 없었다. 나는 의사에게 이런저런 질문을 했고, 그녀는 앉아서 듣고만 있었다.

우리는 대기실을 지나 후속 진료를 예약하러 갔다. 갑자기 필요해진 많은 진료예약 중 첫 번째 건을 처리하고 나서 승강기에 탔고 문이 닫혔다. 그 순간, 몇 초 동안 강철 상자 속에 우리 둘만 있게 되었을 때, 커스틴은 울음을 터뜨렸다. 내가 그 이전에도 이후로도 들어 본 적이 없는 통곡이었다. 그녀는 고통스러운 비명을 지르며 울었고, 내가 절대 잊지 못할 그 비명은 몇 시간 동안 멈추지 않았.

집에 돌아와서 나는 베이비시터와 교대했다. 두 아들 행크와 사이먼을 놀이터에 데려갔다. 아이들이 깊은 슬픔에 잠긴 엄마의 모습을 보지 않도록 보호하려 한 것이다. 돌이켜 볼 때, 어쩌면 나는 아내가 느낀 것을 회피하려고 했던 것인지도 모른다.

커스틴은 그날 밤 침실에서 나오지 않았다.

나는 즉석 맥앤치즈로 아이들 저녁식사를 차려 주고 양치를 시키고 이불을 덮어 주었다. 이제는 상황을 직면해야 할 시간이었다. 혼자여야 했다. 위로해 줄 사람 없이, 바쁘게 할 일도 없이, 어떻게 직면해야 할지 모르는 일에서 관심을 돌리게 도와줄 어떤 것도 없이.

곁에서 돕도록 부름받으신 분

예수님이 제자들과 나눈 마지막 긴 대화, 우리가 계속 되돌아가게 되는 그 대화에서, 예수님이 성령을 가리키며 가장 자주 쓴 이름은 그리스어 '파라클레토스'다. 이 호칭은 '변호자'(NIV의 번역) 또는 '돕는 분'(몇몇 다른 훌륭한 번역본들이 선택한 표현)으로 적절히 요약할 수 있지만, 문자 그대로 가장 온전히 번역하면 '곁에서 돕도록 부름받으신 분'이 된다.

예수님은 성령을 세 가지 의미심장한 이름으로 부르신다. 위로자, 변호자, 상담자다. 영적 삶이라는 길고 예측할 수 없는 경주에서, 고통 속에 우리를 홀로 두지 않으시고 가까이 다가오시는 위로자. 끊임없이 괴롭히는 속이는 자의 거짓말로부터 우리를 지켜 주시는 변호자. 우리의 말을 경청하고 예리한 질문들로 우리를 이끌어 주고 복잡한 줄거리를 가진 각 사람의 이야기를 전체에 딱 들어맞는 퍼즐 조각으로 해석하도록 돕는 상담자. 그 세 이름의 성령이 우리에게 주어진 것이다.

위로자

예수님은 잡히시던 날 저녁, 제자들과 대화하시는 와중에 성령을 처음 언급하시고 이런 약속을 주신다. "내가 너희를 고아와 같이 버려두지 아니하고 너희에게로 오리라."[1] 이 약속은 삼중의 의미를 담고 있다. 예수님은 잡히시고 십자가 처형을 당하신 후 필연적으로 제자들을 감싸게 될 혼란을 뚫고 그들을 찾아오실 것이다. 예수님은 훗날 약속대로 재림하여 당신의 희생으로 이루실 승리의 완전한 효과를 확고하게 하실 것이다. 그러나 현재의 우리와 가장 가까운 측면을 말하자면, 이 약속은 무엇보다 그 이전의 약속, 성령의 선물이라는 약속과 이어져 있다. 성령이 오셔서 하나님의 임재를 온전히 경험하게 하시고, 우리를 떠나거나 버리지 않으실 것이다.

이 세상의 삶은 예측할 수 없다. 절망이 우리를 덮치고 땅에 쓰러뜨린다. 하나님이 강력하게 개입하신다는 약속이 그분의 자녀들 모두에게 주어져 있지만, 그분이 개입하시는 방식은 신비롭다. 하지만 그분은 능력을 베풀지 않으실 때도 위로는 잊지 않으신다. 그분은 우리를 고아처럼 내버려두지 않으실 것이다. 특히 절망 속에서 위로자를 만나는 이들은 잔잔하지만 강력한 진리를 발견하게 된다. 하나님의 임재가 내 고통보다 더 강력하다는 진리, 그분의 위로가 내 절망보다 더 오래 이어지고 심지어 그 절망을 뚫고 길을 낸다는 진리다.

변호자

예수님의 말씀에 따르면 성령은 우리의 변호자시고, 우리가 무슨 말을 해야 할지 모를 때도 우리의 사정을 변호해 주신다. 로마서 8장은 성령이 우리를 위해 중보하신다고 단언하는데, 이것은 성령께서 이루 말할 수 없는 탄식으로 우리를 대변하신다는 뜻이다. 인생의 절망적인 순간에 우리는 종종 할 말을 찾지 못해 힘들어한다. 무엇을 구해야 할지, 그것을 어떻게 표현해야 할지 모르거나, 상황이 너무 암울해서 기도할 의지마저 잃어버리기도 한다. 바로 그런 자리에서, 그 자리를 위해 우리는 늘 함께하시는 변호자를 약속받았다.

성경에서 우리의 영적 원수를 부르는 가장 흔한 이름이 '참소자'다. 이 속이는 자는 최초의 거짓말로 온 세상을 감염시켰던 것처럼, 거짓말로 우리를 끊임없이 괴롭히고 우리의 자아상을 깎아내리며 하나님에 대한 신뢰를 좀먹으려 한다.

그래서 나는 예수님이 성령을 '변호자'로 부르신다는 사실이 너무나 의미심장하게 다가온다. 변호자는 참소자의 정반대. 성령은 우리의 대적에 대한 해결책이다. 참소자는 우리를 고립시켜 하나님께로부터 멀어지게 하지만, 성령은 우리가 하나님 쪽으로 돌아가도록 쿡쿡 찌르고 부드럽게 떠밀어, 어디를 가든 성령의 사랑스러운 눈길이 우리를 향하고 있음을 확신하게 해준다. 성령은 우리가 받은 사랑은 빼앗길 수 없고 잃어버릴 수 없는 것임을 굳게 믿게 해주신다.

성령은 세상을 책망하신다. 예수님은 이 점을 더없이 분명히 밝히신다. 하지만 성령은 하나님께 속한 자들을 변호하시고, "사랑받는 자, 사랑받는 자, 사랑받는 자"라고 세미한 음성으로 속삭이며 우리의 정체성을 끊임없이 확신시켜 주신다.

성령이 세상을 책망하시는 것은, 이 세상에 속한 모든 이들이 돌이켜 하나님의 가족이 되게 하고자 하심이다. 하지만 입양된 자들인 우리에게는 우리가 이미 가족임을 상기시켜 주신다. 로마서 8장으로 돌아가 보면, 그리스도를 따르는 모든 이들 안에 거주하시는 성령이 우리 가슴 속에서 '아바, 아버지!'라고 부르짖으심을 알게 된다.

상담자

상담을 받아본 적이 있다면 알겠지만, 우리는 상담실에 '표면적 문제'를 가지고 들어간다. 자녀에게 벌컥 화를 내는 모습, 배우자와 정서적 교감이 안 되는 상태, 일에 대한 과도한 집착 등 혼자서는 조각을 맞출 수 없는 내면의 퍼즐을 풀기 위해 상담자를 찾는 것이다. '표면적 문제'를 가지고 상담실에 들어가지만, 그것이 그곳에 간 진짜 목적은 아니다. 숙련된 상담자는 외과의사처럼 일한다. 유일한 차이는 메스 대신에 별다른 뜻이 없는 것 같지만 예리한 질문으로 내담자의 마음을 갈라 열어서, 그를 어지럽히는 문제를 결국 찾아낸다는 것이다. 그때 내담자는 자신이 표면적 문제 때문에 상담실에 왔지만, 그곳을 찾은 진짜 목적은 따로 있었다는 것을 깨닫게 된다. 사실 그는 어린 시절에 입은 상처, 아직도 피가 멈추지 않은 상처를 치유받기 위해 그곳에 왔다. 교묘하지만 중독에 가까운 행동 패턴으로 덮어 왔던 거짓된 정체성을 바로잡기 위해, 또는 묻어 버리고 잊었다고 생각했지만 원한의 씨앗처럼 자라나 자신을 잠식해 버린 상실감을 치유받기 위해 온 것이다.

예수님이 33년을 사셨던 1세기 지중해 세계에서, 사람들은 바람을 느끼기만 하지 않았다. 그들은 바람에 의존했다. 예수님과 그 동행자들에게 바람은 나무 사이로 부는, 눈길을 줄 수도 있고 무시할 수도 있는 미풍 정도가 아니었다. 현대인들이 연료에 의존하는 것처럼, 그들에게 바람은 운송에 필요한 동력 자원이었다.

복음서의 한 장면에서 제자들이 거센 폭풍을 헤치며 배를 모느라 사력을 다하는 사이에 예수님은 뱃머리에서 주무셨다. 예수님이 깨어나 폭풍을 잔잔하게 하시자 배에 타고 있던 이들은 이렇게 외쳤다. "이분이 누구이기에, 바람과 바다까지도 그에게 복종하는가."[2] 그날 배에 탄 사람 중 하나였던 베드로는 나중에 성경의 선지자들을 "성령에 이끌려" 가는(carried along by the Holy Spirit) 사람들이라고 언급했다.[3] 이는 여름 나무의 잎사귀를 흔드는 바람이 아니라, 배를 특정 방향으로 밀어내는 '항해의 바람'을 연상시킨다. '곁에서 돕도록 부름받으신 분'을 의미하는 파라클레토스는 예수님이 마지막 밤에 성령께 붙이신 호칭인데, 한 번의 대화에서 네 번이나 반복하셨다. 이 호칭은 고대 해상 문화에 뿌리를 두고 있다.

1세기 그리스-로마 세계에서 누군가 지중해로 나가 고기를 잡다가 산토리니와 미코노스 사이 어딘가에서 길을 잃었다면, 희망은 파라클레토스 하나뿐이었다. 이것은 구조선을 가리키는 일반적인 용어로, 위기에 처한 배를 줄로 연결하여 항구로 끌고 간다. 그 배 파라클레토스는 "곁으로 다가와 돕는" 역할을 하며, 표류자를 안전하게 집으로 데려다줄 터였다.

성령은 누구신가? 곁에서 돕도록 부름받으신 분이다. 길 잃고 홀로 남은 우리를 찾아와 아버지의 품으로 도로 이끄시는 분이다.

성령님, 저를 찾아오소서

내가 있던 자리로 돌아가 보자. 에이머스의 진단으로 불확실해진 상황 속에서 나는 옴짝달싹 못하고 혼자 앉아 있다. 딴생각은 할 수가 없다. 7개월 후에 태어날 아기가 있다. 작은 에이머스. 아이가 우리와 함께할 시간이 수십 년일지 며칠일지 단 몇 시간일지 모른다. 에이머스는 태어난 후 상태가 너무 안 좋아질 수도 있다. 그래서 형들과 함께 자전거를 타지도 못하고, 유치원 활동지 맨 위에 이름을 쓰지도 못하며, 나중에 독립하여 도심의 누추한 자취방에서 혼자 사는 일을 경험하지 못할 수도 있다. 아이는 운 좋게 온전할 수도 있지만, 의사들은 우리에게 최악의 상황을 각오하라고 했다. 작별인사를 연습하라고 했다. 7개월 후에야 만나서 반갑다고 인사할 수 있는 아이를 상대로 어떻게 작별인사를 연습한단 말인가?

그날 밤 잠깐씩 졸기는 했겠지만 눈을 감은 기억은 없다. 결국 새벽 4시에 자리에서 일어났다. 뭘 해야 할지는 몰랐지만, 적어도 집에 있고 싶지는 않았다. 가만히 앉아 있을 수 없었다. 칠흑 같은 어둠 속을 달리기 위해 밖으로 나갔다.

몇 마일이나 달렸을까. 포틀랜드의 어두운 거리들을 미친 사람처럼 헤매다 결국 주저앉았다. 나를 짓누르는 상황의 무게에 육체적, 감정적, 영적으로 녹초가 되었다. 나는 아침마다 기도하는 거룩한 땅인 현관 계단에 앉았다. 어둡고 차가운 그 늦가을 아침에 마침내 입 밖으로 한 마디를 끄집어냈다. 잠 못 이룬 그날 밤에 열두 번이나 붙들고 씨름했던 위대한 상담자에게 답했다. 런던 중심부의 에티오피아 교회 지하실에서 커스틴의 전화를 받은 후, 내 영혼 안에서 잦아들 기회가 없었던 성령의 탄식을 말로 표현하는 기도였다.

나는 소리쳐 기도했다. "성령님, 저를 찾아오소서. 저는 길을 잃었습니다. 육지가 보이지 않습니다. 성령님, 저를 찾아오소서. 저를 항구로, 아버지의 품으로 다시 데려가소서. 저는 파라클레토스가 필요합니다."

그분의 이름, 상담자를 불렀을 때, 나는 허물어졌다. 눈물샘을 막고 있던 댐이 터졌고, 나는 우는 정도가 아니라 울부짖었다. 병원 승강기에서 커스틴이 울었던 것처럼 현관 계단에서 혼자 울부짖었다. 그것은 위대한 상담자와의 첫 번째 상담 세션이었고, 그것을 시작으로 향후 200일 동안 그분에게 많은 상담을 받았다. 덕분에 에이머스의 출생을 기다리며 보내야 했던 그 절박한 시기를 버틸 수 있었다.

우리는 모두 표면적 문제를 안고 찾아온다. 그렇지 않은가? 모든 상담사의 대기실에 있는 모든 고객이 그렇다. 위대한 상담자를 아는 모든 제자도 그렇다. 그분은 최고의 치료사답게 신속한 답변을 제시하지 않는다. 신속한 답변은 잠시 위로를 줄지는 몰라도 치유를 일으키지는 못하기 때문이다. 위대한 상담자는 우리를 풀어헤치는 질문을 하신다. 그런 질문들만이 우리를 진정한 치유로 이끈다.

에필로그를 쓰는 지금, 에미머스는 건강하다. 20개월 된 이 작은 아이는 그 누구보다 행복하고 잘 웃는다. 지금까지 세 번의 개심 수술을 받았고, 치료의 여정은 아직 끝나지 않았다. 그러나 아이는 형들과 논다. 심장질환으로 인한 어떤 인지적, 신체적 제한도 보이지 않는다. 우리의 이야기는 슬픔이 아닌 기쁨으로 끝났고, '감사하다'는 말은 그 감격을 담아내기에 너무 부족하다.

아이의 작고 동그란 얼굴에 어린 미소를 볼 때마다 나는 성령을 떠올린다. 그분은 이스라엘 백성에게 만나를 먹이셨듯이, 200일 동안 매일 나를 강하게 붙드신 위로자시다. 매 여정마다 나를 괴롭힌 수많은 거짓을 드러낸 변호자시며, 매일 나와 상담 예약을 잡으시고 먼저 곁에 다가와 나를 항구로 이끄시는 상담자시다.

감사의 글

앤드루 스토다드, 대니얼 마르스, 내털리 나이퀴스트, 그리고 토머스 넬슨 출판사의 전체 팀에게 감사를 드립니다. 제가 타이핑한 장황한 글을 논리 정연한 작품으로 다듬어 주셨어요. 이 책이 나오기까지 모든 단계에서 여러분과 함께 일할 수 있어서 기뻤습니다.

문학 에이전트 오스틴 윌슨, 크리에이티브 디렉터 카티야 와우리코우, 특히 놀랍도록 유능하고 친절한 목회비서 제니 더코트에게 감사드립니다. 여러분은 이 책이 제 머릿속 구상에서 독자의 손에 들린 종이 책으로 완성되기까지 지칠 줄 모르고 애써 주셨습니다. 그 과정에서 실질적 작업뿐만 아니라 인간적인 면에서도 각기 고유한 방식으로 도와주신 것에 깊이 감사드립니다.

너무나 관대한 친구들인 팀 맥키, 애런 쇼, 존 마크 코머, 젬마 라이언, 게리 브레셔스에게도 감사를 전합니다. 모두가 초기 원고들을 함께 검토하고 격려하면서, 부족한 부분을 짚어 주고 (꼭 필요했던) 편집 작업을 도와주었습니다. 귀중한 시간을 내고 관심을 기울여 준 희생적인 사랑의 행위에 고개를 숙입니다.

브리지타운교회에 감사드립니다. 이 책의 내용은 교회에서 가르치고 실천한 바 있습니다. 덕분에 성경의 지면에 담긴 생생한 초청이 교회 공동체 속 실제 사연과 실천으로 바뀔 수 있었습니다.

누구보다 가족에게 감사를 전합니다. 행크, 이 책은 너를 위해 썼다. 이 책의 메시지가 나에게 준 영향, 앞으로 일으킬 영향보다 네 안에서 훨씬 더 생생하게 살아 있기를 기도한다. 사이먼, 너의 모든 부분을 있는 모습 그대로 사랑한다. 변하지 마라. 하나님의 도움을 받아 네 참된 자아로 매일 더 온전히 자라가기를 바란다. 에이머스, 너는 나에게 지구상의 어느 누구보다도 큰 기쁨을 준단다. 소리를 덜 지르면 좋겠지만, 절대로 야생성은 잃지 말아다오. 커스틴, 당신은 내 가장 친한 친구이고, 내가 이제껏 보고 알았던 사람 중에서 가장 아름다운 사람이에요. 당신의 목소리는 아무리 들어도 질리지 않을 것 같아요. 사랑합니다. 내 터무니없는 특성들을 참아 주어서 고맙고, 이 책의 여러 대목들(과 수많은 다른 주제들)을 내가 말로 풀어낼 때 들어 주어서 고맙고, 이 책이 실물이 되어가는 모든 단계를 함께 축하해 주어서 고마워요. 글쓰기는 고된 일이에요. 이 책도 예외는 아니었어요. 다음 책 집필 시도는 일단 접어두고, 우리 모두 좀 쉬면서 재미있는 곳으로 가서 함께 웃고 새로운 추억을 만듭시다. 우리는 그럴 자격이 있으니까요.

주

서문

1 엡 3:10(새번역).
2 Dr. Michael Glock, "Individuation in Jungian Psychology: Unraveling the Fragmented Self," *Medium*, January 11, 2024, https://medium.com/@drmichaelglock/individuation-in-jungian-psychology-unraveling-the-fragmented-self-06eb2eda02d4.
3 행 19:2(새번역).

1부. 보혜사가 오실 때—성령은 어떤 분이신가

1 Marjorie Thompson, *Soul Feast: An Invitation to the Christian Spiritual Life*, Newly Revised Edition (Westminster John Knox Press, 2014), xix.

1. 낯익은 타자

1 요 16:7.
2 Kevin P. Emmert, "New Poll Finds Evangelicals' Favorite Heresies," *Christianity Today*, October 28, 2014, https://www.christianitytoday.com/ct/2014/october-web-only/new-poll-finds-evangelicals-favorite-heresies.html.

3 Ligonier Ministries, "The State of Theology," https://thestate of theology. com/, quoted in Stefani McDade, "Top 5 Heresies Among American Evangelicals," *Christianity Today*, September 19, 2022, https://www. christianitytoday.com/ct/2022/september-web-only/state-of-theology-evangelical-heresy-report-ligonier-survey.html.
4 창 1:1-2
5 Strong's Hebrew, "7307.ruach," Bible Hub, accessed June 20, 2024, https://biblehub.com/hebrew/7307.htm; Strong's Greek, "4151.pneuma," Bible Hub, 2024년 6월 20일 접속, https://biblehub.com/greek/4151.htm.
6 창 2:7(새한글성경).
7 창 2:7, 6:17을 보라.
8 사 33:20.
9 출 40:34(새번역).
10 왕상 8:10-11.
11 출 19:12-13.
12 요 1:14.
13 요 2:19(새번역).
14 요 2:21(새번역).
15 요 20:22-23(새번역).
16 고전 3:16.
17 고전 6:19-20.
18 요 14:12.
19 Eugene Peterson, *The Pastor: A Memoir* (HarperOne, 2011), 214. (『유진 피터슨』 IVP)
20 Billy Graham, "How to Be Filled with the Spirit," sermon, Greater Los Angeles Crusade, 1949.
21 행 1:1(새번역).
22 Simon Ponsonby, *More: How You Can Have More of the Spirit When You Already Have Everything in Christ* (David C. Cook, 2010), 29.
23 Curt Thompson, *Anatomy of the Soul: Surprising Connections Between Neuroscience and Spiritual Practices That Can Transform Your Life and Relationships* (Tyndale Refresh, 2010), 16. (『영혼의 해부학』 IVP)
24 출 34:14을 보라.

2. 숨결

1 창 1:28.
2 사 65:17-18(새번역).
3 Eugene Peterson, *Christ Plays in Ten Thousand Places: A Conversation in Spiritual Theology* (Eerdmans, 2008), 22. (『현실, 하나님의 세계』 IVP)
4 겔 37:3, 9-10.
5 마 3:17.
6 막 1:22(새번역).
7 창 1:3.

8   요 20:22(새번역).
9   행 2:1-4.
10 행 2:4.
11 고후 4:7.
12 요 14:25-26.
13 요 16:13, 15(새번역).
14 시 103:11.
15 시 103:12.
16 롬 5:5.
17 창 4:1(esv).
18 Brennan Manning, *Abba's Child: The Cry of the Heart for Intimate Belonging* (NavPress, 2015), 39. (『아바의 자녀』복 있는 사람)

3. 물

1   창 1:1-2(새번역).
2   성경에서 물은 (대양의 물이나 홍수처럼) 혼돈과 무질서의 상징으로 쓰일 수도 있고, 물이 모여 강을 이루거나 우물에서 물이 솟을 때처럼 하나님의 생명의 선물의 증표로 쓰일 수도 있다. 성경 속의 물의 다양한 의미에 대한 더 많은 배경정보로는 바이블프로젝트 팟캐스트에서 나온 다음의 유용한 에피소드를 들어보라. "One Creation Story or Two? Ancient Cosmology Series: Episode 4," June 7, 2021 on *BibleProject*, produced by Dan Grummel, Zach McKinley, and Cooper Pelz, MP3 audio, 41:00, https://bibleproject.com/podcast/one-creation-story-or-two/.
3   욥기와 시편 74편과 89편을 보라. 성경에서 이스라엘을 괴롭히는 애굽과 블레셋 압제자들을 묘사할 때 나오는 주제적 요소들도 보라.
4   창 2:10.
5   겔 47:6-12(새번역).
6   David Benner, *Surrender to Love: Discovering the Heart of Christian Spirituality* (InterVarsity Press, 2015), 61. (『사랑에 항복하다』 IVP)
7   요 7:37(새번역).
8   요 7:37-38.
9   마 4:19, 막 1:17.
10 요 7:39(새번역).
11 행 2:33(새번역).
12 계 21:1.
13 계 22:1-2(새번역).
14 요 16:15(새번역).
15 요 7:38.
16 고전 6:19.
17 Henri Nouwen, *The Wounded Healer: Ministry in Contemporary Society* (1972; repr., Random House, 2013), 89. (『상처 입은 치유자』두란노)
18 행 4:13(새번역).
19 Brennan Manning, *Ruthless Trust: The Ragamuffin's Path to God* (HarperCollins, 2009), 48. (『신뢰』복 있는 사람)

20 사 53:5.

4. 비둘기

1   요 14:12.
2   마 3:16, 막 1:10, 눅 3:22, 요 1:32.
3   창 1:1-2.
4   신 32:11(새번역).
5   *Strong's Exhaustive Concordence*, s.v. "7363. rachaph," Bible Hub, 2024년 7월 17일 접속, https://biblehub.com/hebrew/7363.htm.
6   눅 4:18-19.
7   눅 4:21(새번역).
8   눅 4:1-2, 14, 16-18.
9   이 견해의 대중 문화적 출현과 서구 교회 내의 방어적 대응에 대한 보다 포괄적인 개요는 N. T. Wright의 *How God Became King: The Forgotten Story of the Gospels* (HarperOne, 2016) 2장을 보라. (『하나님은 어떻게 왕이 되셨나』 에클레시아북스)
10 행 2:43.
11 행 19:12.
12 행 10:37-38(새번역).
13 행 1:1.
14 Eugene Peterson, *Practice Resurrection: A Conversation on Growing Up in Christ* (Eerdmans, 2010), 25. (『부활을 살라』 IVP)
15 행 2:43, 4:33-34(이상 새번역), 5:12.
16 Michael Green, *I Believe in the Holy Spirit* (Eerdmans, 1975, 2004), 298. (『성령을 믿사오며』 서로사랑)
17 행 4:13(새한글성경).
18 Parker J. Palmer, *A Hidden Wholeness: The Journey Toward an Undivided Life* (Jossey-Bass, 2009), 90. (『다시 집으로 가는 길』 한언)
19 요 14:12(새번역).
20 요일 2:20.
21 Simon Ponsonby, *More: How You Can Have More of the Spirit When You Already Have Everything in Christ* (David C Cook, 2010), 16-17.
22 A. W. Tozer, *God's Pursuit of Man* (Moody Publishers, 2015), (『인간을 추구하시는 하나님』 복 있는 사람)
23 Samuel Chadwick, *The Way to Pentecost* (Hodder and Stoughton, 1939), 15.
24 David Brooks, *The Second Mountain: The Quest for a Moral Life* (Random House, 2019), 114. (『두 번째 산』 부키)

2부. 영적 경험은 신앙의 전부이거나 아무것도 아닌가?

5. 마술사 시몬의 기묘한 사건

1 Merriam Webster's Collegiate Dictionary, s.v. "trauma," 2024년 6월 24일 접속, https://unabridged.merriam-webster.com/collegiate/trauma.
2 Resmaa Menakem, *My Grandmother's Hands: Racialized Trauma and the Pathway to Mending Our Hearts and Bodies* (Central Recovery Press, 2017), 8.
3 Rich Villodas, *Good and Beautiful and Kind: Becoming Whole in a Fractured World* (Waterbrook, 2022), 54. (『하나님의 사랑, 우리를 빚다』 IVP)
4 행 8:5-8.
5 행 8:9(새한글성경).
6 Johann Hari, *Stolen Focus: Why You Can't Pay Attention and How to Think Deeply Again* (Crown, 2022), 53. (『도덕맞은 집중력』 어크로스)
7 Jeffrety Schwartz and Rebecca Gladding, *You Are Not Your Brain: The Four-Step Solution for Changing Bad Habits, Ending Unhealthy Thinking, and Taking Control of Your Life* (Penguin Publishing Group, 2011), chap. 15. (『뇌는 어떻게 당신을 속이는가』 갈매나무)
8 Mary Oliver, *Upstream: Selected Essays* (Penguin Publishing Group 2019), 8.
9 고후 3:17.
10 Hari, *Stolen Focus*, 54.
11 Mihaly Csikszentmihalyi, *Flow: The Psychology of Optimal Experience* (Harper Perennial Modern Classics, 2008). (『몰입』 한울림)

6. 니고데모의 미묘한 비극

1 요 3:2.
2 요 3:3.
3 Eugene Peterson, *Christ Plays in Ten Thousand Places: A Conversation in Spiritual Theology* (CMBC Publications, 1999), 16. (『현실, 하나님의 세계』 IVP)
4 George R. Beasley-Murray, *John*, 2nd ed., vol. 36 of Word Biblical Commentary (Word, 1999), Logos Research Edition, https://www.logos.com/product/1339/john-2nd-ed.
5 요 3:9(새번역).
6 요 7:37-39.
7 요 7:50-51(새번역).
8 요 19:38-40(새번역).
9 니고데모는 유대교 탈무드에 언급된다. 많은 주석가들은 그가 예수님의 장례를 위해 준비한 물품들이 화려하다는 점을 들어 그가 예수님의 존경받는 제자가 되었다고 본다. 나도 정말 그렇게 되었기를 바란다!
10 Michelle Obama, *Becoming* (Crown, 2018), 16. (『비커밍』 웅진지식하우스)
11 Jason P. Roberts, "Conceptual Blending, the Second Naivete, and the

Emergence of New Meanings," *Open Theology* 4, no. 1 (2018): 29-45, https://doi.org/10.1515/opth-2018-0003.
12 고전 14:1(새번역).

3부. 위로부터 오는 능력을 입음—성령의 능력을 힘입은 삶

1 Ed D. Pytches, "Remembering John Wimber," Vineyard USA, 2024년 6월 24일 접속, https://vineyardusa.org/remembering-john-wimber/.
2 엡 4:12(새번역).

7. 분별

1 Joannes Cassianus, *Collationes*, archived at University of Zurich, *Corpus Corporum*, last updated January 6, 2024, https://mlat.uzh.ch/browser/7530.
2 Thomas Green, *Weeds Among the Wheat: Discernment: Where Prayer & Action Meet* (Ave Maria Press, 1984), 21. (『밀밭의 가라지』로뎀)
3 눅 24:28.
4 왕상 19:11-13(새한글성경).
5 왕상 19:11(새한글성경).
6 출 33:21-22(새번역).
7 막 6:48(새번역).
8 눅 24:29(새번역).
9 눅 24:32.
10 Pete Greig, *How to Hear God: A Simple Guide for Normal People* (Zondervan, 2022), 150.
11 요일 4:1(새번역).
12 고후 11:14, 계 13:15 (다음의 주를 보라). Green, *Weeds Among the Wheat*, 157.
13 Saint Ignatius, *Spiritual Exercises of St. Ignatius*, s.v. "332.4," trans. Louis J. Puhl (1951, repr., Martino Fine Books, 2010), 148.
14 Ruth Haley Barton, *Pursuing God's Will Together: A Discernment Practice of Leadership Groups* (IVP, 2012), 10.
15 Jared Patrick Boyd, *Finding Freedom in Constraint: Reimagining Spiritual Disciplines as a Communal Way of Life* (IVP, 2023), 229.
16 창 2:18(새한글성경).
17 왕상 17:2-4(새번역).
18 왕상 17:7(새번역).
19 왕상 17:8-9.
20 Dr. J. Robert Clinton, *The Making of a Leader: Recognizing the Lessons and Stages of Leadership Development*, 2nd ed. (NavPress, 2012). (『영적 지도자 만들기』 베다니출판사)

8. 예언

1. 민 11:25.
2. 민 11:29.
3. 요 1:14.
4. 요 20:22(새번역).
5. 욜 2:28-29(새번역).
6. 고전 14:1, 3(새번역).
7. 고전 14:5.
8. Dallas Willard, *Hearing God: Developing a Conversational Relationship with God* (IVP, 2012), Kindle location 995. (『하나님의 음성』 IVP)
9. 요 10:4(새번역).
10. David Fritch, *Enthroned: Bringing God's Kingdom to Earth Through Unceasing Worship & Prayer* (self-published, 2017), 94.
11. Green, *Weeds Among the Wheat*.
12. 고전 14:1(새번역).
13. Greig, *How to Hear God*, 114.
14. Greig, 114.
15. 다음 희곡의 대사를 내가 풀어썼다. George Bernard Shaw, *Saint Joan* (1924), scene 1, 원문은 다음 링크에서 확인할 수 있다. Project Gutenberg Australia, last modified October 2002, https://gutenberg.net.au/ebooks02/0200811h.html.
16. 고전 13:9.
17. Greig, *How to Hear God*, 124.
18. 고전 14:3(새번역).
19. 고전 13:1.
20. 고전 14:1.
21. 고전 14:29.

9. 치유

1. 요 5:25, 28-29.
2. Dallas Willard, *The Spirit of the Disciplines: Understanding How God Changes Lives* (HarperCollins, 2009), 36. (『영성훈련』 은성)
3. 고전 15:19(새번역).
4. Jordan Seng, *Miracle Work: A Down-to-Earth Guide to Supernatural Ministries* (IVP, 2012), 80-81.
5. Albert Haase, *Living the Lord's Prayer: The Way of the Disciple* (IVP, 2010), 160.
6. 막 6:5-6(새번역). 막 10:52은 인간의 믿음이 신적 치유의 구성요소로 언급되는 또 다른 사례다.
7. 막 10:52.
8. 출 34:6을 보라.
9. 막 9:29(새번역 난외주).
10. Seng, *Miracle Work*, 81.
11. 마 6:7-8.

12 막 1:41.
13 눅 7:14.
14 마 9:6.
15 행 3:6.
16 윔버가 강연에서 했던 말을 내가 바꿔 표현했다. 비슷한 내용을 그의 책 *Living with Uncertainty*에서도 볼 수 있는데, 그 내용은 John Wimber, "View from the Valley," Vineyard Churches, August 8, 2012, https://www.vineyardchurches.org.uk/resources/view-from-the-valley/에 인용되었다.
17 사 53:5.
18 Kenneth Leech, *True Prayer: An Introduction to Christian Spirituality* (Sheldon Press, 1980). (『마음으로 드리는 기도』 은성)

10. 증인

1   James Finley, *Merton's Palace of Nowhere* (Ave Maria Press, 2003).
2   마 28:18-20.
3   눅 24:49.
4   행 1:4.
5   행 1:6(새번역).
6   Michael Green, *I Believe in the Holy Spirit: Biblical Teaching for the Church Today* (1975; repr., Wm. B. Eerdmans, 2023), 2. (『성령을 믿사오며』 서로사랑)
7   N. T. Wright, *Simply Jesus: A New Vision of Who He Was, What He Did, and Why He Matters* (HarperOne, 2011), 214. (『톰 라이트가 묻고 예수가 답하다』 두란노)
8   이 주제를 보다 충실히 다룬 책으로는 John Mark Comer의 탁월한 저서 *Practicing the Way*를 보라.
9   Alan Jones, *Soul Making: The Desert Way of Spirituality* (1970; repr., SanFran, 1989), 161.
10 행 10:37-38.
11 Jurgen Moltmann, *The Way of Jesus Christ* (Minneapolis, 1993), 98-99. (『예수 그리스도의 길』 대한기독교서회)
12 다음 글에서 인용. Mark Etling, "Christ Has No Body on Earth but Yours," *National Catholic Reporter*, January 21, 2020, https://www.ncronline.org/spirituality/soul-seeing/soul-seeing/christ-has-no-body-earth-yours.
13 *Strong's Exhaustive Concordance*, s.v. "3144. martus," Bible Hub, 2024년 6월 22일 접속, https://biblehub.com/greek/3144.htm.
14 Pete Grieg, *The Vision and the Vow: Re-Discovering Life and Grace* (Relevant Books, 2004), 84.
15 Grieg, *Vision and the Vow*, 84.

11. 구속적 고난

1. Thomas Keating, The Human Condition: Contemplation and Transformation (Paulist Press, 2014), 원문은 다음 링크에서 확인할 수 있다. https://www.invialumen.org/uploads/3/7/5/4/37541063/the_human_condition_contemplation_and_transformation_by_father_thomas_keating.pdf.
2. 롬 5:3-5(새번역).
3. 롬 8:14-17, 고후 4:10, 빌 3:8-11.
4. 창 6:5-6(새번역).
5. 눅 4:1-2.
6. David Benner, Soulful Spirituality: Becoming Fully Alive and Deeply Human (Brazos Press, 2011), 75-76.
7. 보다 자세한 설명은 다음을 보라. Ronald Rolheiser, The Passion and the Cross (Franciscan Media, 2015), 1-2.
8. 롬 5:5.
9. Nick Cave, Faith, Hope and Carnage (Farrar, Straus and Giroux, 2022), 58.
10. 롬 8:22-23(새번역).
11. 롬 8:26-27.
12. Phillip Yancey, "Parkinson's—The Gift I Didn't Want," Christianity Today, February 20, 2023, https://www.christianitytoday.com/ct/2023/february-web-only/philip-yancey-ct-parkinsons-diagnosis-gift-i-didnt-want.html.
13. Curt Thompson, The Deepest Place: Suffering and the Formation of Hope (Zondervan, 2023), 123.
14. Harold S. Kushner, When Bad Things Happen to Good People (Anchor, 2004), 111. (『왜? 착한사람에게 나쁜 일이 일어날까』 도서출판 창)
15. 계 21:3-4.
16. 빌 3:10-11(새번역).
17. Kushner, When Bad Things Happen to Good People, 117.
18. Soong-Chan Rah가 2015년 강연 도중에 이렇게 요약해 주었다.

12. 사랑의 길

1. 갈 5:22-23(새번역).
2. 고전 12:7-11.
3. Sebastian Junger, Tribe: On Homecoming and Belonging (Twelve, 2016). (『트라이브』 베가북스)
4. Junger, Tribe, 18.
5. Shigehiro Oishi and Ulrich Schimmack, "Residential Mobility, Well-Being, and Mortality," Journal of Personality and Social Psychology 98, no. 6 (2010): 980-94, https://www.apa.org/pubs/journals/releases/psp-98-6-980.pdf.
6. Carl Truman, Strange New World. (『이상한 신세계』 부흥과개혁사)
7. Mike Mason, Practicing the Presence of People (Random House, 1999), 236.
8. 요 15:4(새번역).
9. Strong's Exhaustive Concordance, s.v. "3306. meno," Bible Hub, 2024년 7월 23

일, https://biblehub.com/greek/3306.htm.
10 John Mark Comer, *Practicing the Way: Be With Jesus, Become Like Him, Do as He Did* (Waterbrook, 2024), 22. (『24시간 나의 예수와』 두란노)
11 Thomas Merton, *The Wisdom of the Desert: Sayings of the Desert Fathers from the Fourth Century* (New Directions, 1970), 34.
12 갈 5:22-23.
13 Ken Shigematsu, *God in My Everything: How an Ancient Rhythm Helps Busy People Enjoy God* (Zondervan, 2013), 180.
14 Timothy Fry, ed., *The Rule of St. Benedict in English* (Liturgical Press, 1981), 20-21.
15 Joseph Hellerman, *When the Church Was a Family: Recapturing Jesus' Vision for Authentic Christian Community* (B&H Publishing, 2009), 1.
16 Thomas a Kempis, *The Imitation of Christ*, trans. John Payne (1440; repr., Robert B. Collins, 1851), 153. (『그리스도를 본받아』 브니엘)
17 고전 14:12(새번역).
18 고전 13:1(새번역).
19 *Apostolic Faith* (June- September 1907), 2; *Apostolic Faith* (May 1908), 3. 원문을 확인할 수 있는 Library of Congress의 링크는 다음과 같다. 2024년 8월 14일 접속, https://www.loc.gov/item/sn90005481/.
20 Larry McMurtry, *Roads: Driving America's Great Highways* (Simon & Schuster, 2001), 189. 다음 책에서 인용. Leighton Ford, *The Attentive Life: Discerning God's Presence in All Things* (IVP, 2014), 111.
21 Eugene Peterson, *Practice Resurrection: A Conversation on Growing Up in Christ* (Eerdmans Publishing Company, 2010), 29. (『부활과 살라』 IVP)

에필로그

1 요 14:18.
2 마 8:27(새번역).
3 벧후 1:21(새번역).

옮긴이의 글

어릴 때부터 교회에 다녔지만 오랫동안 성령에 대해서는 아는 바가 별로 없었다. 성경을 가장 중요하게 생각하는 보수적인 교회에 다닌 탓도 있었을 것이다(성경과 성령을 대립시키는 행태에 대해서는 이 책을 참고하기 바란다). '성령이 삼위일체 하나님의 삼위이시고 에너지나 능력이 아니라 인격이시다' 정도는 배워서 알았던 것 같다. 그 교회에서는 성령의 은사에 대해 접할 기회가 아예 없었다. 그저 성령의 은사 가운데 가장 큰 은사는 사랑이라고 배웠다. 사랑의 은사를 구하라는 권면을 많이 들었다.

그런데 그 권면의 근거로 제시되던 고린도전서 12장 마지막 절은 사랑을 은사 중 하나가 아니라 은사가 사용되는 방식, 더 나은 길로 제시하고 있다. 다른 은사는 다 내려놓고 사랑의 은사를 구하라고 권면하는 본문이 아니었던 것이다. 고린도전서 13장이 끝나고 14장에서 바로 은사를 구하라고, 특히 예언하기를 구하라고 나와 있는데 오랫동안 그것을 보지 못하고 있었다. 성령의 은사를 적극적으로 추구하던 누군가와 나눈 대화 도중에 회심의 한방일 줄 알고 '사랑의 은사' 이야기를 꺼냈다가 본전도 못 건졌던 기억이 생생하다. 그런 혼란스러운 배경 속에서 나는 성령의 은사와 관련된 세 가지 경험을 하게 되었다.

경험 1. 성령의 능력을 간절히 구함

바울 사도가 사랑의 방식으로 성령의 은사를, 특히 예언하기를 추구하라고 권했다는 사실을 발견하고도 나는 성령의 은사에 관심을 가지지 않았다. 그러다 한동안 성령의 능력을 간절히 구한 적이 있다. 주일학교 교사로서 학생들의 삶과 신앙에 조금도 영향을 미치지 못하는 내 무력함을 절감하던 때였다. '저같이 무능한 사람에게 저 귀한 학생들을 그냥 맡겨두지 마소서. 성령의 능력을 허락하소서.' 이런 취지로 꽤 오랫동안 진지하게 기도했지만 나는 능력의 교사가 되지 못했다. 어쩌겠는가. 그냥 하던 대로 교사를 계속할 수밖에 없었다.

경험 2. 성령의 은사가 넘치는 기도 모임 참여

성령의 은사가 넘치는 기도 모임에 참여했다. 다들 방언을 하고, 방언 통역도 자연스럽게 이루어지는 모임이었다. 나도 지도를 받고 방언을 시도해서 뭔가 하기는 했지만 진짜 같지는 않았다. 귀한 분들과 유익한 교제를 나누며, 꽤 오랫동안 정기적으로 나라와 민족, 통일을 위해 함께 기도했다. 그 과정에서 그런 현상들에 익숙해지고, 그들 역시 연약함과 한계가 있는 사람들임을 보게 되자 슬며시 이런 생각이 들었다. '그래서 뭐, 어쩌라고. 뭐가 달라지는 건데?' 성령의 은사를 받는다고 해서 완전한 사람이 되는 것도, 초능력자가 되는 것도 아닐 터. 나는 무엇을 기대했던 것일까?

경험 3. 예상치 못한 곳에서 성령의 은사 경험

예상하지 못한 곳에서 뜻밖의 사람들이 방언과 통역과 예언 같은 성령의 은사들을 받았다는 소식을 들었다. 그들의 놀라운 변화와 역동성, 활기 앞에 나는 무장해제되었다. 그곳에는 원대한 비전과 예언이 넘쳐났다. 세상을 뒤집어놓을 것만 같은 거대한 비전이 제시되었고, 나에게도 함께하자는 제안이 왔다. 결론만 말하자면, 나는 참여하지 않았다. 그리고 그곳에서 확신에 차 선포되던 예언과 비전은 이루어지지 않았다. 그 뒤로 성령의 은사와 관련 사역들을 더욱 비판적이고 냉소적으로 바라보게 되었다.

이 글의 나머지 부분에서는 이상의 세 가지 경험을 숙고하는 방식으로 성령과 그분의 은사에 대해 생각해 보고자 한다. 그 과정에서 이 책에서 배운 내용을 떠올리며 생각을 정리하는 데 도움을 받고자 한다. 이 책의 영어 원제목은 '친숙한 타자'(*A Familiar Stranger*)다. 제목을 보고서야 내게도 성령 하나님은 늘 그런 분으로 다가왔음을 깨닫게 되었는데 공감하는 분들이 많을 듯하다. 이제 이 세 가지 경험 가운데 세 번째 경험을 먼저 살펴보려 한다.

목욕물과 함께 아기까지 버릴 수야

'경험 3'의 일을 겪고 나서 '차라리 그들이 그 세계에 마음을 닫고 있었다면 낫지 않았을까' 하는 생각이 들었다. 영적인 세계는 얼마나 위험한가. 준비 없이 무작정 뛰어들었다가는 큰일 나기 십상이다. 이것은 기독교 신자에게만 특정 이단들이 접근하기 때문에 신자가 되지 않는 것이 이단의 위험에서 벗어나는 길이라는 생각이 드는 것과 비슷한 반응이다.

새로운 세계에 관심을 갖는 순간, 거기서 뭔가를 접하는 순간, 그 세계에서 만나는 온갖 것의 정체를 파악하고 진짜와 가짜를 분별해야 하는 과제가 따라온다. 영적 세계야말로 진짜와 가짜가 섞여 있고 기만과 속임수가 난무하는 곳이기 때문이다. 영을 다 믿지 말고 하나님께 속한 영인지 시험하라는 사도 요한의 경고가 왜 필요했겠는가(요일 4:1).

거기까지 가지 않더라도, 고린도교회의 혼란을 생각해 보라. 고린도교회의 문제는 가짜 은사 때문이 아니었다. 진짜 성령의 은사를 받은 사람들이 문제였다. 은사가 오히려 문제를 복잡하게 만들고 혼란을 일으키는 것처럼 보인다. 그렇다면 애초에 성령의 은사에는 아예 관심을 접는 것이 안전하고 바람직하지 않을까.

상식적으로 접근해 보자. 말 때문에 얼마나 많은 문제가 생기는가. 평생 지워지지 않을 상처를 받기도 하고, 말 때문에 사람을 죽이기도 한다. 말의 부정적 결과만 생각하면 차라리 말이 없는 게 낫지 않을까 싶을 정도다. 사람을 만나고 와서 잘못한 말 때문에 몇 번이나 가슴을 친 사람이 나만은 아닐 것이다. 그렇다고 말을 없애는 것이 답일까.

사랑의 왜곡과 오용은 또 얼마나 많은가. 사랑 때문에 얼마나 많은 문제가 생기는가. 사랑으로 인해 생기는 분노와 상처, 살인과 폭력은 또 얼마나 많은가. 사랑이 수많은 불행과 악의 근원처럼 느껴질 때도 있다. 잘못된 사랑, 편협한 사랑, 사랑의 이름으로 이루어지는 수많은 폭력과 악행. 사랑이라는 게 없다면 사랑의 오용도 없을 터. 사랑을 금지해야 할까. 사랑 없이 안전하게 살기로 선택해야 할까. 그것이 과연 안전한 길일까.

이 말에 동의할 사람은 없을 것이다. 오히려 제대로 말하는 법, 정확하고 진실하게 말하는 법, 진심을 담아 말하는 법을 배워야 할 것이다. 말의 한계와 잠재력을 다 인식하고 말을 해야 할 것이다. 사랑도 마찬가지다. 제대로 사랑하는 법을 배워야 할 것이다. 내 맘대로, 내 식으로 사랑하려 하지 말고, 고린도전서 13장이 말하는 사랑의 길을 배워야 할 것이다.

기독교 신앙 때문에 이단의 표적이 될 수 있다면, 신앙을 버릴 것이 아니라 이단에 맞설 수 있는 교육과 준비가 필요할 것이다. 신앙이 없으면 특정 이단의 표적은 되지 않을지 몰라도 생명의 길 또한 없다. 신앙이 없어서 오는 공허감과 허무감 때문에 엉뚱한 것에 탐닉하는 이들이 또 얼마나 많은가. 무신론의 거짓은 또 얼마나 크며, 인간의 현실을 얼마나 납작하고 공허하게 만드는가.

이 책 『다시 만나는 성령 하나님』은 성령의 은사 남용 또는 오용으로 상처 입은 사람들을 성령께로 친절하고 부드럽되 단호하게 초청한다. 모든 선한 것에는 그것을 오해하고 오용할 위험이 따라오지만, 그에 대한 두려움 때문에 선한 것을 외면하는 일은 지혜롭지 않다. 성령의 은사 문제로 그런 환멸과 상처가 있는 이들에게 이 책은 회복의 길로 가는 안내서가 될 수 있을 것이다.

그런데 성령의 은사를 부정적으로 바라보고 거부해서도 안 되지만, 은사를 경험하는 사람들에 대해 비현실적인 기대를 거는 것 역시 다른 착각일 것이다. 이제 그 이야기를 해보자.

영적인 일에 대한 착각

'경험 2'로 넘어가 보자. 사람은 누구나 나름의 개성과 특성, 약점이 있다. 성령의 은사를 귀하게 여기는 이들이라고 다를 바 없다. 그들이 성령의 역사, 성령의 은사와 관련된 경험을 한다고 해서 그런 경험이 그들을 오류가 없는 존재로, 완전한 존재로 만들어 주지는 못한다.

자연적, 일상적 일과 똑같이 생각하면 될 듯하다. 우리가 하는 통상적인 일은 다 하나님이 주시는 능력을 받아 우리가 행하는 것이다. 어떤 면에서는 성령의 능력도 마찬가지다. 은사를 주시면 사용하면 된다. 일반적 능력도 써 봐야 개발되고, 실제로 해보면서 자신에게 어떤 능력이 있는지 확인하게 된다. 통상적인 일에서 처음에는 다 부족하고 불완전하고 시행착오가 필요한 것처럼, 성령의 은사를 사용하는 데도 마찬가지 과정이 필요하다. 이 책은 그 부분을 잘 지적하고 있다.

더욱이 일상적인 일을 할 때 인간적 약점, 오해, 교만 등 온갖 함정이 따르는 것처럼, 성령의 은사 역시 사람을 통해 나타나기 때문에 인간이 가진 온갖 문제들이 그대로 개입하게 된다. 다시 말해, 은사의 영역이고 초자연적인 일이 일어난다고 해서 인간적 오류나 약점, 함정들로부터 자유로울 것이라 생각해서는 안 된다. 성령의 능력이 인간의 한계를 넘어 주어지지만, 그 능력이 여전히 연약한 인간을 통해 나타난다는 점을 잊어서는 안 된다. 이 책은 그 부분도 잘 드러내 준다. 무엇보다 저자의 진솔한 자기고백과 경험담이 그 부분에서 좋은 안내가 되어 준다.

이처럼 은사는 인간적 한계 속에서 다루어져야 한다. 그렇다면 성령의 은사에 대한 기대가 환멸로 이어질 때는 어떻게 해야 할까?

기대와 환멸 사이에서

마지막으로, '경험 1'로 넘어가자. 저자는 예수님이 약속하신 대로 성령님이 오셨지만, 그로 인한 변화가 '예수님과 함께하는 것보다 더 좋다'고 할 만큼 대단한 것이었는지 묻는다. 그는 이 부분을 솔직하고 직설적으로 다룬다. 그와 동시에 독자의 기대를 한껏 부풀린다. 성령의 은사를 기대하게 만든다.

하지만 성령의 은사가 인간에게 주어지는 것이라는 점도 잊지 않게 해준다. 그리하여 환멸에 빠지지 않도록 중심을 잡아 준다. 이 둘 사이의 균형을 놓치면 비현실적인 기대와 환멸 사이를 끝없이 오가게 될 것이다.

설교나 가르침의 은사가 있다 해도 처음부터 완벽한 사람은 없고, 누구나 훈련과 시행착오를 거쳐야 하지 않는가. 저자는 예언의 은사도 마찬가지라고 지적한다. 치유의 경우는 어떤가. 치유를 위해 기도하라 하시니 기도하지만, 치유가 보장된 것은 아니다. 오직 '구하라' 하신 말씀에 의지하여 구할 뿐이다. 저자가 치유집회를 인도하던 바로 그 시간에 그의 몸속에서 암이 자라고 있었다는 대목에 이르면 생각이 복잡해진다.

저자는 전작『기도하고 싶지 않은 당신에게』에서도, 절박한 환자의 치유를 위해 기도하러 갔지만 응답받지 못하고 환자 가족들의 차가운 눈길을 받으며 무력하게 나와야 했던 장면을 소개한다. 폼 나게 응답되면 얼마나 좋았을까. 하지만 하나님은 때로는 치유를 허락하시고 때로는 허락하시지 않으신다. 치유 여부는 오로지 그분의 주권에 달려 있다. 성령의 은사를 구하고 실천하려면 낙심하지 않고 그분의 도구로 쓰이도록 자신을 내어놓고, 그 과정의 실패와 좌절과 민망함을 감수해야 한다. 그런 과정 자체가 은사를 구하는 사람을 다듬고 정련하는 과정일 것이다. '학생들을 위해' 성령의 능력을 구하였던 나에게는 과연 그런 것이 있었을까? 진정 내가 구한 것은 무엇이었을까?

성령의 치유가 분명히 존재하고, 의사가 치료할 수 없는 병조차 치료해 주시기도 하지만, 그렇다고 성령의 치유가 의사의 치료 활동을 대신하는 것은 아니다. 마찬가지로 가르침의 은사는 가르치는 사람의 이성적 능력과 사고, 독서와 배움, 준비와 고민, 대화 등과 대립하거나 그것들을 대체하지 않는다. 오히려 그런 것들을 제대로 활용할 수 있게 해준다.

저자가 일상적 덕목과 성령의 은사 사이의 연관성을 다루는 부분이 정말 인상적이었다. 예언과 격려의 공통점과 차이점에 대한 지적은 성령의 은사를 대하는 태도가 일상을 살아가는 태도와 달라야 할 이유가 없음을 보여준다. 하나님을 사랑하고 이웃을 사랑하는 마음으로, 성령에 의지하여 온갖 일을 행한다는 점에서 모든 것이 하나로 연결되는 것 아닌가.

친절하고 실제적인 안내서를 만난 기쁨

성령의 은사에 집착하는 것도, 성령의 은사가 아예 존재하지 않는 듯 사는 것도 모두 문제다. 여기서 말하는 집착이란, 은사를 모든 문제를 해결해 줄 만병통치약처럼 여기는 태도를 뜻한다. 성령의 은사를 받으면 모든 문제가 저절로 해결되고, 지식과 윤리와 노력, 심지어 성령의 열매 같은 것들도 필요 없어진다고 착각하는 것이다.

그렇다면 성령의 은사가 존재하지 않는 듯 사는 것은 어떨까? 성령의 은사는 교회와 성도를 세우기 위해 주신 것이다. 사도 바울도 분명히 은사를 추구하라고 했는데, '그런 건 없어도 된다'며 손사래를 치는 것이 과연 지혜로운 일일까? 성령을 의지하지 않으면 결국 다른 무언가에 의지하게 되고, 성령의 은사 대신 다른 방법들로 해결하려고 할 것이다. 그런 대안들이 영적인 것과 무관해 보이고 중립적이며 안전하고 과학적이고 정교해 보여도, 그 본질은 여전히 영적인 것일 수 있다.

성령 하나님은 많은 것을 주신다. 선한 소원을 두고 행하게 하시고, 진리를 볼 수 있는 눈을 열어 주시며, 진리의 가르침을 기억나게 해주신다. 성령과 함께 걸어가는 것이야말로 신자가 참된 신자로 살 수 있는 유일한 길이다. 성령을 의지하며 살아갈 때 성령의 열매가 맺힌다. 성령의 은사는 바로 이런 성령의 전체적인 사역 안에서 제자리를 찾아야 할 것이다. 이 책이 그 모든 내용에 대해 완벽한 해답을 주는 것은 아니다. 그러나 성령에 대한 좋은 출발점을 마련해 주는 친절한 안내서를 독자들에게 소개할 수 있다는 옮긴이로서의 기쁨은 감출 수 없다.

홍종락